JN418065

"하나님 그리고 사랑하는 사람들과 함께해온 삶"

어느 해방둥이의 인생여정

1946~2021

구 자 억 著

| 증보판을 내면서 |

부족한대로 하나님 그리고 사랑하는 사람들과 함께해 온 삶!

초판을 펴낸 지 5년이 빠르게 지나갔습니다.
그 시기에 고희를 맞아 70여 평생을 지내면서 여러모로 도움을 주신 분들 초대하여 대접하여 드렸던 일, 50년의 우정의 친구들 방문, 2번째의 중국 장가계 여행, 700여년 시조의 춘계향사로 조상의 얼, 양서를 돌아보며 미래의 꿈, 코로나19 바이어스로 1년 동안의 생활상으로 인류의 자연파괴에 대한 반성, 80여 년 동안 덕소교회를 하나님이 인도하시며 성전건축 진행을 돌아보며 증보판을 보완 추가합니다.

첫째는 초판에서 1997년 오수분류 및 처리시설 추가.
둘째는 2015년 11월 고희부터 2021년 5월 덕소교회 신축을 추가했습니다.
다만 「제목은」 어느 해방둥이의 인생여정 서적은 경험을 시간별로 적은 기록물에 기초해서 쓴 내용으로, 철저하게 검증하는 데는 한계가 있는바 본의 아니게 저의 일방적인 편집에 올리게 된 것입니다.
이와 관련해서 미비한 것은 넓은 이해와 자비를 베푸시기를 바랍니다.

감사합니다.

2021년 5월 3일 구 자 억

| 증보판 추천의 글 |

구자억 집사님을 처음 만난 때가 1979년 7월 1일로 제가 국방조달본부(현 국방시설본부)에 7급 공채로 들어가 설계과에 그와 함께 근무를 하면서였습니다. 물론 지금은 건축, 토목의 분류가 약해져 대학에서도 건축공학과, 토목공학과로 나누지 않고 건설환경과 등의 명칭으로 통합되었고, 세계적으로도 디자이너와 엔지니어 정도로 구분되지만 우리나라에서만 유독 건축, 토목이 나뉘어 있던 와중에 그는 토목계(계 : 과 아래의 팀 정도)에서, 저는 건축계에서 근무했습니다.

그러나 '초록은 동색'이라고 건축, 토목의 가까움과, 또한 근무하는 방도 바로 옆이어서 자주 조우를 했습니다. 해방둥이니까 저보다 10여 년 위지만 지금도 기억이 나는 그의 첫 인상은 '근면, 성실' 그 자체였으며 그 뒤로도 조감회(국방조달본부 출신으로 현재 감리업무를 하고 있는 건설기술인들의 모임)를 통해 두 달에 한 번씩 만나서 정보교환과 오랜 정을 함께 나누는 만남이 이어지고 있는데 42년이 지난 지금도 처음 그대로입니다.

어쩌다 보니 저는 국방조달본부 근무 2년 반 쯤 만에 퇴직해 삼부토건이라는 건설회사에서 시공업무를, 엔지니어링 회사에서 감리업무를 하였지만 그는 국방시설본부에서 평생을 근무하며 최고의 기술인으로 살아왔습니다. 근무하는 동안 그는 또 다른 창의력을 발휘하여 국민창안을 적극적으로 하였는 바, 당시 토요일은 9시부터 1시까지 4시간 근무를 함에 따라 실제 근무 효과는 별로이면서 출퇴근으로 오가는 시간만 낭비되는 등의 부작용을, 격주로 한번은 8시간 근무, 또 한 번은 휴무를 통해 하루 근무효과를 극대화 하자는 제안이었습니다. 그 제안의 효과가 있어선지 지금은 아예 토요일은 근무를 하지 않게 되었습니다.

호랑이는 죽어서 가죽을 남기고 사람은 죽어서 이름을 남긴다는 말이 있듯이 그의 말대로 '후회 없는 인생을 살기 위한 원칙'을 지키며 살아온 자신의 일생을 글로 남기고 싶었을 겁니다. 칠순을 맞아 그의 자서전적 수필집 -하나님 그리고 사랑하는 사람들과 함께해 온 삶 '해방둥이의 인생여정'- 을 기록보다 더 정확한 기록의 방법으로 발간하여 사랑하는 사람들과 나누어 보았고, 5년이 지난 지금 더 나누어야 한다는 마음으로 증보판을 내면서 저에게 소개의 글을 부탁하니 이 거룩한 글에 사족을 다는 것 같아 사양하고 싶지만 수십 년을 살며 존경해온 그의 청을 끝내 뿌리치지 못해 몇 줄 적는 부끄러움을 독자들께서 이 책을 읽어보시면 충분히 혜량하시라 봅니다.

믿음과 성령이 충만한 사람을 '안수집사'라고 알고 있습니다. 종교가 없는 제가 보기에도 믿음과 성령에 대해서는 적어도 살아있는 사람 중에서 그가 가장 믿음에 표본인 사람일 거라는 말씀을 감히 드립니다.

2021년 1월 21일 **김 연 태**

현 한국건설기술인협회 회장
전 한국건설감리협회 회장
전 혜원까치종합건축사 대표이사
전 신화엔지니어링 대표이사.
전 철도청, 국방시설본부
건축시공기술사, C.M.P
한발대학교 건축공학과 동 대학원

| 시작하는 글 |

책을 써서 세상에 알릴만큼 대단한 삶을 살아온 것은 아니지만 이 시간까지 인도하여 주신 하나님께 감사드릴 뿐이다. 1946년(단기4279년) 구씨 시조 존유 722년생인 본인은 해방 후에 출생하여 전후세대를 지나면서 부모님의 사랑과 훈계로 양육을 받았고, 식량이 어려운 보릿고개시절 학업이 어려웠을 때 이영백 아저씨 부부의 도움으로 간신히 초등학교를 졸업하였으나 상급학교에 진학을 못하고 가사를 돕고 있었다.

이영환, 김송교(강원대 명예교수), 이영배 세 분의 선생님의 야학공부 도움으로 재기하여 다시 공부할 수 있었고, 사촌동생 이병행의 인도로 국비기술교육을 받으며 친구 정동기의 인도와 도움으로 고등학교를 졸업하였다.

군복무 후 최준식의 인도로 공직에 공채되어 근무를 하며 안종훈 본부장(예비역 중장)의 배려로 직장 주거시설 아파트에 기거하고 국립대학교 공학사 자격을 취득 졸업하였다.

30여 년간 공직근무를 하는 동안 자녀들이 순종하는 마음으로 따라주었고, 동생들과 가족들이 합심으로 도와주었다.

어느덧 재롱과 희망을 주는 손자들의 미래를 돌아보며 인생의 주어진 시간에 오늘도 최선을 다하고 있음을 하나님께, 그리고 모든 사랑하는 분들께, 아내의 수고와 내조에 감사를 드리며 나름대로 열심히 살아온 나의 삶의 발자취를 적어본다.

> "너희 생명이 무엇이냐 너희는 잠간 보이다가 없어지는 안개니라~우리의 연수가 칠십이요 강건하면 팔십이라 하였사오니" (약4장14, 시90편10장)

2015년 10월 구 자 억

| 추천의 글 |

집사님의 인생여정의 신앙 간증집을 읽으면서 처음 드는 생각은 어떻게 이렇게 인생의 모든 부분을 기록하셨을까? 자신의 인생과 인생의 깨달음을 일목요연하게 정리할 수 있다는 사실에 놀랍고 감사했습니다. 집사님의 인생이 고스란히 이 책에 들어 있고 집사님의 신앙적 그리고 인생의 깨달음이 녹아 있는 이 책이 아름다웠습니다. 집사님 후손들에게는 더할 나위 없는 귀한 선물이 될 것이고 이 책을 읽는 분들은 집사님을 인도하신 하나님을 찬양하게 될 것이라고 믿습니다.

집사님을 생각하면 성경에 요셉이라는 인물이 떠오릅니다. 요셉은 청소년기에 애굽에 노예로 팔려가서 죽을 고생을 하고 그 고난 가운데 하나님의 뜻을 발견하고 믿음을 지켜 애굽의 총리대신이 되었을 뿐 아니라 온 가문을 일으켜 세우는 복의 통로였습니다. 집사님은 요셉의 고난의 시기가 닮았습니다. 고난의 시기에 최선을 다하여 믿음을 잃지 않은 모습이 닮았습니다.
고난 속에서 가문을 일으켜 세우는 자수성가한 모습이 요셉과 닮아 있습니다. 그리고 고난 속에서도 불평 없이 감사가 항상 있는 모습이 닮았습니다. 결국에는 모든 맡겨진 임무를 충성스럽게 감당한 모습이 닮아 있습니다.

집사님은 가족사랑, 직장사랑, 교회사랑, 나라사랑을 실천하신 분입니다. 교회에서도 한결같은 모습으로 늘 섬기셨습니다. 집사님은 늘 기도하는 모습이 또한 아름다운 분이십니다. 가정 사랑하고 아내 사랑하고 자녀 사랑하는 모습이 아름다운 분이십니다. 집사님의 이런 모습은 제게 좋은 모델이 되는 분이셨습니다.

"여호와께서 집을 세우지 아니하시면 세우는 자의 수고가 헛되며 여호와께서 성을 지키지 아니하면 파수꾼의 깨어 있음이 헛되도다." (시127:1) 이 말씀과 같이 집사님의 가정과 인생을 세우신 하나님을 찬양합니다.

마지막으로 집사님의 마지막 말씀을 떠올립니다. "우리 가정, 형제 네 가정, 모두 믿음생활 다 잘하고, 기도생활 충실. 직장생활 충실, 학업에 충실히 하며 손자들 영적으로 성장, 몸도 건강하게 성장하고, 하나님께 영광 돌리는 삶, 선조들의 장군의 기질, 선비의 기질을 이어 받아서 하나님과 사회를 위하여 유용한 인물이 되어 훌륭한 후손이 되기를 기도합니다." (해방둥이의 인생여정 158페이지 인용) 여기에 신앙 중심, 믿음 중심의 삶을 볼 수 있습니다. 또한 가문을 향한 자녀들을 향한 마음의 소원이 하나님의 영광과 그 분의 나라에 가 있는 것에 감사했습니다. 아무쪼록 집사님의 인생의 여정을 읽는 분들이 집사님의 인생의 깨달음과 신앙을 배워 예수님 닮기를 바랍니다.

2015년 9월 15일

덕소교회 담임목사　　　　문 홍 선 목사
조직신학 박사

| 추천의 글 |

구자억 집사님을 처음 만난 것은 1978년 7월 1일로 기억됩니다. 국방부 조달본부(방위사업청) 직장 수요예배 시간에 만난 것 같습니다. 구 집사님은 건설국 소속신분으로 막중한 방위시설 건설 업무를 담당하고 계셨습니다.

처음에는 잘 알지 못했지만 예배드리는 자세가 워낙 진지하셔서 기억에 뚜렷이 남았습니다. 예배를 마치고 인사하는 중에 진정으로 훌륭한 인품을 소유한 분임을 알게 되었고 그 날로부터 좋은 친구 분으로 여기고 함께 교회에 등록하였고 1988년까지 함께 동고동락하며 10년간을 함께 지내 왔습니다.
뿐만 아니라 구 집사님은 거주 지역 교회에서도 진실한 집사 직분을 잘 하시는 분으로 소문이 자자했습니다. 집사님을 생각할 때마다 생각나는 성경 인물이 있는데 다니엘 선지자입니다.

무화과나무 아래에서 고민하고 있을 때 예수님께서 그를 부르셨고 "이보다 큰일을 보리라"고 약속 하셨습니다. 구 집사님은 다니엘처럼 언제나 나라와 직장 일을 생각하며 몸이 부서져라 부지런히 일을 뛰어 다니는 분이셨습니다. 나라가 힘들고 어려울 때마다 이 분을 생각하면 소망이 있다고 생각 했습니다.
그렇게 자기 몸을 보살피지 않고 일하다가, 쓰러지지나 않을까 할 정도로 열심 헌신한 분을 처음 보았습니다. 어느 날 예배 후에 구 집사님이 찾아 오셨습니다.

오늘 말씀 가운데 은혜는 사명이라고 하셨는데 하나님께서 오늘까지 인도해주셨으니 받은 은혜를 받지 않은 것처럼 잠잠히 있을 수 없습니다. 직장(공무원)인으로서 "'해방둥이의 인생여정'의 간증집을 낸다는 것은 상당히 부담스럽고 따라서는 엄청난 부담이기도 하지만 증거하지 않을 수 없습니다." 라며 간증집을 출간 결심해야겠다고 말씀하셨습니다. 평소 집사님은 출간집에서 "철저하게 준비하면 못 이룰 것이 있겠느냐"는 생각이 강했다. 다 사람이

하는 일이라고 노력해서 안 되는 일은 없다고 같이 일하는 사람들에게 입버릇처럼 말해 오셨다. 집사님은 본인의 삶을 하나님께 의지하기 보다는 내 노력과 의지로 모든 일이 잘 이루어질 것이라고 늘 믿고 있으셨습니다.

그랬던 내가 하나님이 베풀어주신 은혜를 고백한다고 펜을 집어 들었습니다..." 라고 이 책을 쓰게 된 동기를 밝히고 있습니다. 그리고 이렇게 고백합니다. 모든 것이 하나님 은혜였다고 밖에는 달리 적을 말이 없다고 하였습니다.

이 작은 출판은 꾸미지도 화려하게 포장하지도 않은, 있는 그대로 받은 은혜와 경험을 소박하게 고백한 글입니다. 한 장 한 장 살아계신 하나님의 역사가 또한 많은 사람이 입신출세 한다고 힘과 재주를 닦습니다. 그리고 제각기 자신이 옳다고 일어서서 외칩니다. 세상은 이런 한 사람들을 가리켜 영웅 또는 인물이라고 말합니다. 그러나 역사가 보여주는 것은 무엇인가요? 그것은 물거품입니다.

단지 지위 · 힘 재주는 사라져 버리고 그들이 행한 업적만이 남게 됩니다. 예수님께서 짧은 인생의 시간을 보내셨지만 그 분의 삶은 과거와 현대, 그리고 영원 미래까지 남아 있습니다. 그것은 물거품과 같은 물질이나 자신을 드러내기 위해 몸부림을 친 것이 아니라 인류를 위해 희생과 사랑을 남기셨기 때문입니다.

구 집사님의 투철한 신앙, 이러한 믿음의 정통성 하나로 믿음의 본을 많은 사람들에게 보여 주시며 희망을 주시는 분입니다. 세상에는 고관대작을 지낸 사람, 명예를 환하게 휘날린 사람, 억만금의 재산을 자랑하는 사람이 적지 않으나, 보람되고 진실한 삶을 살지 못하고 인생의 실패자가 되는 분들을 흔하게 보게 됩니다.
이에 구 집사님의 생애를 조명한 기념문집이 오늘을 살아가는 모든 이에게 더불어 살아가는 지혜와 인생의 참된 의미를 일깨우는 한줄기의 빛이 되시기를 소망해 마지않으며 다시 한 번 많은 분들이 구 집사님의 삶의 발자취를 보시고 생각하시며 거룩한 인생들이 되시기를 권면 드리며 기꺼이 기념집을 추천합니다.

2015년 9월

성결대학교대학원장
국가지역경쟁력연구원장 김 영 수 목사
행정학박사

| 추천의 글 |

고희(古稀)를 앞두고
자신이 걸어온 길을 조용히 되돌아본다는 것은 노을처럼 아름답습니다.

70여 년의 인생여정을 한 자 한 자 정리하고 책으로 펴낸다는 것은 한 사람이 이 세상에 와서 살아온 기록이고 흔적일 것입니다.
우리 사회에서 출세를 했거나 성공한 이들이 回顧錄을 출판하는 것이 우리네 보편적 정서입니다.

내가 아는 구자억 親友는 출세나 성공을 위해 살아온 사람이 아닙니다.
그는 경기도 양평, 외진 산골에서 빈농(貧農)의 아들로 태어났습니다. 끼니 한 끼를 해결하기가 지지리도 힘들었던 유년의 시절, 학교를 다니고 공부를 한다는 것은 꿈도 꾸지 못할 사치였습니다.
시오리길을 걸어 다니며 초등학교를 졸업한 후 어려운 환경에서도 당신은 독학으로 야학으로 생활과 학업을 병행하면서 대학(최고학부)까지 졸업하여 그야말로 열심과 노력으로 일관하였습니다.
그 결실로 당신은 공무원(국방부 조달본부)이 되었고, 70년대부터 우리는 인연이 닿았습니다.

낮은 곳에서 시작된 당신의 삶은 결코 화려하지 않았으며, 자리에 연연하지도 않았습니다. 일평생 옳게 바르게, 열심히 살아야겠다는 신념 하나, 정직한 인간의 열정과 진실이 샘물처럼 흐르고 있었습니다.
남다른 비범한 재주는 없어도 가족의 생계를 책임져야 한다는 일념, 직장을 위해서는 물불을 가리지 않는 자세, 국가를 위한 忠心으로 40여 년 공직자의 길을 초지일관 걸어왔습니다.
주경야독(晝耕夜讀), 고진감래(苦盡甘來), 당신께 참 잘 어울리는 사자성어라고 생각합니다.
수식어는 또 있습니다. 언제 어디서나 가족을 먼저 생각하고 윗사람을 먼저 공경하고 친구, 동료를 먼저 생각하고... 당신은 늘 자신보다 타인(사람)을 먼저 생각하는 휴머니스트였습니다.

'해방둥이의 인생여정'
'하나님 그리고 사랑하는 사람들과 함께해 온 삶'이란 부제가 달린 회고록이 세상에 잉태되었습니다.

평범이란 단어조차도 사치스러웠던 男子, 구자억 親友의 一生!

항상 자신을 낮추고, 남을 먼저 생각하는 님!
구자억 親友의 古稀기념, 회고록 출판을 진심으로 축하드립니다.

걸어온 길이 추억으로 가슴에 아롱지듯,
내일을 향해 나아가는 님의 뒷모습이 많은 이들에게 여운으로 울림으로 남아 있을 것입니다.

오래오래 건강하시고
늘 성령으로 믿음으로 충만하소서!

사랑합니다!

2015년 가을의 문턱에서 **신 광 순**

* 전 국방부 근무
* 24대 철도청장, 초대 한국철도공사 사장
* 사단법인 철우회 회장

CONTENTS

제2장 청년기(20세 -30세)

제3장 청년중년기(30세-40세)

제4장 중년기(40세-50세)

제5장 장년기(50세-60세)

제6장 노년기(60세-80세)

제 1 장

유아 청소년기(1～20세)

1장 유아 청소년기(1세~20세)

부모를 기다리는 마음 (10대 유년기, 1950)

조상대대로 경기도 양평군에서 터를 잡고 살아왔다.
나는 해방 다음해 1946년 8월 14일 태어났다.

1950년 6월 25일 전쟁 발발 시 5살 때 다른 가족과 친지는 안전한 남으로 피난을 가셨다.
경기도 이천군 호법면 유산리에 소재한 이미 피난을 가신 대고모 댁에서 증조할머님과 나와 둘이서 시골 작은집을 지키고 있었다.

부모님을 보고 싶은 마음으로 앞문 창호지 문을 뚫고 어머니가 오시나, 뒷문 창호지 문을 뚫고 아버지가 오시나 애타는 간절한 마음으로 혹시나 하고 기다렸다.
그때 뒷문 10m 떨어진 집에 키가 큰 군인들(미군) 여러 명이 왔다 갔다 하며 장작 나무를 가져다가 불을 피우는 것도 보았다.

며칠이 지나서 집 앞에서 조금 떨어진 도로에서는 군용차가 지날 때에 손을 흔들어 인사하면 초콜릿과 과자를 던져주어서 얻어먹었다. 또한 뒷동산 구릉지에 많은 군인이 다니는 것과 역전에 가서 자던 생각도 난다.

영화의 한 장면 같은 생각이나 어린 시절 모습이 맞을까 하는 의구심이 들어 14년 후 군에 입대하고 경기도 광주 근무 시 그곳에 찾아갔다.
그런데 내가 생각하고 있던 동화책에서 본 영화의 한 장면이 아니라 생각 그 모습 그대로 산구능지 집모양이 그대로였다.

나는 그래서 어린 시절의 기억이 얼마나 중요한가를 깨닫는 계기가 되었다. 요즈음 세대에 유아기 인성교육의 중요성을 다시금 생각해본다.

"주의 말씀은 내 발에 등이요 내 길의 빛이니이다" (시편 119편 105절)

[참고로 6.25 전쟁당시 군사력]

구 분	병력(명)	전차(대)	곡사포(문)	박격포(문)	항공기
남 한	105,752	0	91대	960	22
북 한	198,380	242	522	1728	211

[6.25 당시 전쟁의 인명손실]

구분	남한		유엔군	북한		중국군	계
	민간인	군인		민간인	군인		
사망	373,599	227,748	36,813	406,000	294,151	184,128	1,522,439
부상	229,652	717,083	114,816	1,594,000	225,949	715,872	3,597,372
실종	387,744	43,572	6,198	680,000	91,206	21,836	1,230,556
계	990,995	988,403	157,827	2,680,000	611,206	921,836	6,350,267

자료 : 〈대한민국 史〉 166p 임영태 지음

▶ 산세 좋은 목왕리로 이사 (1953)

1953년도 8살 때에 목왕리로 이사를 왔는데, 목왕리는 깊은 산속 나무가 많은 고을로 아홉 정승의 유책이 있으며, 구정벼랑(구정벼류)마을로도 이름이 알려져 있다.
조부모와 부모, 남매 여섯 식구가 양수리에서 6km 동쪽으로 들어간 청계산 밑, 나무도 많고 들짐승도 많은 이곳으로 정착하게 되었다.

당시 어려운 생활 속에서 부모님은 하루하루 품팔이와 산에서 나는 나물, 칡뿌리를 구하여 식생활을 하였고 쌀을 구경하기도 힘든 생활이었다.
그러나 청정지역 개울에 가면 가재도 잡고, 겨울이면 나무로 만든 스케이트도 타고, 여름밤이면 이곳저곳 산에서 들려오는 산짐승 울음소리도 들으며 비록 의식주는 어려웠지만 즐거운 동심의 시절을 보내며 지냈다.

마을에는 익은 김사형(1333-1407) 고려시대 문신으로 공민왕 때와 이성계를 도와 조선의 공을 세운 개국공신이며 대마도 토벌에도 공을 세운 공로로 세워진 묘와 신도비가 있으며, 조선중기 좌의정, 영의정을 지낸 한음 이덕형(1661-1613)묘와 신도비가 있는 지세와 맑은 물이 흐르는 경치 좋은 곳이다.

> "형제들아 지혜에는 아이가 되지 말고 악에는 어린 아이가 되라 지혜에는 장성한 사람이 되라" (고린도전서 14장 20절)

초등학교를 입학 (1954.03)

9살이 되어 양수초등학교에 11회에 입학하여 목왕리에서 양수리까지 교통수단이 없어서 6km를 걸어서 학교를 다녔다. 1학년에는 여자 선생님(황 선생님)과 남자 선생님(임 선생님) 두 분이 담임을 하셨다.

당시 학교에는 책상이 없고 땅 맨바닥에 가마니를 깔고 공부를 하였고 옆 화장실에서는 구더기가 학교 교실까지 기어들어오는 환경의 시설이었지만 즐거운 학교생활이었다.

전쟁 후 식량이 부족하던 때라 미국 구호물자 지원을 받아 학교에서 우유를 끓여서 분배하여 영양을 공급하여 주었는데 무척 맛이 있었다. 우유가 굳으면 엿처럼 딱딱한 좋은 음식이었다.

여름이면 장마가 질 때 등굣길에 하천물이 많으면 교량이 없어서 건너지 못하고 산 능선을 따라 돌아서 학교를 다녔다. 가을철이면 길 옆 알밤을 주워 먹으며 즐거운 학교생활을 했다.

2학년이 되어서 성적이 상위권인 나는 수학문제를 잘 풀어서 연필 1타스 타고 칭찬도 받아 이때 수학박사 별명도 생겼다. 이를 계기로 후에 토목분야 진로에 밑거름이 되었다.

학교를 새로 신축하여 이사를 하였다. 그러나 뜻밖에도 할아버님께서 뇌졸중으로 3년을 고생하시다가 돌아가시어 집안사정이 어려운 상황으로 2학년말에 학교를 중퇴하게 되었다.

"나의 힘이신 여호와여 내가 주를 사랑하나이다"(시편 18편 1절)

▶ 가사 돕기를 하다

학교를 중퇴하고 집안일 돕기를 하며 낮에는 지게를 지고 산에 가서 나뭇짐을 3-4회 하며, 어려운 가정에 다소나마 돕기를 하며 여름에는 들에 나가 모심기, 밭매기, 잔심부름을 하였다.

당시 교통수단이 없어서 비료 40kg를 지게로 지고 양수리에서 목왕리까지 6km운반도 하였는데, 비료 1포가 어찌나 무거운지 100m전후로 쉬어가며 힘들게 운반하며 '아! 내가 이러한 생활을 하여야 하나' 회의심을 가지며 나는 결코 지게를 지는 이러한 생활을 하지 아니하리라 결심을 하였다.

> "두려워하지 말며 놀라지 말라 네가 어디로 가든지 네 하나님 여호와가 너와 함께 하느니라 하시니라" (여호수아 1장 9절)

▶ 등 잔불

전기가 없던 시절이라 저녁이 되면 사기로 만든 등 잔에 실로 심지를 만들어 사기그릇에 석유를 넣으면 심지로 석유가 공급되어 어둠을 밝혀준다.

낮에는 집안일을 도우며 시간의 틈이 있거나 저녁이면 등 잔불 밑에서 나는 다시 학교에 가리라는 생각으로 독학으로 공부를 하였다.

▶ 어머니를 도와드리다

집에 형편이 어려운 때라 어머니는 동네 품팔이나 여름철에는 높은 산 이곳 저곳을 다니며 산나물을 많이 캐어 오신다.
그것을 청량리 경동시장에 팔기 위해 당시 시계가 없는 때라 첫 닭 우는 소리에 깨어나는 어머니의 어려움을 도와드리기 위해 나물보따리 멜빵을 하여 짊어지고 양수역까지 6km 걸어 나와서 첫 기차로 청량리 경동시장에 나물장사 보조도 하였다.

어머님께서는 청량리에서 집까지 걸어서 오신 적도 있다고 하신다.
얼마나 가족을 위해 헌신하시고 고생을 하시니 빨리 성장하여 돈을 벌어서 부모님의 고생하심을 보답하여 드리고 효도를 하여야겠다는 각오도 했다.

> "주께서 내 내장을 지으시며 나의 모태에서 나를 만드셨나이다. 내가 주께 감사하옴은 나를 지으심이 심히 기묘하심이라 주께서 하시는 일이 기이함을 내 영혼이 잘 아나이다" (시편 139편 13절, 14절).

▶ 산 화전밭

3km 원거리 높은 산에 산 화전밭을 만들어 조를 심는다. 나무 밑거름이 많아서 조 농사 수확 철이면 노랗게 고개를 숙인 조 이삭은 탐스럽다.
언덕을 넘고 여러 개의 고개를 넘어 지게에 지고 오면 무겁기도 하지만 몇 가마씩 수확하여 모자라는 식량을 보충하니 큰 도움이 되었다.

노란 조밥은 언제나 맛이 있었고 식량의 공급원이었으며 부족할 때는 곡식 장례쌀이라고 하여 빌려오면 1년 이내에 한 배 반을 갚아야 하는데, 그것도 신용이 좋아야 하는데 부모님은 성실하시고 열심히 사시었기에 여유가 있는 집에서 빌려다 식량을 공급하여 생활하며 지냈다.

▶ 학교에 재입학

3년 동안 가사 일을 돌보다 나이가 많아 저학년에 갈 수도 없고 1년 후배인 12회에 5학년으로 시험을 보고 월반하였다.

집에서 독학하여 공부하여 1학기에는 중급으로 시작을 하여 따라가게 되었다. 5학년 담임은 안병만 선생님이시며 서종국민학교를 졸업한 아버님과 동창이었다.

나는 아버님 체면 때문에도 더욱 열심히 하였다. 우리 반 급우들은 남기노, 임홍은, 지종환, 심재선, 이영학, 장종출, 민기보, 이호열, 최인구, 김응수, 장종필, 김명순, 유수영, 민승기, 이형구, 윤달성, 권영석, 박철호, 이석영, 목정환, 홍종태, 허광회, 유재석, 이주환, 현길영, 장영재, 김순년, 이옥희, 이영자, 김인수, 이복년, 구자희, 백주옥, 최영옥, 하순자, 민인숙, 김남자, 김승희, 허영자, 이춘식, 안귀희, 이희재, 허명수, 이순영, 박금자, 최양순 등 69명이며 좋은 유대관계로 친구가 되었다.

나는 친구들한테 딱총감 다래덩굴로 만든 것도 갖다 주었다. 당시 부유하게 살던 유재석 친구가 과자 꽈배기 먹는 것을 보면 나도 언제나 과자를 먹어보나 하는 부러운 생각도 하였다.

6학년이 되어서 이원교 선생님이 담임을 하셨다. 선생님은 일제시대 때부터 교사 생활을 하시어 매우 엄격하셨다.

수업시간에 학생들이 장난을 하다가 걸리면 교단 앞으로 불러서 왜 그랬는지 이유를 묻고 친구가 때려서 그랬노라 하면 상대방 따귀 때리기 벌을 내리면 처음에는 서로 양보하다 선선히 때리다가 나중에는 세게 때려 마음을 풀게 하고, 싸움하다가 걸리면 점심시간에 학교 앞 모래판에 나가 학생들 지켜보는 가운데 승패를 가려주신다.

매월마다 시험을 보아 석차 순으로 자리를 배치를 하며 성적이 올라가면 칭찬을 하여 주시고 떨어지면 떨어진 만큼 벌을 주는 엄격한 분이셨다.
당시 중학교가 입학시험제였으므로 진학을 많이 시키는 성과도 있었다.

나는 요즈음 학생들을 너무 과잉보호하는 것을 보면서 교육제도를 엄격하게 하며 사제지간 존경과 배려 등 인성교육을 강화해야 한다고 생각해 본다.

> "마땅히 행할 길로 아이에게 가르치라. 그러면 늙어도 그것을 떠나지 아니하리라" (잠언 22장 6절)

고마운 진외가 댁

6학년이 되어서 공부를 더욱 열심히 하였으며 집에서 학교까지 거리가 멀어서 늦어지면 구정모리 2km 구간이 산림이 우거지고 산짐승도 많이 있던 때라 어른들이 마중을 나오곤 하였다.

나는 학교에 일찍 갈 수가 없어서 부용리 외가댁(이영백 아저씨 댁)에서 기거하며 다니게 되었다.
아저씨는 결혼을 한 지가 얼마 되지 아니하였지만 나를 극진히 사랑하고 돌보아 주셨다.

새댁아주머니께서 4시 30분경 도시락을 2개 싸주시면 학교에 가서 날이 밝으면서 공부가 시작되었고, 아침을 먹고 수업을 듣고 점심 먹고 공부하고 저녁 늦게까지 공부하도록 진외가분들이 물심양면으로 배려를 하여 주셨다.

참으로 고마우신 분으로 고맙고 감사할 뿐이다. 중학교 시험 준비를 하고 열심히 하여 초등학교를 4년 만에 졸업을 하였다.

"사랑하는 자여 네 영혼이 잘 됨같이 네가 범사에 잘되고 강건하기를 내가 구하노라"(요한3서 1장 2절)

천자문을 배우다

6학년 때 열심히 노력하였으나 도시로 나가 진학할 형편이 못되어 나는 중학교를 입학 못하고 집안일을 돕고 있었다.
그런데 동네에서 조금 떨어진 곳에 서당에서 한문을 가르친다고 하여 그곳에 가서 한문을 배우기로 하였는데, 훈장 선생님의 큰아들이 이원교라고 6학년 때 담임이었던 분이고, 작은아들은 내가 2학년 때 담임이셨고, 훈장선생님 3부자가 나의 스승이시다.

천자문을 배우고 13분 안에 다 외어 본 적도 있다.

"너희 중에 지혜가 부족 하거든 모든 사람에게 후히 주시고 꾸짖지 아니 하시는 하나님께 구하라 그리하면 주시리라" (야고보서 1장 5절)

약초를 모아 저축

농촌에서 돈을 모아 저축하기란 힘이 들지만 여름, 가을이면 이 산 저 산 높은 골짜기를 다니며 붕나무에서 풍탱이를 따서 말려서 약재를 만들고 초봄에 땅이 녹을 무렵 야생마를 패어낸다.

여름이면 야생마 덩굴을 찾기가 쉬운데 약효가 없기 때문에 마삭이 나오기

전에 영양가와 약효가 높기 때문에 해동 전에 양서면(목왕리, 부용리, 용담리), 옥천면, 강하면 인근 산중 골자기를 누비며 마덩굴 마디마다 떨어진 곳을 찾아 땅을 1m 전후를 파고 한 망태기씩 캐다가 겉껍데기를 제거하고 햇볕에 말린다.

풍탱이와 마를 한약방에 팔아 저축하거나 산에서 땔감이 좋은 싸리나무 땔감을 하여 팔아 저축하는 것이 돈을 버는 유일한 수단이었다.

야생동물이 많은 지역이라 산에 다니면 산토끼가 보이고 꿩이 옆에서 갑자기 푸드득 놀라서 날아 저쪽 산골짜기로 가면 어디선가 산매가 잡으러 쫓아가면 덤불 속으로 숨으면 매는 허탕을 치고 돌아간다.

노루와 살쾡이, 산돼지도 자주 나타나 산돼지를 잡으러 깊은 웅덩이를 파놓은 곳에 호랑이도 나타났다고 한다.
허창무 친구와 집에 큰 개를 데리고 나무를 하는 중 개보다 더 큰 동물이 나타나니 개는 꼼짝도 못하고 우리 옆에 있다가 그 동물이 지나가니 개는 꼬리를 흔들며 움직이는 것을 목격하기도 했다.

나는 중학교 진학은 못했지만 산중에서의 힘든 산골 생활 속에서도 두려움 없이 앞으로의 희망을 위하여 노력할 뿐이다.

▶ 야학 공부를 하다

천자문을 배우고 가사 일을 돕고 있을 무렵 동네 부유한 생활을 하고 있던 허경무 댁에 학우들이 놀러 왔다가 시골에서 어린 소년들이 공부하지 못하고 있는 것을 안타깝게 생각하여 야학공부를 시작되었다.

이영환 선생님(가축업), 김송교 선생님(강원대학교 영문학교수, 정년퇴임), 이영배 선생님께서(과수원) 열심히 봉사하며 가르치셨다.

나는 이때 처음으로 영어를 시작하여 기초적인 공부를 하며 낮에는 나무장사를 하여 집에 돕기도 하였다.
또한 어머니가 들로 일을 나가시면 남동생 자철이, 자준이를 업고 다니며 돌보아 주기도 하였다.

매일 매일 저 높은 산맥을 따라 비행기들이 비행할 때 동생들이 울면 비행기가 온다며 달래기도 하였다.

> "믿음은 바라는 것들의 실상이요 보이지 않는 것들의 증거니" (히브리서 11장 1절)

보릿고개

부모님의 노력으로 구입한 밭 1,400평을 밭농사를 하였지만 보리 추수기 무렵 양식이 떨어져 고생을 했다.

나는 1km 거리의 밭에서 덜 여문 보리를 한 짐 베어서 지고 오면 어머님은 그것을 털어서 가마솥에 볶아 절구에 찌어서 바로 이것으로 보리밥을 지으신다.
배가 고픈 참에 구수하면서도 맛이 있는 점심 저녁 메뉴가 된다. 밀농사를 지어 껍데기째 맷돌에 갈아 밀떡을 만든다.

논에 갈을 꺾어(새로 나온 풀잎) 말려서 논에 거름을 한다.
2-3km 떨어진 저 높은 산 거리에서 논까지 지게로 지고 오면 어찌나 무거운지 가까운 곳은 인근 땅주인의 묫이기에 원거리서 가야한다. 비료가 참으로 귀한 때이다.

"갓난아이들 같이 순정하고 신령한 젖을 사모하라 이는 그로 말미암아 너희로 구원에 이르도록 자라게 하려 함이라"(베드로전서 2장 2절)

▶ 중학교를 다니다 (1964.01.20)

세 분의 선생님의 도움으로 열심히 공부를 하였고, 2년이 지난 후 2학년에 월반 편입시험을 보아 공부할 기회가 온 것이다.
2학년 이영희 선생님과 3학년 이복영 선생님 지도하에 열심히 하였다.

등록금과 수업료를 내기가 어려워 틈틈이 나무장사도 하였다. 이런 사정을 아신 이복영 선생님께서 나무를 사주시면 나무도 지고 가셨다.

같은 학교 백승기 동급생 집에서 기거하며 납작 보리쌀 밥을 지어 먹으며 양수리 역에 나가서 일을 하였다.
양수역 확장공사에 아침 새벽 밝기 전에 나가야만 리어커 차지가 온다.
등교 시까지 일을 하면 하루 일당 품삯도 벌었다. 이 수입으로 병아리를 사서 키워서 도시로 나갈 기회가 되었다.

기억되는 급우는 원종석, 박운근, 박수필, 서재근, 홍종태, 손경재, 백승기, 김병선, 이순영으로 1964년 1월 20일 5회 졸업을 하였다.

"생각하건대 현재의 고난은 장차 우리에게 나타날 영광과 비교할 수 없도다" (로마서 8장 18절)

▶ 사촌동생의 소식

중학교를 졸업하고 고등학교에 진학을 하지 못하고 가사 일을 하고 있을 때 이종사촌동생인 이병행에게 연락이 왔다.
자기 친구 임덕빈이 부천 소사에 있는 국립소년직업훈련소에서 국비로 공부를 하고 있는데 시험을 보라는 것이다. 즉시 수소문를 하여 원서를 사오고 시험을 보았다 .

이곳은 진학을 못한 청소년들을 자활의 길을 열어주기 위해 정부의 정책 사업으로 보건사회부에서 주관하는 교육기관이다.

나는 초등학교 때 수학을 잘한 것을 계기로 제도과 측량분야에 시험을 보아 합격이 되어 공부할 기회가 온 것이다.

> "보라 하나님은 나의 구원이시라 내가 신뢰하고 두려움이 없으리니 주 여호와는 나의 힘이시며 나의 노래시며 나의 구원이심이라" (이사야 12장 2절)

▶ 국립소년직업훈련소 입소 (1964.04.14)

1964년 4월 14일에 훈련소 입소식이 거행되었다. 김경복 소장님의 훈화와 여러 선생님의 인사말씀과 각 교장 별로 배치상황과 지켜야 할 규칙과 기숙사 사감선생님 말씀이 있었다.

어려운 시골생활에서 지게를 질 때에 각오를 하였던 것을 상기하며 객지에 나왔으니 열심히 하여 희망을 갖고 노력할 것을 다짐하였다.

집을 떠나 동료들과 처음으로 단체 기숙사 생활은 규율이나 생활면에서 어리둥절하였다. 제도과 담임선생님은 정창해 선생님(41세)이시고 연구생은 한창현 선배이다.

순서	구 분	시 간 표
1	기상 숙소정돈	6시 - 6시40분
2	체조 및 점오	6시40분 - 7시
3	청소	7시 - 7시30분
4	세면	7시30분 - 7시50분
5	아침식사	7시50분 - 8시40분
6	일과준비	8시40분 - 9시
7	1교시	9시 - 10시10분
9	2교시	10시20분 - 11시10분
10	3교시	11시20분 - 12시10분
11	재건체조 및 점심	12시10분 - 13시20분
12	4교시	13시20분 - 14시10분
13	5교시	14시20분 - 15시10분
14	6교시	15시20분 - 16시10분
15	청소정돈	16시10분 - 16시35분
16	학습연구	17시35분 - 16시55분
17	종례	16시55분 - 17시
18	저녁식사	16시 - 18시
19	자유 시간	18시 - 19시
20	점오	19시 - 19시30분
21	자습	19시30분 - 22시
22	취침	22시 - 06시

기숙사로 오면 사감선생님의 지도를 받으며 규칙적인 생활을 한다. 사용부지면적은 18만2천 평, 기숙사 543평, 선배들 졸업자수 950명, 8기 동료가 398명, 식사는 1일에 쌀 4홉, 잡곡 1홉이었다.

> "사람이 무엇이기에 주께서 그를 생각하시어 이자가 무엇이기에 주께서 그를 돌보시나이까" (시편 8편 4절)

봄소풍

금요일 화창한 날씨 봄소풍 가는 날.

정문을 나와 20리 길이나 되는 거리를 걸어서 계수리에 도착하니 11시 30분이었다. 울창한 나무 숲 참으로 아름다우며, 산새가 지저귀는 소리도, 큰 저수지도 있어 좋은 장소였다.

통신전자과, 공예과, 상업미술과, 원예과, 프린트과, 목공과, 이용과, 우리 제도과 8기 급우들은 경기도에서 온 박정열, 금경산, 정동기, 오순환, 유부권, 이장용, 유양섭, 최종순, 구자억, 서울에서 온 김창덕, 김만식, 전라도에서 온 신명식, 신정호, 박세곤, 정영균, 이상덕, 이성조, 배경남, 임근홍, 경북에서 온 박수용, 최남오, 충청도에서 온 이준석, 정동만, 손영만, 강원도에서 온 김명식이며 씨름대회에 출전하여 박세곤이 3등을 하였다.

보물찾기와 노래자랑도 하였다. 나는 노래에 별로 소질이 없어서 응원만 하였다. 과자도 주어 많이 먹으며 유쾌한 하루를 보내고 4시에 출발하여 기숙사로 돌아왔다.

처음으로 교회를 가다

64년 6월 7일 일요일 부평에 있는 미에스캄 교회를 처음으로 갔다.

버스를 타고 53명의 동료들이 함께 갔으며 정문을 들어가니 질서정연하게 정리가 잘 되었으며 부대 안에는 많은 차량장비 등이 수 백미터 있기에 이것들이 우리나라를 지켜주기 위한 장비들이구나 생각하였다.

교회에 들어가니 성경 찬송가가 있으며 군목은 지상섭 목사님이시다.
말씀을 들으니 마음에 안정감과 잡념이 사라지고 앞으로 계속 교회에 다니도록 마음에 다짐을 하였다.

> “자기 앞에 영광스러운 교회로 세우사 티나 주름 잡힌 것이나 이런 것들이 없이 거룩하고 흠이 없게 하려 하심이라” (에베소서 5장 27절)

▶ 한국 경제의 현실 (1964.06.26)

금요일 강당에서 보건사회부에서 한국 경제의 현실 특별강연이 있었으며 참으로 빈약한 우리의 경제수준이었습니다.

* 세계 주요국 개인 소득을 국가별로 보면
미국 2572불 캐나다 1774불 구라파 1000불
일본 446불 자유중국 150불 태국 90불
한국 78불로 최하위

* 각국의 사는 요령 (독일-머리로 산다) (영국-전통으로 산다) (프랑스-유행을 수출하여 산다) (이태리-예술을 팔아서 산다) (일본-부지런함으로 산다) 우리 국민 모두가 합심 노력하여야 어려운 여건을 극복하고 참 삶을 누리도록 최선을 다하는 국민이 되어야겠다.

> “부지런한 자의 경영은 풍부함에 이를 것이나 조급한 자는 궁핍함에 이를 따름이라” (잠언 21장 5절)

▶ 방학으로 귀가 (1964.08.02)

단체생활이 습관화가 되어 6시에 일어나 국사공부를 하였다.
방학에도 규칙적인 생활로 계획을 세우고 부지런히 노력하자.

청량리역에 도착하니 2시가 되었으며 기차는 6시 20분에 있다.
대합실에서 4기 공예과 김안훈을 만나 여러 가지 이야기도 듣고 대화도 하였으며 초등학교 동창인 현길용을 만나 반가움의 안부와 친구들의 진학 여부와 근황도 물어 보았다.
친구는 내가 있는 곳에 관심이 있어 하기에 설명하여 주었더니 그도 소사에 방문하겠다며 이야기하였다.

기차는 양수와 능내 사이에서 사고가 나서 1시간 20분 연착되어 양수역에 도착했을 때가 9시였다.

진외할머님 댁에서 기거 후 아침 일찍 집에 도착하니 아버님은 내가 궁금하여 어제 인천 소사에 있는 국립소년직업훈련소에 12시 17분차로 가신 것이다.

그 간 상황을 가족들에게 말씀드리며 행복하고 즐거운 시간이었다. 오늘 점심은 밀수제비를 하고 아버님을 따라 높은 산으로 갔다.
우리 화전밭도 크게 되어 있었으며 그곳의 일을 도우며 오는 길에 소꼴을 한 짐 비어지고 어두울 무렵 집으로 돌아왔다.

"주께서 곤고한 백성을 구원하시고 교만한자를 살피사 낮추시리이다"
(사무엘하 22장 28절)

▶ 이웃집 방문 (1964.08.04)

어제 저녁에 이웃집 아주머니 댁에 인사를 드리러 갔다. 참 반가이 맞아 주시며 내가 있는 곳에 여러 가지를 물어보았다. 자세히 설명 드렸더니, '좋은 곳이 있구나. 열심히 하라'고 격려 말씀을 해주어 기뻤다.

훈련소 공부와 시험공부를 열심히 하여 5급 공무원시험 볼 것을 계획하고 추진하였던 것이다.

10시가 넘어서 집에 오려고 하였는데 시원한 마루에서 자고 가라 하시기에 어머님과 거기서 잤다. 아침 일찍 집에 돌아와 마당 청소와 집 뒤에 풀도 뽑으며 정리를 하였다. 아침밥은 훈련소 밥만 못하였다.
훈련소 밥은 쌀이 많은데 가난한 우리 집은 쌀 한 톨 구경할 수가 없었다.
보리밥이지만 어머님이 성의껏 준비하셨기에 맛있게 식사를 하고 들에 나가 고구마 밭을 매고 논매기도 하였다.

집에 있는 동안 부모님의 힘을 덜어 드리고자 최선을 다 하여야겠다고 생각했다.

저녁에는 친구를 만나니 몇 해 만에 만나는 것처럼 반가웠다.

> "주의 집에 사는 자들은 복이 있나니 그들이 항상 주를 찬송 하리이다"(시편 84편 4절)

▶ 저명한 음악가 (1964.08.16)

방학동안 집에 열심히 일을 돕고 부모님의 따뜻한 사랑과 보호하심으로 있다가 훈련소에 와서 밀린 공부도 하며 독일의 음악가 베토벤 위인전을 보며 감명을 받았다.

베토벤는 아버지 요한과 어머니 마리아 사이에 둘째 아들로 태어나 매우 살기가 곤란하며 아버지는 변덕쟁이 술주정꾼으로 빈곤한 삶이었다.
베토벤은 4살부터 음악공부를 하여 본에서도 이름이 알려졌으며 에레오노의 집안의 도움으로 공부를 하였다. 그러는 동안 하이든이 본에 갔다가 우연히 하이든을 좇아서 브웬로 오게 되어 여기서 하이든 모짜르트에 지도를 받아 나중에 훌륭한 음악가가 되었다.

베토벤은 이 때 많은 작곡을 하여 세상의 이름이 알려졌다.
쥬리엘 데레져 같은 손아래인 미인 여성들도 와서 배웠다.
그들은 사랑하였으나 끝내는 결혼도 하지 않고 귀머거리가 되어 많은 음악을 저술하고 58세에 세상을 떠나 후세에 이름을 떨치었다.
주어진 위치에서 최선을 다하면 좋은 결과가 온다.

> "너희가 내안에 거하고 내말이 너희 안에 거하면 무엇이든지 원하는 대로 구하라 그리하면 이루리라" (요한복음 15장 7절)

▶ 장관이 방문하다 (1964.08.21)

어머니라는 책을 읽고 있는 중 주위 청소와 풀 뽑기 정리정돈을 하라는 연락이 왔다.
교무과에 선생님이 부르시기에 가니 종이에 메모를 주면서 송도사에 가서 포도 4근과 콜라 4병을 가져 오라는 것이다. 정중히 대답하고 뛰어가서 가져왔다. 교실에 와 있으니 보건사회부 장관과 소장 선생님 여러분이 각 교장, 의무실, 기숙사 등 이곳저곳을 순시하였다.

정부시책을 제대로 이행하고 있는지 확인 차 오신 것이며 우리들은 더욱 열심히 하여야겠다는 각오를 갖게 해주었다.

▶ 전국체육대회 관람 (1964.09.06)

친구 정동기와 이준석 우리 세 사람은 기숙사를 출발하여 33사단 입구에서 차를 타면 요금이 13원이기 때문에 교통비 절약을 위해 부평까지 걸어서 가는 중 이용과 5기 선배를 만났으며 그는 마라톤 선수로 참가한다고 하였다.

부평에서 승차하여 3원씩 내고 숭의동 앞 전국체육대회 장소에 하차하였다.
나는 가는 즉시 중학교 3학년 때 이복영 담임선생님 댁에 찾아 갔으나 계시지 아니하여 만나지 못하고 돌아와 도원극장 앞에서 친구들과 함께 경기장으로 가서 표를 사가지고 입장하니 어쩌면 그렇게도 사람이 많이 있는지...
농구장, 야구장, 육상경기장을 돌아보았다. 12시에 마라톤이 시작되어 오류동까지 왕복코스였다.

이용과 5기 선배도 선수 120명 대열에서 참가하였다.
농구장은 서울과 부산 팀의 경기, 야구장은 성남고등학교와 부산의 경기에서 부산이 승리하였다. 배구장에서는 제일은행과 대한방직의 경기를 TV중계 하였다.

육상 경기장에서는 10,000m을 25바퀴 도는 사이클경기가 있었다. 오늘 즐겁고 보람된 경기를 관람하고 돌아왔다.

"마음의 즐거움은 얼굴을 빛나게 하여도 마음의 근심은 심령을 상하게 하느니라" (잠언 15장 13절)

▶ 공무원 시험 준비 (1964.11.21)

나는 5급 공무원 시험이 있다는 것을 며칠 전에 들었다. 시험 대비를 오늘까지 공부하며 준비하였다.

오늘 외출을 가서 자세히 알아보려고 9시 30분에 종이 울리자 선생님께 말씀드리고 외출하여 남대문을 지나 시청 인사과에서 원서와 요강을 입수하여 청량리에 도착하니 12시 30분이었다. 13시 15분차로 출발하여 양수역에 도착하니 14시가 되었다.

학교에 가서 졸업증명서를 떼고 신체검사를 하러 시립병원에 찾아갔다. 수수료가 500환이나 되어 돈이 모자라 그냥 돌아오고 다음 기회로 하기로 하였다.

마음이 심란하여 학과 교정에 돌아와 빵으로 저녁을 먹고 초저녁부터 고향산천 책을 읽기 시작하여 다 읽고 나니 아침이었으며 밤샘을 한 것이다.

"네 시작은 미약하였으나 네 나중은 심히 창대 하리라" (욥기 8장 7절)

▶ 사촌형 서독광부로 가다 (1965.3.20)

제도과 6명과 공예과는 관사에 가서 일을 하고 있는데 2시에 마이크로 나를 찾는다. 버스 5대로 서독에 가는 광부 일행 중 이종사촌인 준행이형이 와서 내가 이곳에 있다고 찾은 것이다.

형은 일류학교를 나오고 실력도 있는 엘리트인데 어려운 여건이니 광부로 가면서 약혼녀와 굳은 약속과 보험가입까지 하고 출국하는 것이다.

4년 만에 현관 앞에서 만나는 형은 반가움으로 맞이하며 대화를 하였다.
형은 65번 신체검사를 마치고 출국을 하면서 서독에서 마치고 오면 제도에 관련된 회사를 차리려 하니 열심히 하라는 격려가 있었다.

▶ 제도과 졸업을 하다 (1965.03.30)

이곳에 온 지가 벌써 1년이 되어 오늘은 졸업식이다. 그동안 제도과에서 토목제도측량 등 관련분야도 많이 배우고 여러 친구와 지내면서 졸업을 하니 지원하여 군으로 입대하거나 취직을 하여 사회로 자기 갈 길을 찾아 개척하여 나아간다.

기쁜 일이면서도 1년 동안 한 기숙사에서 잠을 자고, 한 식당에서 식사하고, 운동장에서 뛰놀고 정들게 생활하다 헤어지니 서운하였다.

11시에 강당에 졸업식에 참여하였으며 많은 손님들, 보건사회부 차관님, 인천시장님, 부평경찰서장님, 육군본부 병무청에서 오셨다.

2시경 졸업식은 마치고 사은회가 있었다. 나는 이성조와 연구생으로 후배를 지도하며 선생님을 보좌하게 되었다. 기숙사 1호실 담당으로 9기생 19명을 관리하며 후배를 돌보았다.

제도과 9기 후배는 변양식, 박기환, 김주영, 이만우, 이무열, 곽성열, 권윤식, 박명수, 김동섭, 강대구, 고경호, 김영조, 노태영, 황동영, 이재인, 안성현, 홍종태, 이기원, 오승겸, 임태옥, 오상주, 조경섭, 김은설, 박양기, 이은성 27명이며 그들에게 잘 지도하려고 노력하였다.

> "우리 각 사람은 이웃을 기쁘게 하되 선을 이루고 덕을 세우도록 할지니라" (로마서 15장 2절)

고등학교를 가다

온 들에는 초록이 돋우며 농촌에는 못자리가 한창 분주한 희망찬 계절, 나는 갈망하고 소원하던 고등학교 공부를 할 기회가 온 것이다.

재학증명서를 떼고 3시 30분 선생님께 말씀드리고 정동기의 친구 이광득을 만나러 소사에 가니 4시였다. 이광득은 등기사무실에서 업무를 보고 있었다. 기다렸다가 소사에서 기차로 도화동 선인고등학교에 가서 국립소년직업훈련제도과 재학증명서 제출하고 면담하고 편입시험을 보고 3학년 8반으로 공부하게 되었다.
기성회비 1,000환, 1기분 공과금 1,860환, 수속서류대 1,000환, 나의 생후에 기쁜 날이다.

아버님께서는 돈을 구하러 동네에 다녔지만 구하지 못하고 협동조합에서 3,300환 대출받고 쌀을 판 돈 700환, 집에서 100환 총 4,100환을 구하여 납부하였다.

제도과 연구생활은 16시 20분에 학과가 끝나면 친구 동기네 집에서 교복 갈아입고 교통비 절약을 위해 훈련소에서 부평까지 걸어서 기차를 타고 도화동 학교수업을 끝나고 숙소에 돌아오면 23시 전후, 후배들이 타다 놓은 저녁식사를 하며 매일 같은 생활로 고달픈 생활이었지만 앞으로의 희망을 갖고 즐겁게 보냈다.

학교 설립은 백선엽, 백인엽 장군이시고 김진영 교장선생님, 최세준 선생님, 윤달령 선생님의 지도로 선인고등학교 야간부 상업과를 1966년 2월 19일에 영광스러운 졸업을 하였다.

> "내게 능력 주시는 자 안에서 내가 모든 것을 할 수 있느니라" (빌립보서 4장 13절)

돌보아 주시는 선생님

초등학교를 졸업하고 중학교를 진학 못하고 집에서 농사일을 하고 있을 때 나의 길 진로를 인도하여 주시던 야학 이영환 선생님이 나를 찾아보려고 국립소년직업훈련소 방문하였으나 학교 갔다고 하니 인천 도화동으로 찾아오신 것이다.

학교에서 3교시가 끝날 무렵 6반 최세준 담임선생님의 안내로 우리 교실에 오시어 감격스러운 만남이었다.
선생님께 말씀드리고 교문 밖으로 나와 간식을 하며 여러 가지 고마운 말씀을 들으며 20시에 숙소로 돌아왔다.

나를 수소문하여 찾아오셔서 격려하여 주시는 스승님의 고마움. 열심히 공부하여 후에 보답을 하여 드리겠다는 각오를 하였다.

"여호와께서 너를 실족하지 아니하게 하시며 너를 지키시는 이가 졸지 아니하시리도다" (시편 121편 3절)

▶ 기술행정병 입대하다 (1966.03.30)

고등학교를 졸업하고 국립소년직업훈련소 9기 연구생을 하다 9기 졸업과 동시에 66년 3월 30일 기술행정병으로 군 입대를 하였다.

어려운 가운데 졸업을 하고 일찍 국방의 의무인 군에 가서 군 생활을 충실히 하여 주어진 여건에 최선을 다하면 길이 열릴 것이다.

입대하는 날 환송과 과자류를 받고 동료 후배들과 함께 수용연대 입소하여 신체검사를 받았다.
사회에서 나이 많은 분도 함께 대기하며 기다렸다.
나는 19세 4월, 친구들보다 일찍 입대한 것이다.

논산훈련소 29연대에서 6주 훈련 후 춘천 보충대에서 2주 동안 대기하였다.
배치되는 날 트럭 30대가 각 부대로 배치되는데 마지막 한 대를 백마부대원과 함께 타고 1101야공단 111대대 경기도 광주로 배치되어 근무하게 되었다.
나이도 어리니 선임병이 내무반 당번을 하라고 한다.

여름 장맛비는 많이 오는데 내무반 천막은 여기저기 새어서 밖에서 그릇을 여기저기 갖다 놓고 물을 받아내야 했다.

중대장 ROTC 1기 최준식 중위가 내무반 순시를 했다. 신입 졸병이 오자마자 꾀를 부리니 정신 기압이다. 빳따를 6번 맞으면서 처음이자 마지막 기압을 받게 되었다. 나는 이를 기회로 중대장님을 존경하고 중대장님은 나를 극진히 사랑하고 아껴주셨다.

“그리고 맡은 자들에게 구할 것은 충성이니라” (고린도전서 4장 2절)

어느 해방둥이의 인생여정

제2장

청년기(20~30세)

2장 청년기 (20세~30세)

국토개발의 일원이 되다 (1966.05)

우리 부대는 당시 정부 5개년 계획사업으로 서울부터 원주까지 도로확장 포장공사 사업을 건설부, 미고문단 공병대 3개 기관이 하는 시설로 군에 배속된 것이다. 이종협 대대장은 군 혁명 주체로써 사명감이 투철하신 분이다.

3과장은 육사15기 최철규 소령, 1중대장 육사16기 안홍수 대위, 2중대장 박규헌 대위, 3중대장 김길용 대위, 나는 상황실 근무병으로 파견되어 근무 중인 중대에서 작업사항 인원 장비 공정률 기록보고 등 나이는 어리었지만 열심히 하여 장교님들로부터 신임을 받고 근무하였다.

박정희 대통령께서 현장 독려 방문도 하셨다. 중령 이종협 대대장은 상황 보고하니 다음날부터 장비와 자재를 긴급 지원되어 공사도 원활이 되었다.
우리 부대는 경기도 광주에 처음 주둔하여 학교 인근지역 대민사업도 많이 하여 칭찬을 받기도 하였다.

당시 나의 봉급은 이등병 160원/월(66년), 일병 300원/월(67년)을 절약하여 저축하였다. 부대는 월남전이 치열하던 때라 111대대는 십자성 군수지원부대로 가게 되었다.
나는 3대독자인 점을 감안 부대에서 배려하여 잔류하게 되었다.
후임 대대장은 박희선 중령이 부임하셨다.

"하나님이 영광을 받으시게 하려 함이니 그에게 영광과 권능이 세세에 무궁하도록 있느니라" (베드로전서 4장 11절)

5분 대기조 분대장을 하다 (1968)

1966년 3월 30일 입대하여 군복무를 충실히 하고 있을 무렵 무장공비 침투 사건이 빈번하였으며 68년 1월 21일 북한 124군부대 간첩 31명 휴전선을 뚫고 파주를 거쳐 박정희 대통령과 청와대를 습격하려다 김신조만 생포하고 나머지는 사살하였으며 상황실 근무를 하며 5분 대기조 분대장도 하였다.

상황실 생중계를 들으며 박대통령 목을 따러 왔다는 목소리, 부대원들은 완전군장을 하고 총기 지급받고 내무반 대기 근무하며 출동준비도 하였으며 교전이 일어날 급박한 상황까지 온 것이다.
국가에 혜택을 받고 내가 이곳까지 온 것도 국가가 있으므로 존재하는데 국방의 의무를 충실히 하자는 각오도 하였다.

1월 23일에는 미 정보함 푸에플로호도 나포사건이 발생하여 억류되고 승무원 82명 전사사 1명 송환 사건과 11월 2일에는 울진 삼척에 무장공비 126명 침투하여 109명 사살되고 7명 생포되고 우리군은 전사 38명, 부상 64명 다수의 민간인 피해와 삼척군 하장면 산간마을 일가족 3명이 난자당했으며 10세 어린이가 "나는 공산당이 싫어요"라고 절규하다 처참한 죽음 사건이 벌어져 국가적으로 매우 어려운 시기였다.

> "너희는 마음에 근심하지 말라 하나님을 믿으니 또 나를 믿으라" (요한복음 14장 1절)

제도판을 침대로 하다 (1966.06.01)

군복무를 무장공비 사건으로 한날 입대하면서 제대특명이 무효가 되어 예비사단 갔다.

원대복귀 등으로 6개월이 연장되어 36개월 근무를 하고 69년 3월 22일 전역을 하였다.

군복무 중 적은 월급이지만 저축하여 소신종합설계사무소 이근희 소장님 사무실 입사 시 노란 잠바를 사 입고 가방 1개를 가지고 사회생활을 시작하였다.

기거할 숙소가 없기에 설계사무소 설계제도판에서 잠을 자고 식사는 사먹으며 돈이 부족할 때 밀가루음식은 별로 좋아하지 않지만 3일 동안 라면도 끓여먹으며 생활하였다. 밀가루음식은 별로 좋아하지 않는다.

스포츠형 짧은 머리에 점퍼를 입고 군청 읍사무소에 건축허가서류며 일을 보러가면 애들 대하듯 하며 경히 여겼다.

어려운 여건이지만 양복을 사서 정장을 하며 머리를 기르고 업무를 보러 다니니 상대방들은 대하는 태도가 달랐으며 옷이 날개라는 어른들의 말씀이 실감이 났다. 나는 업무와 장차 계획대로 열심히 하기로 다짐하였다.

> "너희 하나님 여호와가 너희 가운데 계시니 그는 구원을 베푸실 전능자시라 그가 너로 말미암아 기쁨을 이기지 못하시며 너를 잠잠히 사랑 하시며 너로 말미암아 즐거이 부르며 기뻐하시리라 하리라" (스바냐 3장 17절)

▶ 4급을 공무원이 되다 (1969.10.13.)

설계사무소에서 경계감정 측량도 하고 제도과에서 배운 덕택으로 건축설계 보조도 하고 바쁜 시간을 보내면서 공무원시험 준비를 하였다.

국방부건설본부(JCA)에서 직원을 채용한다고 하여 토목직에 응시를 하여 필기시험 실기시험을 보아 합격이 되었다. 1969년 10월 13일 부로 기술과로 발령이 났다.

64년부터 꿈꾸어 오던 것을 이제 이루어 공무원 신분으로 근무하는 영광을 갖게 되어 주위 여러분께 감사하게 생각하며 열심히 근무하기로 하였다.

나는 국민학교 4년 월반, 중학교 2년 월반, 주간 6년을 다니고 같이 임용을 받은 분은 국민학교부터 대학교 졸업 16년을 학교 다닌 분과의 생각을 하니 업무를 볼 때 몇 배의 노력과 근면과 성실로서 최선을 다하여야겠다고 각오를 한다.

"너희 염려를 다 주께 맡기라 이는 그가 너희를 돌보심이라" (베드로전서 5장)

▶ 희망찬 새해 (1970.01.01.)

1970년 1월 1일을 맞이하여 새 마음 계획으로 보람된 인생행로를 힘차게 출발하자.
금년도 목표를 근면, 성실, 박애정신으로 모든 일에 적극적으로 최선을 다하여 계획된 목표를 달성하자.

월 급여는 17,300원의 4급 공무원 봉급으로 쌀로 환산하면 1.5가마 정도이지만 절약하여 집에 도와드렸으며 한 끼니의 식사비로 50원 정도로 지출하기로 하였다.

국방부 건설본부장 안종훈 장군, 기술과장 남윤환 대령, 이익상 중령, 한기선 소령, 김이환 소령, 박근실, 김홍함, 황규석, 김기만, 김태일, 윤성중, 존경하는 분들이다.

> "그러므로 내가 너희에게 이르노니 목숨을 위하여 무엇을 먹을까 무엇을 마실까 몸을 위하여 무엇을 입을까 염려하지 말라 목숨이 음식보다 중하지 아니하며 몸이 의복보다 중하지 아니하냐 ~ 그러므로 내일 일을 위하여 염려하지 말라 내일 일은 내일이 염려할 것이요 한 날의 괴로움은 그 날로 족하니라" (마태복음 6장 25절~ 34절)

▶ 정성스런 마음 (1970.01.02)

오늘 어머님을 모시고 양수리 5일장에 왔다. 어머님은 젊으실 때 일제 강점기 시기에 공장 일을 하시면서 고생을 하시며 약을 못 드시어 겨울 추워지면 해수 기침을 몹시 하시어 고생을 하신다.

약국에 가서 약도 사고 옷도 사서 드리며 최선을 다하여 드리고자 하였다. 또한 어머니, 고모아주머니, 사촌동생, 사돈아주머니를 모시고 점식식사도 대접하여 드리며 보람된 하루였다

▶ 어머니의 사랑 (70.01.03)

어머님의 극진하신 정성과 사랑으로 여러 가지 음식을 골고루 장만하여 주시느라 추위도 잊으며 수고하심을 생각할 때 더욱 감사한 마음과 어머님의 사랑의 따스함을 느낀다.

어떻게 하면 앞으로 고생을 덜하시고 보람되고 행복하게 생활을 하시게 하여 드릴까. 부지런히 직장생활 잘하여 경제적으로 풍요로워지고 물질적으로, 정신적으로 최선을 다하여 드려야겠다고 다짐하며 조용한 시골을 떠나 복잡한 도시로 귀경을 하였다.

"무슨 일을 하든지 마음을 다하여 주께 하듯 하고 사람에게 하듯 하지 말라" (골로새서 3장 23절)

▶ 대문 옆 골방에서 기거하다 (1970.01.08)

연 초에 날씨가 영하 15-20도를 오르내리는 몹시도 추운날씨다. 방을 얻을 형편이 못되어 이태원 구창회 아저씨 댁에 임시로 기거하면서 친척집 이곳저곳 다니고 있었다.

대문 앞 화장실 옆 창고 같은 1간도 안 되는 작은 골방이었으며 방음이 안 되어 대소변 시 다 들리고 냉방이었으나 고맙게 사용하고 있었다.
책을 보면 입김이 서리며 몹시도 추웠다. 숙식문제가 해결되지를 못하니 언제까지 이러한 생활을 하여야 하나 생각이 들었다.

고난과 괴로움을 극복하고 최선을 다하면서 사무실 근교로 방을 얻을 생각을 하였다.

"믿는 자에게는 능히 하지 못할 일이 없느니라" (마가복음 9장 23절)

의류 반값 구입 (70.01.11)

아침 일찍 마포에 이영환 선생님 댁을 방문하였으나 외출중이라서 만나지 못하고 대학교를 다니는 박수필 집으로 갔으나 친구는 시골 고향에 다니러 갔다.

시장에 의류가게에 가니 코트가 있어 값을 물으니 싸게 6,900원이라 한다. 그러나 나는 현금이 3,500원 밖에 없어서 그냥 되돌아 나오려 하니 싸게 준다며 3,300원에 사게 되었다. 상인들은 이런 분들인가 의문이 가며 모든 물건이 이러한 거래를 하면 선량하게 부르는 대로 주면 비싸게 사는 것이 아닌가.

정당한 이윤을 추구하며 상업을 하여야 하는 것인데 라고 반문하여 본다. 42번 버스로 이태원에 와서 중식을 하고 구창회 아저씨 댁에 가니 집수리를 하시기에 일을 도와 드렸다.

"남에게 대접 받고자 하는 대로 남을 대접하라" (마태복음 7장 12절)

부모님의 사랑 (1970.01.28)

어머님께서는 아들이 제때에 식사를 못할까봐 늘 쌀가루를 맛있게 만들어 보내신다.

먹을 때마다 어머니의 따뜻한 사랑을 느끼며 아버님은 내가 돈이 필요할 때 어디서든지 돈을 구하여 보내 주시고 객지에서 추울까 염려되어 이부자리를 보내주신다.

부모님의 깊고 넓으신 사랑에 나도 열심히 노력하여 부모님께 보답하여 드리고 효도를 충실히 하여야겠다고 생각하며 수요 저녁예배 기도를 드린다.

▶ 선생님 댁 (1970.02.02)

나를 언제나 돌보아 주시는 선생님이다. 숙소 문제가 어려워 상도동 작은 할머니 댁에나 사근동 유정자 외사촌 누님 댁, 친한 친구 박수필 집에서 다니면서 하루씩 있을 무렵 이영환 선생님 댁에 오래간만에 방문하였다.

그동안 직장 다니는 상황을 말씀드렸더니 고마워 하셨다.
야학공부 할 때도 극진히 지도해 주시고 고등학교 다닐 때도 찾아와 격려와 위로를 하여 주시는 선생님이셨다.
결혼을 하시고 얼마 되지 아니하여 신혼살림으로 단칸방에 계셨다. 오랜만에 왔으니 이곳에서 자고 내일 출근하라시며 사모님께서는 아침 일찍 정성스럽게 식사도 하여 주시며 배려하여 주심이 대단히 고맙고 감사하였다.

아침 일찍 서대문. 마포 큰 도로에 나와 통근버스를 기다리다가 버스 타는 정류장도 모르고 늦을까 하여 일반 버스로 삼각지까지 왔다.
마침 국방부 수송부에 근무하는 옛 부대 111대대에서 근무했던 김용학 중사를 만나 서빙고 사무실까지 태워다 주어 출근시간 전에 왔으며 여러분의 도움으로 오늘 하루의 일과가 시작되며 후일에 보답하기로 생각했다.

> "사랑은 오래참고 사랑은 온유하며 시기하지 아니하며 사랑은 자랑하지 아니하며 교만하지 아니하며 무례히 행하지 아니하며 자기의 유익을 구하지 아니하며 성내지 아니하며 악한 것을 생각하지 아니하며 불의를 기뻐하지 아니하며 진리와 함께 기뻐하고 모든 것을 참으며 모든 것을 믿으며 모든 것을 바라며 모든 것을 견디느니라 그런즉 믿음 소망 사랑 이 세가지는 항상 있을 것인데 그중의 제일은 사랑이라" (고린도전서 13장 4절 13절)

▶ 이중과세 방지 (1970.02.06)

정부에서는 국가적 낭비를 줄이기 위해 이중과세 방지를 줄이기 위해 구정을 지양하고 신정을 장려하고자 하지만 오랜 습관과 풍습으로 구정을 시골집에 내려갈 시간도 안 되어 500원을 주고 종합선물을 사가지고 이태원 구창회 아저씨 댁에 찾아가니 아주머님만 계시었으며 고마운 대접을 받았다.
방을 주시어 사용하고 있기에 감사의 표의 보답이다.

이곳을 나와서 군에 있을 때 같이 근무했던 이종협 대대장의 수유리쪽 집을 방문하였다.

68년도 월남 파병 십자성 부대장으로 재직 시 귀한 전자제품 라디오도 보내주시어 요긴하게 쓰고 있으며 고마우신 분이다. 오늘은 용돈을 2,000원 주시어 감사히 받아왔다.

▶ 삼미건축사무소 가다 (1970.02.14)

영등포 구청 옆 삼미건축사무소에 있는 손영만 친구를 만나러 갔다. 영만이는 같은 제도과를 나와서 지금은 건축기술자가 되어 주택설계도 잘하고 있다.
봉천동 최종인 아저씨 댁에 부지증명을 부탁하여 160원을 주고 찾아왔다.

오늘 집에 오려고 청량리역에 오니 초등학교 동창 민기보, 장종필, 이정호 친구를 오랜만에 만나 반갑게 지난날 이야기를 하였다.

열차 안에서 친구들은 술을 먹으라 권하였으나 나는 사양하였다. 양수역에 도착하니 8시가 되었으며 목왕리 6km를 밤에 혼자 가기가 어려워 부용리 진외갓 댁으로 가니 이복동 아주머니가 친정에 다니러 와서 반갑게 이야기 하였다.

▶ 고마운 기사분 (1970.02.28)

통근차를 기다렸지만 시간이 지나도 오지 않고 자가용 삼륜차가 오기에 세우니 고마우신 아저씨는 태워주셨다. 차를 타고 10분정도 왔을 때 경사진 비탈길을 올라가고 있을 무렵 시내버스가 가로막고 있어 차를 비켜 조금 오니 교통경찰이 차를 세운다.
운전수 아저씨는 차를 세우고 경찰 있는 곳으로 가서 5분, 10분이 되어도 오지를 아니한다. 얼마 후에 오더니 못마땅한 표정이기에 물으니 차노선을 바꾸어 갔기 때문이라는 것이라.

선량하게 열심히 일하는 분을 실망하지 않도록 근무하는 분이었으면 좋겠다고 생각하였다.

> “삼가 누가 누구에게 든지 악으로 악을 갚지 말게 하고 서로 대하든지 모든 사람을 대하든지 항상 선을 따르라”(데살로니가전서 5장 15절)

▶ 방을 계약하다 (1970.03.01)

3.1절이다 우리나라가 일본의 압박 밑에서 식민지 생활로 국권을 잃고 있을 때 애국자, 숭고하신 조상 분들의 3.1일 정신을 상기하고 그 정신을 이어 받아서 우리나라를 근대화로 발전시켜 부강한 나라가 되도록 하여야 한다.

오늘은 일요일이지만 건설본부 기술직원 실기시험이 있어 돌보아 주어야하기 때문에 평상시와 같이 9시에 출근하여 비품을 나누어 주며 각 개인별로 준비시켜 주었다.

5시에 근무를 마치고 퇴근길에 서빙고 초등학교 뒤 서빙고동 192번지 5통 2반 이창복씨의 전세방을 50,000원에 계약을 하고 그동안 이곳저곳 다니며 신세를 지었던 것을 해결하고자 방을 구하였다.

우천 중이라 버스를 타고 이태원 시장 앞에 내렸는데 500원 거스름돈을 받지 못하였다. 저녁 식사 후 교회에 가서 예배를 드리고 8시 30분 서빙고 버스 종점에 가서 5-1309호 버스를 기다렸다. 버스 차장 아가씨를 만나 이야기 하여 500원을 받았으며 고마웠다.

> "자기 목숨을 얻는 자는 잃을 것이요 나를 위하여 자기 목숨을 잃는 자는 얻으리라" (마태복음 10장 39절)

▶ 아버님 병환 간호 (1970.03.17)

3일 동안 사무실에 나가지 못하니 궁금하다. 눈이 내렸으며 양수리 우체국에서 사무실 전화를 하려고 왔다. 시외전화가 많이 밀려서 1시간 이상 기다렸으며 마치 초등학교 동창인 김순년이 근무를 하고 있었기에 그와 대화를 하였다. 그는 독촉을 하여 빨리 통화하도록 하여 주어서 고마웠다.

약국에 가서 아버님 약을 지어서 며칠 동안 정성껏 간호하여 드려서 많이 나아지셨다.
아버님은 젊어서 고생을 많이 하시어 병환이 나시면 수일 동안 고생을 하신다. 빨리 쾌유하시어 건강하시기를 기도한다. 면사무소에 들려서 62년도 미결사

항도 처리하고 대한통운 양수리 사무실에 들러서 어제 일을 감사하였다고 인사를 드렸다.

봉천동 최종인 아저씨의 지적도를 가지고 시청 도시계획계에 가서 도로가 20m인 것을 확인하고 결과를 말씀드리며 설명하였다.

> "네 부모를 공경하라 그러면 너의 하나님 나 여호와가 네게 준 땅에서 네 생명이 길리라" (출애굽기 20장 12절)

친절한 한약방 (1970.04.06)

용산구 갈월동 59의 4의 이명령씨 한약방은 매우 친절하고 인간다운 면에 호감이 간다.

성심 성의껏 동생 약을 지어주며 설명하기에 다음에 겨울이 오면 어머님이 기침 때문에 고생을 하시는데 이곳에 와서 약을 지어 드려야겠다고 생각하였다.

> "이 세상에 어느 것 하나도 나와 관계없는 것은 없다. 인류, 도덕의 문제도 나의 일이며, 진리와 자유와 인도와 정의에 문제를 추궁함도 나의 일이다. 순전히 제 한 몸 제일만 생각하는 에고이스트는 부끄러워하라!" (아우구스티누스)

▶ 용두산 공원을 가다 (1970.08.17)

서울지구 사무소장 박희선 중령이 찾기에 사무실에 가니 부산 집에 다녀오라시며 교통비 1,500원을 주신다.

1시 20분 서울역에 도착하여 정각 2시 맹호호로 출발하였다. 서울역 출발(14:00) - 천안(15:20) - 대전(16:20) - 영동(17:05) - 김천(17:40) - 구미(17:55) - 대구(18:40) - 삼랑진(19:40) - 부산진역(20:20)에 도착하여 나는 이곳 부산에 처음으로 온 것이다.

동래로 가는 버스를 타고 양정동에서 내려 사모님 선물과 아이들 과자를 사가지고 바로 집을 찾아갔다.
1년 6개월 전 서울역에 나가 배웅하며 서운하게 헤어졌다 다시 만나는 재회는 참으로 반가웠다.

나는 부대상황실 근무 시 5학년 박원달과 1학년이던 박경자를 틈틈이 공부도 가르쳐 주며 한 가족처럼 지내다 헤어져 다시 만날 기회가 되어 그 동안에 안부와 이야기도 하며 경자가 둘째 언니네 간 것을 사모님이 오라 부르시기도 한다. 다음날 원달이와 향순이 함께 산책도 하고 원달이는 부산에 처음 왔으니 구경시켜 준다며 용두산 공원으로 가니 현충비도 있었고 인상적이었다.

부둣가로, 영도다리로, 백화점으로, 해운대 모래사장으로 저 멀리 밀려오는 파도소리와 주위환경은 아름다우며 이곳저곳 즐거운 여행이었다.
만남과 헤어짐, 다시 만남이 고마움과 인생이로구나.

> "너희는 여호와께 감사하며 그의 이름을 불러 아뢰며 그가 행하신 일을 만민 중에 알릴지어다" (역대상 16장 8절)

▶ 울창한 숲 광능내 (1970.10.03)

개천절이라 용산우체국에 가서 군에 간 이종사촌동생 이병행에게 송금 건을 알아보고 광능내를 가려고 종로 5가에 가서 의정부 급행차로 의정부에서 다시 합승하여 50분간 지나 이곳 광능내에 도착하니 하늘을 찌를 듯 수고가 높은 아름드리나무들이 많이 있으며 서울근교에 이런 곳도 있으며 참 아름다웠다.

문화재 관리소장은 이성조, 송씨, 이씨, 김씨이고 저곳 깊은 곳까지 세부측량을 하기에 나도 친구네 사무실 일을 도와주었다. 공기 맑고 산새들 울음소리, 크낙새 울음소리가 나기에 찾아보니 어디론가 숨어버린다.

측량도면 1도각을 마치고 6시에 서울 갈 버스로 ROCT생들과 함께 귀경하였다. 이번 달 급료는 19,960원이며 식대 4,530원, 교통비 1,160원, 의약품 1,830원, 이발 350원, 축하금 300원, 기타잡비 1,410원 지출누계 9,570원으로 잔고이월 10,390원이다.

> "여호와는 선하시니 그의 인자하심이 영원하고 그의 성실하심이 대대에 이르리로다" (시편 100장 5절)

▶ 한글날 (1970.10.09)

한글날 524돌을 맞이하는 뜻깊은 날이다. 세종대왕께서 훈민정음을 반포하여 우리 조상의 빛난 얼을 창조하신 날이다.
500백 년 지나도록 많이 발전하였지만 현재도 외국어를 혼용하여 쓰니 개탄하지 않을 수 없는 일이다.

국어학자들이 많이 배출되어 빛나고 자랑스러운 우리 국어를 보다 많이 쉽고 과학적으로 활용하고 번창하여 세계어가 되도록 기원한다. 김용학 중사와 창덕궁 옛 고유의 민족의 풍속, 문화, 예술 등을 관람하니 참으로 자랑스러웠다. 울창한 숲의 낙엽이 우수수 떨어지는 비원의 가을 창공은 맑고 시원한 기분에 복잡한 사회생활 속에 잠시나마 잊고 생각할 수 있는 시간도 필요하다.

동물원에 들려서 범, 코끼리, 낙타, 원숭이, 곰, 여우, 늑대, 물개, 하마, 각종 새 또는 식물원 여러 곳을 돌아보며 지낸 즐거운 하루였다.

> "만일 누구든지 무엇을 아는줄로 생각하면 아직도 마땅히 알 것을 알지 못하는 것이요" (고린도전서 8장 2절)

직원들과 좋은 만남 (1970.11.07)

전라북도 여산으로 출장을 와서 하사관학교 조희조 대위와 업무적으로 협의를 하고 광주여객으로 논산, 공주를 경유하여 귀경을 하였다.

사무실 근무가 끝나고 토목계 친목모임이 을지로6가 국립의료원 근교에 김홍함, 박우춘, 서정호, 김관진, 주희남, 이범희, 이홍선, 황효수, 유한종, 김택식, 이성대, 박장성, 송영웅, 정충본, 원운희, 윤명석, 김종상과 함께 식당으로 갔다. 서로 협조와 양보와 지도로 앞으로 업무에 좀 더 발전적인 직장생활이 되도록 다짐한다.
이번 달에 농촌에서 고생하시는 아버님 어머님을 위해 26,000원을 드렸으며 가족들은 기뻐하였다.

통계에 따르면 남한 총인구 31,460,994명, 서울 5,509,993명, 경기도 3,361,730명이다.

▶ 군복무 시 다니던 교회 (1971.01.10)

용인 원삼에서 9시 5분에 출발하여 광주 경안에 오니 10시 55분이었다. 부대 근무 시 다니던 광주 경안에 있는 성결교회로 갔다.

박동일 담임목사님께서는 내게 주어진 시기 모든 것은 장소에 때가 있다는 설교말씀에 많은 은혜를 받았다. 시간관념에 1분 1초 시간이 지나면 다시 오지 않으니 보람되고 가치 있게 보내라는 말씀이었으며 여러 성도들이 반가이 맞아 인사도 드렸다.

> "새 계명을 너희에게 주노니 서로 사랑하라 내가 너희를 사랑한 것 같이 너희도 사랑하라 너희가 서로 사랑하면 이로써 모든 사람이 너희가 내 제자인줄 알리라" (요한복음 13장 34~35절)

▶ 현대건설학원 등록 (1971.04.10)

공과분야를 심도 있게 공부하려고 현대건설기술학원에 6,000원을 지불하고 등록하여 근무시간은 직장생활로 야간에는 기술학원 공부를 하기로 하였다.

4월 달 급료는 17,960원을 수령하여 학원비, 교재비를 지불하니 여유가 없어 더욱 절약을 하여야겠다.

수유리 이종협 대대장님 집에 포도나무와 배나무를 심어주기로 하여 기사와 함께 강변도로 남산터널로 다녀 보았다. 동대문 가까이 왔을 때 교통이 두절되고 환호성이 울리며 소란스러워 졌으며 내용인즉 신민당 대통령 후보 연설과 청년당원들의 시가행진이었으며 당황할 정도였다.

▶ 이모님의 돌보아 주심

영등포구 반포동 과수원 관리를 하시는 큰 이모님 댁에서 70.7.13부터 71.5.23까지 기거를 하며 돌보아 주심 가운데 편하게 직장을 다녔다.

과수원 우물가에서 나오는 미나리를 반찬으로 정성껏 점심을 싸주시어 고맙게 가지고 다녔다. 면목동으로 이사를 오시게 되어 망우리 둘째 이모님 댁에서 다니게 되었으며 46,500원 드리며 다소의 도움을 드렸다.

9월 달 급료는 19,500원이었다. 기행이, 만행이 중학교 문제로 용인 원삼국민학교에 방문하였는데 학교 교장선생님은 양수리 초등학교 때에 교감을 하시던 노선생이셨으며 참으로 반가웠다.

중학교 진학을 위하여 수속 절차를 하고자 경기도 교육위원회 교육청으로 다녀와서 만행이는 서울로 진학하도록 되었으며 기행이는 70년도 배정사실이 있기 때문에 만행이만 교육위원회에 2,000원을 주고 접수하였다.

둘째 이모 댁 망우리 방 하나에 이모님 동생 둘 4식구가 기거하며 도움을 받으며 5.24~11.27까지 사무실 출퇴근 하였으며 34,300원 드리며 다소의 도움을 드렸다.

> "오직 성령의 열매는 사랑과 희락과 화평과 오래 참음과 자비와 양선과 충성과 온유와 절제니 이 같은 것을 금지할 법이 없느니라" (갈라디아서 5장 22~23절)

▶ 안양으로 이사 오다 (1971.12)

사무실에서 분주히 하루를 보내고 안양 석수동 윤금봉네 전세방을 80,000원에 계약하여 이사를 하였다 .

이곳에서 숙식 주거문제를 해결하고 단기 및 장기계획을 추진하며 어머님 건강이 안 좋으시니 모셔다가 약을 하여 드려야겠다고 다짐하며 계획대로 순조롭게 진행됨을 감사드렸다.
어머님 한약을 3회에 3,200원 주고 지어 드렸다.

식사문제가 어려워 지혜를 삼성초등학교 5학년에 전학시켜 함께 있기로 하였다.
교회는 석수감리교회로 다니며 김도순 담임목사님이시며 사모님께서는 어린 동생하고 고생하며 생활한다고 김치도 한통 주시어 대단히 고마웠다.

셋집 주인댁 아들은 다리 지체인 금봉이와 여동생 금주 남매이며 퇴근 후 공부를 가르쳐 주었으며 야식이며 반찬 등 많은 도움을 받았으며 인자하시고 좋은 가정이었다.

이번 달 급료는 19,000원이며 연소득은 255,980원이며 지출은 252,660원으로 이월금은 3,320원이다.

▶ 희망찬 새해 (1972.01.01)

고요한 밤을 진동하며 울려 퍼지는 사랑과 진리를 일깨워 주는 교회 종소리, 교회에 송구영신 예배를 드리려고 오니 23시 55분이었다.

지난날 부족하고 잘못한 것들을 회개와 반성으로 청산하고 새 마음으로 새해 주님의 뜻대로 신년에 믿음의 생활 열심히 하고 능력과 지혜를 주옵소서 하며 기도와 찬송을 드리며 첫 시간 예배를 드리니 1월 1일 1시 25분이었다.

아침 8시 차로 고향 집으로 와서 희망찬 하루가 시작되었으며 지문각 발행 박정희 대통령 전집을 읽으며 민족이 단결하여 서로 협동하여 밝은 내일의 향해 굳건히 매진하며 노력하고자 하는 국민의 한사람 공직자가 되고자 각오를 다짐하였다.

> "너는 내게 부르짖으라 내가 네게 응답하고 네가 알지 못하는 크고 은밀한 일은 네게 보이리라" (에레미아 33장 3절)

조달본부 시무식 (1972.01.04)

겨울일기 진눈깨비와 함께 비가 내리며 길은 빙판길이었지만 3일간의 연휴가 끝나고 온 직원들은 출근하여 6층에서 새해 시무식이 시작되어 소장 윤봉주 본부장님의 새해 인사와 함께 금년 목표를 말씀하셨다.

물자조달과 군 시설 임무와 책임, 현 정세에 처하고 있는 이 시점에 더욱더 분발하여 업무를 연구하고 발전하여 좋은 결실을 맺어 우리가 조달하고 건설하는 것을 사용자 입장에서 보다 성실히 책임 완수하여 60만 국군장병과 국가민족에 헌신하자며 강조하셨다.

> "사람이 마음으로 자기의 길을 계획할지라도 그의 걸음을 인도하시는 이는 여호와시니라" (잠언 16장 9절)

▶ 졸업선물 (1972.01.08)

토요일이기에 1시 퇴근하여 버스로 성북구 번동 둘째 이모 댁에 갔다. 사대부고를 다니는 이종사촌 동생 이윤행의 졸업식이 12일이기 때문에 평일 근무시간이라서 앨범을 사다 주었다.

이모님은 아들만 5형제를 두셨으며 이모부가 안 계시어서 큰형이 서독광부까지 가면서 뒷바라지를 하여 주었으며 동생은 공부도 잘하고 열심히 하여 졸업을 하게 된 것이다.

삼부토건에 다니는 이준행 형도 12월 28일 제주도에서 현장소장 일을 마치고 본사로 출근하는데 형이 오지 아니하여 기다리며 TV '시집가던 날'을 보았으며 내용인즉 대감 댁과 판사 댁에 사돈 간이 마음씨가 착하고 훌륭히 자기본분을 잘하여 행복을 찾게 되는 감명적인 드라마였다.

▶ 인자한 선생님 (1972.01.31)

눈이 10cm가 와서 길은 미끄럽지만 양서면사무소에 가서 여동생 지혜 전학을 위하여 서류를 떼서 목왕초등학교에 가니 선생님들은 회의를 하고 계시어 기다리고 있었다.
담당 김진옥 선생님을 뵙고 동생 전학문제를 이야기를 하고 수수료 900원을 드리고 등기부탁을 하고 12시 15분차를 타기위해 양수역으로 왔다.

김선생님은 인자하고 너그러운 마음씨에 성의 있게 하여 주시니 참으로 고마웠으며 부탁하고 나온 내가 미안하였다. 큰 이모 댁에 드리려고 메주를 가지고 오는데 무겁고 힘이 들었지만 이모 댁에 신세지고 돌보아 주신 것을 생각하면 이런 것쯤 별거 아니라 생각하였다.

해외개발공사 방문 (1972.02.09)

사무실에 열심히 근무하고 기술 분야도 매진하여 노력하므로 설계분야도 많은 발전이 있으나 매월 받는 공무원 봉급의 액수가 적어 집에 도움과 저축이 미비하여 나는 오늘 다른 진로를 모색하여 보고자 해외개발공사 기술자 선발 모집에 응시를 하니 2시간 기다리다가 명일 일찍 접수하려고 돌아왔으며 400명 정도 있었다.

국방부 관재과에 들렀다가 합참본부 운영과 이종협 대령을 만나고 돌아왔다. 감독기술자 모집 일건서류를 준비하여 청진동 해외개발공사에 84번으로 접수를 하고 인천 도화동으로 가서 고등학교 졸업증명서를 떼서 공사에 갖다 주고 적성 검사 응하여 1차에 합격하였으며 800명은 불합격되어 900원씩 도로 환불하여 갔다.

영어회화를 대비하여 문제지를 사왔으며 모든 것은 주님의 인도하심대로 하기로 하였다.

> "너희 행사를 여호와께 맡기라 그리하면 네가 경영하는 일들이 이루어지리다" (잠언 16장 3절)

새마을운동 (1972.03.17)

오랜만에 이모님을 모시고 시골에 내려갔으며 어머님께서는 최선을 다하여 드렸다. 어머님은 4남매 중 셋째로 이모님 두 분은 서울에서 어려운 생활을 하고 계셨지만 나를 극진히 사랑하고 돌보아 주셔서 항상 고맙게 생각하고 있다.

우리 마을 목왕리에서도 새마을운동이 활발하게 실천 진행되고 있어 정부시책에 모두 동참하여 새마을 정신으로 농촌 잘 살고 발전시키기에 열심히 노력하고 있었다.

"사람으로서는 할 수 없으나 하나님으로서는 다 하실 수 있느니라" (마태복음 19장 26절)

고마우신 할머니 (1972.04.29)

사무실은 국방부 건설본부가 모체가 되어 각 군 시험실과 통합하여 1971년 1월 1일 부로 국방부 조달본부로 확대 창설되었다.

안양 석수동에서 서울로 출퇴근하며 나는 김포로 안양으로 수원으로 더 멀리 나가서 개척하며 계획을 세우고 있던 중 토요일 퇴근 버스로 수원 파장동 4거리에 와서 가게에 들어가 방을 문의하니 가게 할머니께서는 자세한 설명과 라면까지 끓여 주시며 친절하게 대해 주시었다.

고향에 부모님은 집에 키우던 소를 139,000원에 매매하여 안양 전셋집 80,000원 합하여 수원에 부동산을 구입하려고 계획을 세우며 추진하였다.
그리하여 할머니 댁 방과 가게를 얻어서 생활하며 가게로 부업을 하려고 수원시 파장동 390번지 땅 106평을 셋째아들 최영석의 소개로 20만원에 사게 되었으며 고마워서 소개료 10,000원, 세금 4,500원으로 214,500원에 매수하였다.
처음으로 내 앞에 부동산 등기를 내어 집을 사는데 도움이 되었다.

이곳에 향나무 묘목 350주를 7,000원 주고 사다 심으며 장기적인 계획을 세웠다.

"자녀들아 모든 일에 부모에게 순종하라 이는 주 안에서 기쁘게 하는 것이니라" (에베소서 6장 1절)

▶ 전화취급소 대행 (1973.06.06)

수원시 정자동 436번지 최윤석씨 댁 가게 하나와 부엌도 없는 작은방을 보증금 30,000원에 월세 3,000으로 얻어서 이사를 와서 가게에 마루와 진열대를 만들었다.

동생 자철이가 가게를 보기로 하고 수원시장에 가서 문구 4박스 44,650원치를 구입하여 가게를 시작하며 새로운 도전이 시작된 것이다.

가게를 시작하여 문구류, 잡화류, 지물 등으로 여러 가지를 하였으며 당시에는 전화가 귀하던 때라 이 지역 전화취급소도 함께 하였다.
파장동, 정자동, 천천동 인근주민의 불편이 없도록 봉사정신으로 최선을 다하였다.

파장초등학교에서 학생들이 학교 후면 배수로 정리 작업을 1열도 하고 있던 중 토사붕괴 사고가 일어났다 .
전화취급소인 우리 가게에 와서 긴급구조요청을 하여 나는 가게를 동생에게 맡기고 바로 학교로 가서 흙더미에 묻인 아이들을 구하여 병원으로 이송하였다.

힘들고 어려운 날이었으며 학생들은 긴급조치로 불상사를 방지하였다.

"그러므로 형제들아 내가 하나님의 자비하심으로 너희를 권하노니 너희 몸을 하나님이 기뻐하시는 거룩한 산 제물로 드리라 이는 너희가 드릴 영적예배니라" (로마서 12장 1절)

▶ 온양으로 여행가다 (1973.10.24)

수원시 장안구 파장동으로 이사를 와서 서울 용산구 용산동 7번지 국방부 조달본부에 근무를 하면서 공무원의 적은 봉급으로 열심히 근무하면서 영복중학교 1학년 다니는 지혜동생과 자철이 3남매가 부업으로 문방구, 지물, 전화 취급소를 부업으로 하고 있을 무렵 28세 때 결혼혼사가 있었다.

10월 3일 개천절 공휴일 날 천천동 집에서 송의석과 구응서 작은댁 조부를 모시고 약혼식을 하고 10월 24일 국경일 날 용산에 있는 국방부 군종센터에서 군목님의 주례로 결혼식을 하였다.

양가친척 내빈과 야학선생님 이영환, 김송교, 이영배 선생님 등 여러분 축하 속에 결혼식을 하고 신혼여행을 온양으로 가기로 하였으며 앞으로의 포부와 인생 설계를 하였다.

> "이와 같이 남편들도 자기아내 사랑하기를 자기 자신과 같이 할지니 자기아내를 사랑하는 자는 자기를 사랑하는 것이라" (에베소서 5장 28절).

나는 평소에 가장 존경하는 구국의 길로 임진왜란당시 나라를 구하고 인도하신 이순신장군 현충사에 가서 방문하며 감사기도를 드렸다.

평생을 정의의 의로운 길을 걸었고 불의와 타협이 없는 분.
1592년(선조25년) 일본군 306,290명으로 임진년 4월 13일에 침략을 하였을 때 죽으려고 하면 살고 살고자하면 죽는다는 투철한 애국관으로 우리나라를 구하신 분, 학교 다닐 때 한산도가를 회상하여 본다.

"한산섬 밝은 밤에 수루에 홀로 앉아 큰칼 달 옆에 차고 깊은 시름하는 차에 어디서 일성호기는 남의 애를 끊나니."

열세의 병력에도 불구하고 23전 23승의 거둔 비결은 탁월한 작전, 우수한 무기이겠지만 구국에 대한 정성이 나라에 대한사랑으로 가족을 사랑했고 부하를 사랑했으며 백성을 사랑하는 정신으로 애국심, 용기, 유비무한, 열정, 선공후사, 솔선수범, 창의성, 책임감, 제 힘으로 사는 정신, 지성의 지도자 최선을 다하며 임진란7년 "지금 싸움이 한창 급하니 내가 죽었단 말을 내지마라" 유언으로 54세를 일기로 순국하신 이순신 장군이시다.

"선한일을 행하는자를 생명의 부활로, 악한 일을 행한 자는 심판의 부활로 나오리라" (요한복음 5장 29절)

▶ 독채집으로 이사 (1975.02.02)

파장동 사거리 최윤석씨 댁에서 부엌도 없는 단칸방에서 동생과 함께 생활을 하며 아내는 고생을 많이 하였으며 방이 좁아서 결혼 때 하여 주신 농기구도 가져오지 못하였다.

2월 2일 정자동 437번지 조재고씨 댁 독채 방3개 얻어서 방1개는 선경회사 직원에게 세를 주고 잡화가게, 연탄가게를 하며 대문 앞에 개도 한 마리 키웠다.

밤새도록 개 우는 소리가 난다. 아침에 일찍 일어나 가게 문을 열고 나가보니 우리 개가 없어졌는데 찾아보니 도로 옆 가시철조망 기둥에 개를 거꾸로 매달아 놓았는데 한쪽 다리가 땅에 닿아 죽지는 아니하고 밤새도록 신음을 하는 것이었다.

대문 옆에 가니 건넌방 셋집이 도둑을 당하여 중요품은 가지고 갔고 우리 부엌 창을 열고 다락에 처가댁에서 준 쌀 3말 아끼는 쌀도 없어졌고 가게에 들어오려다 개가 짖으니 개를 달아매어 놓은 것이다.
가게 옆방에는 아버님과 동생들이 자고 있었는데 도둑을 맞았으며 인근에도 많은 피해들을 보았다.

연탄가게를 하며 쉬는 날에는 연탄수레에다 100장을 실어 아내와 같이 집집마다 배달도 하였으며 파동이 나자 영등포에 가서 구입을 하여 주민께 불편이 없도록 하였다.
공장 운반 공급차량에 선불도 주어가며 공급하며 공정하게 분배하여 10장 전후 배달도 하였다.
선불된 연탄이 오지를 아니하여 차주에게 찾아가니 부인은 떡 장사를 하며 가난하게 살아가며 몇 차례 받으러 갔다고 포기하고 말았다.

> "울며 씨를 뿌리러 나가는 자는 반드시 기쁨으로 그 곡식 단을 가지고 돌아오리로다" (시편 126편 6절)

▶ 장모님 사랑 (1975.06.08)

73년 10월 24일 결혼을 하고 바쁜 직장생활과 가내부업인 문방구, 지물포, 가방가게, 유리가게, 신문사 보급소, 잡화가게, 연탄가게를 열심히 하고 있을 무렵 1년 8개월 만에 첫 아들 본홍이가 12시 45분에 수원병원에서 건강하게 출생하였다 .

직장을 다니면서 토요일 오후 짐자전거에 문구류 짐과 옆에는 유리를 많이 싣고 조개정 방죽 다리를 건너려는 순간 자전거 앞뒤 연결되는 볼트가 빠져 내리 앉으며 사고가 나는 순간 버스가 지나가 대형사고가 날 뻔한 것을 하나님이 지켜 주셨다.

파장 감리교 한봉배 담임목사님의 교회에 나가고 있고 하나님이 지켜주시고 인도하여 주심에 감사기도를 드렸다.

연탄 수레를 끌고 가다 장모님을 만나 인사를 드리니 오늘 아들 백일을 하여 주었느냐 물으신다.
나는 바쁘기도 하고 미처 백일을 잊고 있었으며 장모님은 훈계를 하시고 떡을 하여 오시어 백일을 기념하여 주며 가족이 한자리에 모이는 일도 있었다.

"두려워하지 말라 내가 너와 함께 함이라" (이사야 41장 10절)

▶ 아파트 구입 (1976.4.18)

수원시 화서동 AID차관아파트 13평을 융자금 120만원과 이자돈을 주기로 하고 120만원 구하여 240만원에 아파트를 처음으로 분양을 받고 3동 106호로 4월 18일에 이사를 하였다.

나는 월 급료 65,500원 중 기여금 2,667원과 저축 500원, 수령 62,333원이었고 여동생 지혜는 송죽동 한일합섬을 다니며 급료 30,146원 중 공제금을 4,100원 제하고 26,046원을 수령하였으며 국민은행 대부금 상환 15,259원으로 부업을 할 수 밖에 없었다.

아파트 생활을 하여보니 참으로 편리하였으나 무리한 부채로 매매하여 청산을 하고 나니 별로 남는 것이 없었다.

▶ 대전현충원 개발참여 (1976.10.31)

대전 유성읍 갑동리 일대 3개 지역 마을 97만평 부지에 최초로 황일환 장군(조달본부 건설국장), 지청용(풍수지리1인자), 이주호(서울현충원 원장)와 본인은 하루 종일 현장답사를 하였다.

제일 먼저 현충탑 위치를 선정하고 국가원수, 애국지사, 유공자, 장군, 장사병, 경찰, 일반묘역 배치를 하고 기본종합계획(MASTER PLAN)을 77.10.18부터 3개안을 작성하였다.

전문자문위원들의 자문을 거쳐 추인을 받아 백년대계를 위한 주진입도로 폭 40m로 관리시설(관리사무소, 안내소, 휴게소), 행사시설(현충관, 봉안관, 기념탑, 현충탑), 공원시설(식물원, 휴식옥외시설), 조경 수목 196만 주로 공원화의 효율성을 두어 개발하였다.
77.10.18-12.31 감독을 하여 주위로부터 많은 호평을 받았다. 개발되기 전 항공사진 지형도와 개발되어 채택된 안은 뒷면에 있다.

"그에게 영광과 권능이 세세에 무궁하도록 있느니라." (베드로전서 4장 11절)

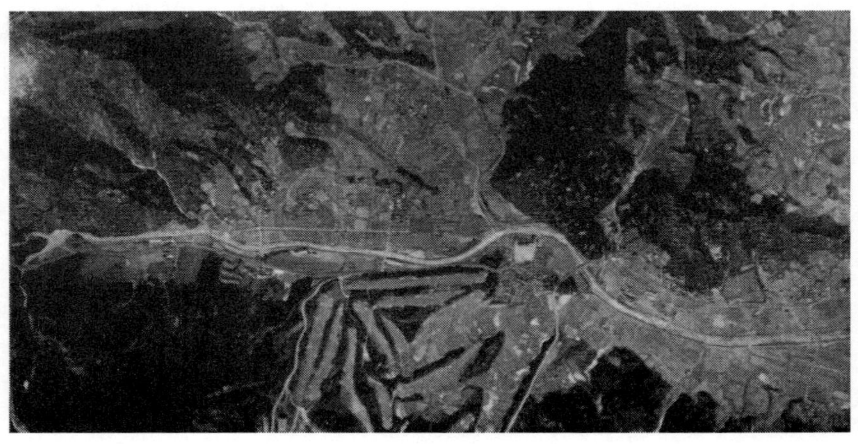

▶ 직원 아파트 이사 (1976.11.16)

아파트를 매도하고 주거시설을 물색하던 중 국방부 조달본부에서는 직원복지 시책을 적극적으로 장려하시는 안종훈 본부장(육군 중장)께서는 어려운 직원들을 위하여 본부 내 아파트 40세대 1동을 건립하여 입주하는데 나도 해당이 되어 용산구 용산동 7번지 조달본부아파트 307호에 입주하게 되어 참으로 다행이었다.

청렴하신 본부장님은 외국 출장 중 잔여금을 반납하시며 직원들을 사랑하시며 복지 시책을 장려하셨다 .

직장 구내에 숙소에 있으니 하루에 2~3시간 절약되어 다른 직원보다도 야근도 많이 하고 열심히 하였으며 계획된 생활로 자기발전을 위하여 더욱 노력해야겠다고 각오를 하였다.

막내 동생 자범이를 서울에서 중학교를 보내기 위하여 목왕초등학교에서 서울 후암초등학교 5학년 8반으로 전학을 하였다.

> "구제를 좋아하는 자는 풍부하여 질것이요 남을 윤택하게 하는 자를 자기도 윤택하여 지리라" (잠언 11장 25절)

제3장

청년중년기(30–40세)

3장 청년중년기(30세~40세)

화목한 가정

가내 부업으로 아내는 복지매점을 하며 자준이는 방위소집 근무를 하고 나는 직장근무를 충실히 하여 8월 급료 129,500원, 지혜는 고등학교 다니고 교순이는 삼성물산 직장을 다니며 급료 37,550원 수령하여 집을 도우며 자범이는 시골서 전학을 하여 열심히 공부하며 각자의 본분에 충실하였다.

아버님 대까지 2대독자로 계시어 가까운 집안이 없으며 가장 가까운 작은집 구웅서 할아버지가 8월 27일에 운명하셨다.

작은 조부께서는 저의 약혼식 때도 제일 어른으로 참석하셨고 축하하여 주셨고 애경사 등 어려울 때 기둥이 되어주셨던 분으로 작은댁에 가서 위로하여 드리며 3일 동안 도와드렸다.

가계도를 살펴보니 능성구씨 선조 1대부터 15세까지를 많은 벼슬을 하며 지냈으나 16세부터 26세까지는 양평군 소재로 한 시골 농촌 세대였다. 앞으로 후세들은 영광스러운 자손들이 되도록 최선을 다해야겠다.

> "지극히 작은 것에 충성 된자는 큰 것에도 충성되고 지극히 작은 것에 불의한 자는 큰 것에도 불의 하니라" (누가복음 16장 10절)

▶ 표창장을 수상하다 (1978.12.30)

직장에서 근무시간에 최선을 다하며 대전현충원 용역감독관으로 명을 받아 조달본부 건설국장 황일환 장군과 서울 현충원 원장, 청와대 출입 지청용 지관 용역감독관과 동행하여 유성읍 갑동리 3개 마을의 넓은 지역을 현장 답사 후 현충원의 중심축인 현충탑 위치를 선정 후 항공사진 촬영 수백 기의 산소 정리와 마을 이주로 기본계획안 3개안 작성하였다.

심의위원 검토 의결 최종안으로 확정, 97만평 부지의 토지이용계획 수립 진행되어 성공리에 잘 수행하였으며 직원채용시험 감독관이 각 군 설계에 공이 있다하고 투철한 책임감과 적극적인 근무의욕으로 맡은바 임무를 충실히 하고 조달주기 정착에 공이 현저하다 하여 NO195호 국방부 조달본부장 안종훈 장군의 표창장을 수상하였다.

초등학교 2학년 때 받고 오랜만에 상을 받으니 감회가 있으며 더욱 분발하여야겠다.

> "아무 일에든지 다툼이나 허영으로 하지 말고 오직 겸손한 마음으로 각각 자기보다 남을 낫게 여기고 각각 자기 일을 돌본 뿐더러 또한 각각 다른 사람들의 일을 돌보아 남의 기쁨을 충만하게 하라" (빌립보서 2장 3~4절)

▶ 제안서제출 (1979.07.02)

제안서 (소비절약)

에너지 절약과 소비 절약을 위한 국민의 1인으로서 제시

[정 의]
우리는 물자를 소중히 여기고 소비를 절약하여 저축을 늘리는데 더욱 힘써 우리 경제를 안정과 성장을 뒷받침하고 국력의 배양을 지속해 나가야 합니다.

특히 에너지와 물자를 대량으로 소비하는 산업인 여러분은 생산에서 소비에 이르기까지 모든 과정에서 비능률과 소비적 요소를 제거하고 자기 자신의 안일을 배격하고 생산성을 높이고 근로자의 소득을 증대시켜 줌으로서 국민총화의 공고화에 기여하고 국가발전에 최대의 노력을 경주해야 할 것입니다.

- 토요일 격주근무 예산 469억 원 절약(부록참조)
*동력자원부장관회신
열관1394-624(1979.7.9)
정부에서 시행하는 에너지소비절약시책감사 정부절약시책에 참고

▶ 동생 문병하던 날 (1979.10.26)

남동생 자철이가 고대 앞 인근에서 구두점을 하고 있을 때 안암동 사거리 횡단보도에서 택시가 들이받아 동생이 택시의 본넷트로 떨어지는 교통사고가 나서 병원으로 다니며 간호를 하고 있었다.

박정희 대통령께서 10.26 서거소식이 긴급뉴스로 나왔으며 비통한 일이다.

우리나라 어려운 시기 보릿고개를 넘기게 해주며 국토개발과 경제시책 장려, 새마을운동, 시골쌀 생산 장려, 통일벼 보급으로 국가를 발전시키며 근대화를 일으킨 국가원수의 서거는 참으로 불행한 일이다.

각하께서는 당일 삽교천 방조제(76.12.24 착공, 방조제 길이 3,336m, 높이 10m, 폭168m)의 시설준공식 참석 후 79.10.26에 궁정동 안가에서 김계원 비서실장, 차지철 경호실장, 김재규 중앙정보부장, 심수봉과 신재순이 있는 곳에서 김재규 부장의 총탄에 서거하시고 차지철 사망하고 최규하 국무총리가 대통령 권한대행을 함으로 국가적 위급한 사항이었다.

> "그러므로 내일 일을 위하여 염려하지 말라 내일일은 내일이 염려 할 것이요 한날 괴로움은 그날에 족하니라" (마태복음 7장 34절)

▶ 공병학교 교육 (1980.02.03)

조달본부 건설국에서는 김해공병학교 교육을 2.3-2.9일까지 갔으며 각 부대 공병 분야를 심도 있게 공부하고 분석하므로 내실 있게 지원하여 주기 위함이다.

나는 공병부대 근무하면서도 기술행정병으로 갔기 때문에 6주 만 훈련을 받고 부대 배치되어 근무하였기에 이번 1주일에 공부할 수 있는 기회로 열심히 하였다. 저녁에 참모장 김창우 대령이 숙소에 방문하여 반가이 맞이하였다.
그는 111대대 상황실 근무 때 장비 지원중대장인 대위 김창후였으며 자주 이야기도 하고 가깝게 지내던 분이 13년 만에 만나니 이곳에 참모장을 하고 있었다.

참으로 반가워 옛날을 회상하며 많은 이야기도 하였으며 7일 동안 각 과목마다 좋은 교육이었다.

"구하라 그리하면 너희에게 주실 것이요 찾으라 그리하면 찾아낼 것이요 문을 두드리라 그리하면 너희에게 열릴 것이니" (마태복음 7장 7절)

▶ 공무원 창안서 제출 (1980.2.23)

공무원 창안서를 총무처 제출하였으며 제안의 종류는 자유제안으로 행정제도 분야 개정 총무처 관리개선과 접수번호 NO.97로 하였으며

제목 : 에너지 소비 절약 및 근무시간변경
개요 : 소비 절약과 행정제도 개선으로 국내·외적으로 어려운 여건을 타개하기 위함
현행정상의 문제점 : 자원 문제로 어려운 처지를 타개하기 위해 토요일 1시 근무를 연장근무하고 1주는 휴무 (격주근무)

	현　　행	개　　정
현행과의 대비	1. 에너지관계 연간52주휴일 2. 근무시간 동절기 8시간 하절기 9시간	1. 에너지관계 연간78주휴일 2. 근무시간 동절기 7시간30분 하절기 10시간
예산경비절약액		469억 원
기타효과		교통문제 교통사고율 주당 1/12 감소

"너희는 이 세대를 본받지 말고 오직 마음을 새롭게 함으로 변화를 받아 하나님의 선하시고 기뻐하시고 온전하신 뜻이 무엇인지 분별하도록 하라" (로마서 12장 2절)

▶ 딸들의 질고 (1980.03)

완분이는 돌이 되기 전에 걷기도 하며 잘 자라는 중에 다리가 굽어지는 현상이 있어 서울대학교 병원에 가서 진료를 하니 그룹병이라는 것이다.
계속 병원을 다니며 치료를 하였다. 아내는 가게를 보느라 완분이가 밖에 햇빛을 못 보아 원인이 있다하여 예방시키며 치료를 시키었다.

미선이는 모유가 부족하여 우유와 이유식을 먹고 빈약하게 자랐다. 문턱 바로 옆에 연탄아궁이에 펄펄 끓는 물 쪽으로 기어 나오다 그리로 머리를 떨어뜨리고 넘어져 얼굴이 온통화상을 입어 아주 어려운 처지에 있어 가족들은 당황하며 근심하였다.

아버님께서는 셋째는 나에게 이름을 지으라 하시어 아름다울美 착할善으로 아름답고 착한사람이 되라고 이름을 지어 주었는데 얼굴에 흉터가 나면 어쩌나 하고 병원 이곳저곳 다니고 또 미군부대 다니는 조카한테 부탁하여 좋다고 하는 약을 다 써보았다.

가정의 여러 식구들이 어려운 살림에 부업을 한다고 아이들을 제대로 못 보아 완분이도 미선이도 이렇게 되었나 생각하며 자책감이 들기도 하며 아이들에게 최선을 다하여 주었으며 다행히 두 딸들은 건강하게 잘 자라 아파트 지하실에 조달본부에서 운영하는 방주유치원을 완분이는 졸업을 하였으며 미선이는 경제적 사정으로 유치원을 다니지 못하고 사진만 찍어 주었다.

그 후 미선이는 이야기 하던 중 유치원도 안 보내 주었다하며 서운해 하여 난 그 후 3남매에게 모든 것을 공평히 대해 주었다.

> "여호와는 너를 지키시는 이시라 여호와께서 네 오른쪽에서 네 그늘이 되나니 낮의 해가 너를 상하게 하지 아니하며 밤에 달도 너를 해치지 아니 하리로다" (시편 121편 5~6절)

▶ 대가족 부양 (1980.06.22)

부모님들은 전후 목왕리에 정착하여 땅 1평도 동산도 없이 맨주먹으로 너무 고생을 많이 하시고 자주 몸이 불편하시어 내가 살던 곳으로 모시기로 하고 이사를 하였다.

15평 아파트 방2개와 거실1개의 연탄난방이었으며 부모님, 동생(자철, 자준, 지혜, 교순, 자범), 우리 부부, 본홍, 완분, 미선, 사촌동생 이문행 등 13식구가 기거하며 우리 가족은 부유하지는 못한 어려운 생활이었지만 보람된 생활이었다.

이곳에서 77.3.29일 완분 출생, 78.11.25일 미선 출생, 지혜와 자범이의 학교공부와 교순이의 학원검정고시 시험통과, 직장 생활하는 남동생과 아내는 가게부업 등으로 각자 분주한 생활을 하였다.

나는 충실히 근무하여 봉급 163,000원에 조정수당 23,000원, 가족수당 20,000원, 기술수당 15,000원 계 221,000원 중 공제금 42,114원으로 178,886원을 수령하여 관리비 12,000원, 연탄100장 16,000원, 쌀1가마 114,000원, 동생들의 학비와 학원비 되면서 경제적으로 어려움이 있으나 그래도 가족이 함께 있으니 행복한 나날이었다.

"형제가 연합하여 동거함이 어찌 그리 선하고 아름 다운고" (시편 133편 1절)

▶ 모친 교통사고 (1981.07.30)

양수리에서 전화가 왔다. 급히 내려가니 어머니께서 양서지서 앞 횡단보도를 건너시는 중 버스에 접촉사고로 양수리 관대의원에 입원을 하셨다.

7일 동안 입원을 하여 버스회사의 무성의한 처리로 인해 퇴원을 해서도 고생을 하셨다.
집에 모시어 소고기 꼬리 22,000원 사다가 고아 드리며 한약 25,000원도 하여 드리며 최선을 다하여 가족들은 돌봐 드렸다.

연말에는 사무실에서 각 군 경제적 설계와 조기발주에 기여로 10월 23일 중장 최명재 본부장으로부터 NO96호 표창장을 수상하였다.

> "자녀들아 주 안에서 너희 부모에게 순종하라 이것이 옳으니라. 네 아버지와 어머니를 공경하라 이것이 약속이 있는 첫 계명이니 이로써 네가 잘되고 땅에서 장수하리라" (에베소서 6장 1-3절)

▶ 대학 입학하다 (1982.03.29)

그토록 숙원하던 대학교를 공능동에 있는 경기공업개방대학에 전일제(야간) 토목공학과 시공반 시험을 보아 합격통지서가 와서 82년 3월 29일부터 등교하여 학생이 된 것이다. 주간에는 사무실에서 근무를 하고 전철로 남영동에서 청량리까지 통학권 3,000원을 주고 사서 표로 다니고 청량리에서 공능동 만원 버스로 학교까지 등교, 저녁 식사 후 학교 수업을 하고 바쁜 하루하루를 즐겁게 보냈다.

정규 공과과정을 열심히 하여 학점을 취득하였다. 고등학교를 졸업 후 16년 만에 대학공부를 36세에 시작하고 초등학교 월반, 중학교 월반, 고등학교 월반하여 기초과정이 부족하여 영어와 수학 교양과목은 따라가기가 힘들었다.

방학 중 남영동 학원에 가서 강의를 들으며 한창 후배인 학생들과 땀을 흘려가며 노력하고 보완하여 학점을 이수하였으며 82년 10월 3일 수원으로 이사를 하여 원거리 안양에서 교통이 없어서 택시를 타며 고생을 한 적도 여러 번 있었지만 학점을 따고 전문 과정을 수료하였다 .

1983년 5월 5일 수원대우연립에서 아버님 회갑을 하여 드렸고 1983년 5월 29일 서울예식장에서 큰 여동생 지혜의 결혼식이 있어 최선을 다하였다.

초등학교 5학년 때 안양으로 전학을 하여 살림을 하며 어렵게 고등학교를 졸업하고 결혼하는 동생, 서울예식장에서 박진식과 가족, 친지, 직장 동료들이 결혼 축하하여 주며 행복하게 살기를 기원하였다.

> "하나님의 나라는 말에 있지 아니하고 오직 능력에 있음이라" (고린도 전서 4장 20절)

비통한 날 (1983.10.09)

오늘은 국가적으로 매우 비통한 날이다.

아웅산 폭탄테러사건으로 우리나라 서준석 부총리, 이범석 외무부장관, 김동휘 상공부장관 등 각료 수행원 17명의 사망과 미안마인 4명이 사망한 불운의 날이었다.

국민모두가 애도하며 이러한 불상사가 없기를 간절히 기원한다.

> "너는 내일 일을 자랑하지 말라 하루 동안에 무슨 일이 일어날는지 네가 알 수 없음 이니라." (잠언 27장 1절)

▶ 아버님을 잃은 슬픔 (1984.03.06)

방학이 끝나고 3학년 첫날 개학이 되어 수업을 마치고 수원 집에 24시에 오니 문이 잠그고 아무도 없으며 예감이 이상했다. 수소문하여 병원에 가니 아버님은 뇌수술을 하고 중환자실에 계셨다.

낮에 파장동 산업도로 횡단보도에서 여러 사람이 길을 건너가고 있었는데 아버님은 평소 다리가 아프고 불편하시어 후면에서 건너가시는 중 중앙선에서 직행버스의 잘못으로 사고가 나서 경찰이 사고처리하고 급하게 학교에 통지를 하였으나 나에겐 전달이 오지 않고 수술이 되었던 것이다.

평소에 내가 학교에 갔다가 늦게 돌아오는 나를 항상 들어 왔는지 학인하고 주무시는 아버지. 기둥같이 뒤에서 돌보아주시는 아버님이 아무것도 모르고 계신다.

저녁에 서울로 모시려고 수소문하여 큰 병원으로 절차를 마쳐놓고 아침 일찍 서울로 모시려고 하였는데 3월 6일 5시 45분 수원신경외과에서 아버님은 숨을 거두신 것이다. 너무 애통하고 눈물이 나올 뿐이다 .

그동안 없는 살림에 4남4녀 중 둘은 여의고 4남2녀의 어머님 가족들은 모두들 슬퍼하였다. 이제 어느 정도 자리가 잡혀가고 고생을 덜하시게 되어 모셔왔는데 작년에 수원대우연립에 이사와 회갑을 지내시고 62세까지 사신 것이다.

장지를 마련하려고 부용리 이영백 아저씨와 목왕리 구상회 아저씨는 3일 동안 고생을 하시면서 이곳저곳 물색 중 부용리 밭 523평을 구입하게 되었다. 보험회사에서 5,791,710원과 버스회사에서 500,000원을 수령하여 그것으로 부용리 땅을 매입하여 모시게 되었다.

나는 학교에 가서 공부를 하면 아버님 생각에 사로잡혀 번민하며 몇 번인가를 고뇌하였다.
그러나 마음을 가다듬고 결심하며 어머님께 더욱 효도하여 드리겠다며 다짐하였다.

"내가 진실로 너희에게 이르노니 내말을 듣고 또 나를 보내신 이를 믿는 자는 영생을 얻었고 심판에 이르지 아니 하나니 사망에서 생명으로 옮겼느니라." (요한복음 5장 24절)

▶ 개포동 이사 (1984.04.12)

4월 12일 개포동 공무원 임대아파트로 이사를 와서 본홍이를 일원국민학교로 전학을 시키었다.
급료는 봉급 361,000원, 공제액 162,060원, 수령액 198,940원으로 생활비를 줄여서 계획된 살림으로 장기적 계획을 세워야겠다. 85.4.9일 어머님 회갑을 하여 드렸고 10일에는 자범이가 군에 입대하였다.

교순이가 친구가 있다하여 알아보니 그의 가족들이 목왕리에서 살았고 어머님도 그 집을 알고 계시었기에 그곳으로 혼사를 결정하고 86.4.6일 마포 영빈예식장에서 신랑 김기봉과 결혼식을 하여 축하해 주며 행복하게 살기를 기원하였다.

자준이는 1987년 3월 21일 대치동 대치교회에서 김용수 목사님의 주례로 가족, 친지, 교회성도의 축하 속에 결혼식을 하였다.

근간에 애경사를 5번이나 치르니 장남으로서의 책임의 막중함을 실감하며 주어진 여건에 최선을 다해야겠다.

“아무것도 염려하지 말고 다만 모든 일에 기도와 간구로 너희 구할 것을 감사함으로 하나님께 아뢰라 그리하면 모든 지각에 뛰어난 하나님의 평강이 그리스도 예수 안에서 너희 마음과 생각을 지켜 주시리라” (빌립보서 4장 6~7절)

제4장

중년기(40~50세)

4장 중년기(40세~50세)

영광스러운 졸업 (1987.08.22)

1982년 대학교에 입학을 하여 용산에서 공능동에서 어머님의 돌보아주심으로 수원에서 한 때는 새벽 일찍 대전으로 출장하여 감사원 감사를 수행하고 서울로 와서 학교시험을 보며 일주일 동안 다니는 등 직장생활과 학교공부의 바쁜 생활로 140학점 이상을 취득하고 1987년 8월 22일 경기공업개방대학교(현 서울과학기술대학교) 토목공학과 공학사 학위를 받으며 졸업을 하였다.

초등학교 4년 월반, 중학교 2년 월반, 야간고등학교 2년 월반으로 정규 주간 16년을 주간 6년과 야간 6년으로 다니며 그리던 대학교 학사증을 딴 것이다.

학교 졸업식 후 바로 양수리 아버님 성묘를 하러 버스를 타고 가는 중 양수리 이모기 아주머니를 만나 이야기를 하였으며 산소에 가서 대학교 3학년 개강 첫날 아버님의 돌아가심과 나를 그동안 지켜주시고 후원하여 주셨던 아버님의 고마움을 깊게 생각하며 이 시간까지 인도하심과 보호하여 주신 하나님께 감사기도 드렸다.

> "내게 능력 주시는 자 안에서 내가 모든 것을 할 수 있느니라" (빌립보서 4장 13절)

사랑하는 아내, 서울대병원 입원 (1988.01.04)

1988년 1월 4일 아내는 왼쪽유방 아래 밤알만한 멍울이 있어 원자력병원 수도병원에 가서 진료하니 유방암이라 한다. 그동안 부모님 모시고 동생 5명과 자녀 3명의 대가족을 부양하며 가게일도 여러 가지를 하며 고생을 많이 하며 기둥 같은 큰 며느리인데 암으로 고생을 하면 어찌하나 난감하였다.

서울대병원에 입원을 시키고 수술을 하여 조직검사를 하고 음성이면 치료하고 퇴원할 수 있으나 악성이면 어깨수술까지 하여야 한다. 수술을 하고 회복실에 대기시간이 어찌나 시간은 긴지 악성이 아니기를 간절히 기도하였다.

회복실에서 나오는 그를 보니 참으로 안타까웠으나 조직검사 결과 다행히 음성이었다.

김성철 주치의 돌봄과 13일 동안 야간에는 간호하며 주간에는 직장근무를 하며 1월 16일 퇴원함을 감사기도 드렸다.

> "그러므로 너희가 더욱 힘써 너희 믿음에 덕을, 덕에 지식을, 지식에 절제를, 절제의 인내를, 인내의 경건을, 경건에 형제 우애를, 형제 우애에 사랑을 더하라" (베드로후서 1장 5~7절)

올림픽 관람 (1988.10.02)

제24회 서울하계올림픽이 88.09.17-10.02까지 세계159개국 8,465명 참가하여 우리나라에서 처음으로 열리며 나는 아이들의 구경과 교육을 위해 바쁜 시간이지만 특별이 시간을 내서 같이 다니며 관람하였다.

한국참가종목 : 육상, 수영, 축구, 탁구, 테니스, 배구, 핸드볼, 사이클, 복싱, 레슬링, 역도, 유도, 양궁, 사격, 체조, 하키, 펜싱, 조정, 요트, 카누, 근대5종
각국순위 : 1위 소련 금55개　　2위 동독 금37개
　　　　　3위 미국 금36개　　4위 한국 금12개

복싱, 양궁, 역도, 유도, 체조, 탁구 등 대한민국은 21종목 선수 477명과 임원 128명이 참여하여 역대 대회 중 가장 좋은 기록을 달성하였으며 성공리에 마치었다.

> "무엇이든지 기도하고 구하는 것을 받은 줄로 믿으라 그리하면 너희에게 그대로 되리라" (마가복음 11장 24절)

서울 아파트 구입 (1989.02.21)

1989년 2월 개포동 공무원아파트에 거주하면서 우리 본부에서 아파트 특별분양을 19명이 신청하였는데 윤정호와 나 2명만 당첨이 되었다.

상계동 24평 아파트로 분양가는 평당 105만원으로 2,520만원이며 550만원 융자받고 1,970만원에 입주하게 되었다. 잔여금은 은행융자로 추가 대출하여 잔금을 마치어 서울에서 꿈에 그리던 내 집을 갖게 되었다.
본홍이는 개포동 일원국민학교를 졸업하고 상계동으로 중학교 배정 신청을 하였다.

노원구 상계동 737번지 주공아파트 323동 201호로 이사와 본홍이는 신상중학교 배정받고 다니게 되었으며 완분이와 미선이도 아파트 단지 안에 초등학교를 다니게 되어 교통비도 들지 않고 교육환경은 좋았다.

1989년 1월 9일에 미국 유학을 다녀온 작은집 명회 아주머니가 유학시절에 신세를 많이 지고 온 주인댁 아들이 한국에 변호사로 근무하는데 집에 초청하면 좋겠다고 하여 미국인 부부가 우리 집에 왔다.
그분들은 한국 가정에 처음 온다하여 최선을 다하여 식사 대접도 하며 한국 가풍과 족보 이야기도 하여 주었다.

식사도 골고루 맛있게 먹고 우리나라 풍습이야기도 경청하여 주었으며 자기 부모는 이태리와 모국이 다 다르다며 우리나라 오랜 전통을 중시하여 주었다.
후일에 그분들은 우리가족을 이태원에 초청하여 외국 음식을 대접 받음을 감사드렸다.

"범사에 기한이 있고 천하만사가 다 때가 있나니 날 때가 있고 죽을 때가 있나니 심을 때가 있고 심은 것을 뽑을 때가 있으며" (전도서 3장 1~2절)

통합병원 감독

연초부터 감독관으로 명을 받아 일동통합병원과 벽제통합병원의 현대화시설 신축과 의정부 보충대 의무창시설과 항공사령부, 바쁘게 이곳저곳 순회하며 감독을 철저히 하였으며 현장이 원거리라서 차를 10번 정도 갈아타며 다니기도 하며 충실히 하였다. 각 기관장으로부터 포상을 받았다.

88. 8.6. 항공여단장 준장 김철웅장군 NO 87호(3057감독기여공로)
89.10.1. 조달본부장 중장 김학옥장군 NO 142호(군전력증강 자주국방 조달기여)
89.12.2. 국군의무사령관 소장 이헌치장군 NO 240호(국군 벽제통합병원 현대화기여)

항공시설은 1년 단기간 공사완료 하였으며 1차, 3차는 현대건설시공, 2차는

조달발주 계속공사의 난항에서도 성공리에 끝났으며 벽제통합병원은 3년 공사에 감회가 있다

"무릇 자기를 높이는 자는 낮아지고 자기를 낮추는 자는 높아지리라" (누가 18장 14절)

학생장을 하다 (1989.03.10)

국방대학원 직무단기과정 16기로 2월 27부터 3월 11일까지 교육을 받으며 학생장을 보게 되어 심부름을 하는 자세로 교수님과 학생들 간의 가교 역할을 열심히 하였다.

공병학교, 대학교, 국방대학원 직무단기과정(1989년) 수료NO.619호, 기회만 되면 공부하는 것을 계속 할 것이다. 함께 수료생은 기순복(32년생 통신지원대), 정광철(41 홍보관리소), 최광길(42 7928부대), 박노경(42 홍보관리소), 홍순영(42 7928), 임경화(43 국대원), 정해자(45 국대원), 김만기(46 조달본부), 구자억(46 조달), 김덕봉(41 홍보관리소), 아상희(통신지원대), 이관재(48 국방부), 박종옥(49 품검소), 황찬복(50 7928), 양두필(50 국방과학연구소), 성태규(51 조달), 이이규(51 7928), 김정렬(52 국군정신전력학교), 현수근(25 조달), 안평순(52 조달), 김천일(52 국방과학연구소), 이재균(52 7928), 홍익선(53 조달), 김형봉(54 조달), 노석우(54 조달), 권태동(54 조달), 강병찬(54 조달), 조한주(55 합참), 류연우(55 서울현충원), 김성주(55 국방부), 배상훈(56 합참), 오종돈(57 통신지원대), 신동열(57 합참), 백광석(57 국방부), 우명수(국방부), 이재자(59 국방정보본부) 각 부서에서 골고루 참여하며 27세의 나이 차이에도 36명 모두 수료하였다.

"사랑하는 자여 네 영혼이 잘됨 같이 네가 범사에 잘되고 강건하기를 내가 간구 하노라" (요한3서 2절)

제주도 여행 (1990.8.6)

신혼여행도 온양으로 갔었고 제주도에는 처음으로 가며 비행기도 처음으로 타는 것이다.

국립소년직업훈련소에서 1년을 숙소에서 함께 지내며 공부하였던 친한 친구들이 큰 마음을 먹고 동부인하여 8월 3일부터 6일까지 3박4일 동안 하기휴가를 간 것이다.

정연균, 정동기, 이성조, 손영만, 우리 부부 10명은 제주 군 호텔에 기거하며 한라산 동굴과 식물원 관광지역을 돌아보며 오랜만에 즐거운 나날을 보냈다.

항공교통비 708,800원, 입장료 86,450원, 식대 271,720원, 숙박 281,250원, 선물 15,000원, 음료수 194,590원 계 1,557,810원의 저렴한 비용이 들었으며 장용이가 사정상 못가서 선물도 사다 주었다.

> "그러므로 우리가 화평의 일과 서로 덕을 세우는 일을 힘쓰나니"(로마서 14장 19절)

성립연립 이사 (1992.09.06)

상계동 주공아파트 323동이 매매되어 9월 6일에 상계2동 603-8 성립연립 2동 302호로 3,400만원 전세로 이사를 왔으며 자녀들의 학교거리 관계로 상계전철역 바로 옆으로 이사를 왔는데 교통은 편리하나 역전 옆이라 밤늦게까지 주정꾼들의 시끄러운 소리로 주거시설 여건은 좋지를 못하였다.

어머님께 처음으로 비행기 타시고 동남아 3개국 여행도 91.3.6-12일까지 보내드려 외국 구경도 하시게 하며 자녀로서의 최선을 다하여 드리며 미선이에게 피아노를 134만원 주고 사주어 특기소질 개발과 학교 공부에 도움을 주고자 부모로서의 책임을 다하고자 한다.

"내게 능력 주시는 자 안에서 내가 모든 것을 할 수 있느니라" (빌립보서 4장 13절)

항만시설 용역 감독 (1992.12.31)

1차 걸프전이 한창이던 때 우리나라가 4,000만 불 분담금을 지불하게 되었다. 예상외로 걸프전이 일찍 종료되므로 외무부에서 국방부로 예산이 넘어왔다.

우리나라에서는 돈으로 지불하지 아니하고 국내 미군시설 투자하여 국내에 사용하려고 경남지역 미군전용 기존부두를 10,000톤급에서 50,000톤으로 확장하는 전용부두시설을 계획되어 92.9.28일부터 12.31일까지 921895-59로 설계 발주토록 하여야 하며 이것을 못하면 그 돈을 지불하여야 하는 처지에 있었다.

해상측량을 하고 해상시추 자료 수집을 주야로 열심히 하여 설계납품과 발주하므로 기간 내에 어렵게 성공리에 마쳤다.
그로 인하여 상부로부터 격려도 받고 건설국장 신암 장군이 100여 명 모인 교육장에서 칭찬도 받고 격려금과 과원 식사대접도 받았다.

11월 급료는 1,596,000원, 공제금 212,581원, 수령금액 1,383,419원이었다.

"노하기를 더디 하는 자는 용사보다 낫고 자기 마음을 다스리는 자는 성을 빼앗는 자보다 나으니라" (잠언 16장 32절)

결혼 20주년 (1993.10.24)

1993년 10월 24일 오늘은 결혼한 지가 벌써 20주년 되는 해이며 48세가 되었다.

국방부 군종센타에서 군목님의 주례로 가정을 이루어 하나님의 인도하심 따라 20년 동안 지켜주시며 성림연립까지 9번째 이사를 오고 8번의 애경사를 치르며 어려웠던 일, 즐거웠던 일이 있었으며 앞으로 더욱더 열심히 하여 어머님께 효도하며 형제들 잘 돌아보고 직장생활도 충실히 하며 가정을 잘 부양하고 3남매 중고등학교, 대학에 진학시켜 훌륭한 자녀가 되도록 최선을 다하여야겠다.

> "그러므로 교회가 그리스도에게 하듯 아내들도 범사에 자기 남편에게 복종할지니라. 남편들아 아내 사랑하기를 그리스도께서 교회를 사랑하시고 그 교회를 위하여 자신을 주심 같이 하라" (에베소서 5장 24~25절)

어머님 고희 (1994.03.26)

어머님께서는 70년 동안 왜정시대와 6.25전쟁 때 어려운 보릿고개시절의 힘든 때에 저희 6남매를 키우시며 고생을 많이 하셨다.

회갑 때는 개포동 집에서 했는데 이번에는 좀 더 잘하여 드리려고 하라부페에서 일가친척 및 직장과 학교친구를 초청하여 고희를 하여 드렸다. 한복도 맞춰 드리고 고모와 이모를 함께 모셔 사진도 찍고 참여하신 분께 자녀들은 최선을 다하여 드렸다.

예비 막내며느리 변정선도 참여하여 인사드리고 창일교회 박여호수와 목사님의 고희예배를 드리어 믿지 않는 분도 전도의 계기가 되는 복된 날이었다.

172명의 축하와 축하금도 보내주시며 식사인원도 189명, 4,659,000원이 지출되었다.

11월 13일은 노원창일교회에서 어머님 학습식을 하여 보람되었다.

"내일 일을 너희가 알지 못하는 도다 너희 생명이 무엇이냐 너희는 잠간 보이다가 없어지는 안개니라" (야고보서 4장 14절)

단독주택전세 (1995.03.19)

상계5동 439-12호 장창석씨 단독구옥을 전세 4,500만에 이사를 하였는데 건축 준공한지가 오래된 보온이 제대로 되지 않은 2층 집으로 겨울에는 몹시 추웠고 1층 한쪽에는 순대공장을 운영하는 값이 저렴한 주택이었다.

우리는 오리도 키우며 어머님은 건강하시어 폐지 수집으로 용돈도 버시고 아내는 슈퍼가게를 세를 얻어 열심히 각자 본분에 최선을 다하였다.

미도아파트는 오동재씨에게 전세 7,200만원에 주었다.

본홍이는 강원대학교 기계공학과에 합격이 되어 기숙사에 가서 열심히 공부하였다.

나는 건강이 안 좋아 윤내과에 다니며 계속 진료를 받아 많이 나아졌다.

"네 보물 있는 그 곳에 네 마음도 있느니라 눈은 몸의 등불이니 그러므로 네눈이 성하면 온 몸이 밝을 것이요"(마태복음 6장 21-22절)

▶ 모범공무원 선발 (1995.10.18)

국방부 건설본부 조달본부 26년 동안 표창장을 6회 수상하였으며 이번에 처음으로 실시되는 모범공무원 3명(장교1명, 직원2명) 중에 선발되었다.

과원 40명에 1차 선발 국120명 중 2차 선발 조달본부 전체 3차 선발을 통하여 나에게 영광이 주어진 것이다.

나에게는 설계감독, 비행장시설, 통합병원시설, 현충원시설 특히 걸프전 당시 우리나라가 4,000만 불을 분담을 하였는데 걸프전이 미국 부시대통령 당시 일찍 승리로 끝나면서 예산이 외무부로부터 국방부로 이첩되었다.

4개월 이내 연말까지 국내 미시설 투자가 안 되면 예산을 분담금으로 납부하여야하기 때문에 이 업무가 나에게 주어져서 감독관으로 명을 받아 주야간으로 감독하며 해상측량을 하고 해상시추 관련 시·도항만청과 협의하여 기본설계, 실시설계 합동회의 결과로 기간과 예산에 맞추어 발주함으로 국내 항만시설 확충함으로 어려운 여건 속에 임무 완수 등으로 국방조달업무 발전기여한 공로로 국방부 조달본부장 소장 유경희 장군 조달NO.230호 포상금과 함께 수상하였다.

특별휴가 4박5일 동안 부부동반으로 제주도 군 휴양소 호텔에서 기거하며 제주전역 및 마라도를 관광하며 즐거운 시간을 보내며 오랫동안 근무한 보람이 있었다.

> "항상 기뻐하라 쉬지 말고 기도하라 범사에 감사하라" (데살로니가전서 5장 16~18절)

▶ 자녀들 대학 (1996.3)

본홍이가 강원대 기계공학과를 좋은 성적으로 1년을 수료하고 기계분야에 적성이 맞지 아니하다고 수능을 다시보고 재도전을 하여 서울과학기술대학교 1/20로 합격, 명지대학교 1/10로 합격이 되어 명지대학교 사회체육과에 입학을 하고 완분이도 신흥대학 전산과에 합격이 되어 올해는 대학생 남매가 집에서 다니게 되어 감사하였다.

다른 사람과 같이 학원도 보내고 뒷바라지를 하였으면 저희들에게 더 좋은 결과가 있지 않을까 생각이 되었지만 대가족 식구에 그런 혜택을 주지는 못하였지만 열심히 노력하여 저들이 바라는 대학에 다니니 고마웠다.

본홍이는 대학에서 학훈단에 1학년 성적도 좋아 여러 군데 거쳐 학사장교로 선발되어 1학기 분 장학금 3,528,800원을 수령하여 자기 학비를 해결하며 집을 도왔다.

> "내게 능력 주시는 자 안에서 내가 모든 것을 할 수 있느니라" (빌립보서 4장 13절)

제5장

장년기(50~60세)

5장 장년기(50세~60세)

미선 대학입학 (1997.03)

자녀들에게 학원은 못 보내 주었지만 완분이와 미선이 도서관에서 공부하고 늦게 오면 마중을 다니며 돌보아 주었고 딸들은 열심히 하여 주어 미선이도 동덕여자대학교 경영학과에 1/18로 합격을 하여 2,341,000원을 하여 주었다.

3남매가 대학생, 저들은 가정형편을 아는지라 아르바이트도 하고 절약하여 쓰는데도 많은 생활비가 들어가 모자라는 것은 대부를 받아 충당하였다.

미도아파트가 1월 15일에 1억4,500만 원에 매도되어서 집값이 오르기에 바로 인천검단에 유승아파트 33평을 8,990만 원에 매입하였다.
95%공정에서 IMF발생으로 공사가 중단되어 준공이 당초보다 1년이 늦게 되어 마음고생을 많이 하였다.

> "비판하지 말라 그리하면 너희가 비판을 받지 않을 것이요 정죄하지 말라 그리하면 너희가 정죄를 받지 않을 것이 용서하라 그리하면 너희가 용서를 받을 것이요" (누가복음 6장 37절)

▶ 강북구 이사 (1997.08.08)

상계5동 단독주택이 옛날 구옥으로 외벽공사가 허술하여 겨울이면 하도 추워서 자녀들 학교 때문에 멀리는 못가고 이삿집을 구하던 중 전철 교통을 감안 강북구 미아9동 133-52 다세대 4층짜리 3층을 새 집으로 5,000만원 전세로 이사를 가게 되었다. 건축주는 정건희씨로 2층에 딸 사위가 살고 곧 준공이 난다고 장담을 하여 믿고 입주하였다.

자금이 어려워 준공이 안 된다고 하여 1,000만원 차용을 요청하여 믿고 봉급에서 카드로 하여 주었다. 얼마 후 IMF로 정건희씨는 사업의 어려움으로 자기 집이 경매로 넘어가고 이곳은 준공처리가 되지 않았다.

이곳도 집을 지으며 융자를 받은 것이고 이자를 안 내고 상환을 못하니 이곳도 경매가 3회 유찰되어 은행에서도 많은 손해를 보고 정리되었다. 북부지원에 수차례 방문하며 전세금과 차용금 상환소송을 하여 회수하라는 판결이 나와도 조치가 안 되어 사위가 5,000만원 조치하여 주어 1,000만원은 제하고 이사를 하게 되었다.

처가댁 장모님은 7월 16일 딸들에게 5,000만원씩 주시고 병세가 악화되어 97.9.7일 운명하시었다.

> "사람이 감당할 시험 밖에는 너희에게 당한 것이 없나니 오직 하나님은 미쁘사 너희가 감당치 못할 시험 당함을 허락하지 아니 하시고 시험 당할 즈음에 또한 피할 길을 내사 너희로 능히 감당하게 하시느니라" (고린도전서 10장 13절)

오수 · 분뇨 및 축산폐수의 처리 (1997.12.20)

오수 · 분뇨 및 축산폐수의 처리에 관한 법률이 개정(1997.03.07.법률제5301호)됨에 따라 동법 및 동법 시행령에서 위임된 사항과 그 시행에 관하여 필요한 사항을 정하려는 것으로서 새로이 도입된 합병정화조의 설치 신고절차 · 설치기준과 품질 및 성능기준 등을 마련하고, 하수처리 구역 안에 설치된 기존 오수처리시설에 대하여는 방류수 수질기준 및 관리기준을 완화하며, 스키장의 방류수 수질기준을 강화하는 등 생활오수 및 축산폐수를 효율적으로 관리하도록 함으로서 수질오염을 방지하고 쾌적한 환경을 조성하려는 것임.

가. 하수처리 구역 안에 설치된 오수정화시설 및 정화조에 대하여는 방류수질을 완화하는 한편, 스키장에 대하여는 골프장과 같은 방류수질기준(BOD, 부유물질 10mg/ℓ이하)으로 강화하는 등 오수처리시설에 따라 방류수질기준을 합리적으로 조정함.(제9조 및 별표1)

나. 합병정화조의 방식이 새로 도입됨에 따라 동 시설의 설치신고절차 설치기준 및 품질 · 성능기준과 정화조 제조업의 등록기준 · 등록절차 등을 마련함.(제16조, 18조, 제90조, 제91조 및 94조)

다. 오수처리 시설을 정상적으로 운영하지 못하여 수질이 오염되는 것을 방지하기 위하여 동 시설의 관리자가 지켜야 할 사항을 구체적으로 정함.(제30조)

라. 시장 · 군수 및 군수 및 구청장이 설치하는 공중 화장실의 설치기준중 여성용 변기를 5개에서 8개로 조정하여 남자용 변기수와 같도록 함.(제35조)

마. 분뇨처리시설 및 축산폐수 공공처리시설에 대하여는 가동 개시일로부터 5년마다 환경관리공단 등 전문기관으로 하여금 기술진단을 실시하고 동 진단결과에 따라 개선계획을 수립하도록 함으로서 동 시설의 정상적 가동에 문제가 있는 시설을 근본적으로 개선하도록 함.(제44조 및 제67조)

바. 환경기초시설에 대한 운영의 효율성을 높이기 위하여 하수종말 처리시설이 설치되어 있는 경유에는 분뇨를 동 하수종말 처리시설에서 최종처리하기 전의 처리과정에 필요한 시설만을 설치함을 원칙으로 함.(별표7)

〔 별표1 〕범류수 수질기준(제9조1항 관련)

오수정화시설 · 합병정화조 및 단독정화조의 방류수 수질기준 골프장 및 스키장에 설치된 오수정화시설의 방류수 수질가준은 생물화학적 산소요구량 10mg/ℓ 이하, 부유 물질량 10mg/ℓ 이하로 한다.

<table>
<tr><th>지 역</th><th>항 목 / 구 분</th><th>단독정화조</th><th>합병정화조</th><th>오수정 화시설</th></tr>
<tr><td rowspan="3">특 정
지 역</td><td>생물화학적 산소
요구량제거율(%)</td><td>65이상</td><td>-</td><td>-</td></tr>
<tr><td>생물화학적 산소
요구량 (mg/ℓ)</td><td>100이하</td><td>20이하</td><td>20이하</td></tr>
<tr><td>부유물질량
(mg/ℓ)</td><td>-</td><td>20이하</td><td>20이하</td></tr>
<tr><td rowspan="3">기 타
지 역</td><td>생물화학적 산소
요구량제거율(%)</td><td>50이상</td><td>-</td><td>-</td></tr>
<tr><td>생물화학적 산소
요구량 (mg/ℓ)</td><td>-</td><td>20이하</td><td>20이하</td></tr>
<tr><td>부유물질량
(mg/ℓ)</td><td>-</td><td>20이하</td><td>20이하</td></tr>
<tr><td colspan="5">토양침투처리방법에 의한 단독정화조의 방류수 수질기준은 1차 처리장치에 의한 부유물질이 50%이상 제거되고, 1차 처리장치를 거쳐 토양 침투시킬 때의방류수의 부유물질량이 250(mg/ℓ) 이하로 한다</td></tr>
<tr><td colspan="5">골프장 및 스키장에 설치된 오수정화시설의 방류수 수질기준은 생물학적 산소요구량 10mg/ℓ 이하, 부유 물질량 10mg/ℓ 이하로 한다.</td></tr>
</table>

자료: 〈 국방건설 기술정보 1997년 12월 제22호 〉 204P 국방부 시설국

명예퇴직 (1998.06.30)

국방부건설본부 기술과에 1969.10.13일부로 발령을 받고 조달본부에서 30년간 근무를 무사히 마치고 1998.6.30일자로 토목기좌(5급)로 명예퇴직을 하게 됨을 영광스럽게 생각한다.

3~4공화국 박정희 대통령, 최규하 대통령, 전두환 대통령, 노태우 대통령, 김영삼 대통령, 김대중 대통령 6분의 대통령의 정부를 지나면서 나름대로 정직하게 솔선수범하여 최선을 다하고 대통령 표창을 수상하고 퇴직하니 감회가 깊다.

69년 4급 을로 발령을 받아 17,300원 급료(쌀1.5가마)로 받으며 70~80년 적은 봉급으로 대가족을 부양하면서 지나고 요즘은 공무원 처우개선이 많이 되었다.

98년 1월에 급료 3,720,000원을 받으며 그동안 3남매 학자금 대부 상환하고 일시금 35,711,560원, 명예퇴직수당 35,794,950원을 수령하고 50%연금 939,500원으로 명예롭게 퇴직하게 됨을 자랑스럽게 생각한다.

대통령 표창은 국가안전보장 기여로 NO.11608호 수상했다.

> "우리의 연수가 칠십이요 강건하면 팔십이라도 그 연수의 자랑은 수고와 슬픔뿐이요 신속히 가니 우리가 날아가나이다" (시편 90편 10절)

감리회사 입사 (1998.07.22)

수년 간 사무실에서 설계 원가계산으로 눈도 많이 나빠져 부용리 밭에서 휴양 겸 쉬고 있는데 권용정씨로 부터 서홍에서 보자는 연락이 왔다.

서홍엔지니어링 건축사사무소 양영철 사장을 만나니 내일부터 출근하여 일을 도와달라는 것이다.
그래서 감리부 이사로 입사하여 서홍에서 국방부 일을 수주하여 일동 벽제 덕소 파주를 감리하여 서용구 단장과 임유택 건축감리와 함께 파주로 출퇴근하며 근무를 하였다.

주택법(아파트 신축), 건기법(학교, 변전소-울진원자력에서 76.5고압 가평 변전시설 2,000억 규모 현대식 시설) 여러 곳을 2007년까지 전무직을 수행하였다.

특히 기간 중 장기근속자로 회사에서 중국여행도 보내주고 금5돈 행운의 열쇠도 받으며 보람있는 회사생활을 하다 토문엔지니어링 건축사사무소와 합병으로 현재까지 근무 중이다.

어머님 병환 입원 (1999.07.08)

서홍감리부에 입사하여 양주군 평내에 대명건설에서 발주 시공하는 고층아파트를 감리하고 있었다.

어머님이 쓰러지셨다 하여 바로 양수리에 가니 삼성병원 응급실에 응급치료 중에 계시였다.
급히 응급차로 풍납동 아산중앙병원 큰 병원으로 모시어 급한 조치를 하고 진료하니 뇌경색으로 혈관이 막히었다.
빨리 병원처리를 하여 중한 고비는 넘기었다.

동생 가족들과 회의를 하였다. 뇌수술을 한다고 낫는다는 보장이 없고 고생만 하시니 수술을 하지 말고 한방병원 치료를 하는 것으로 가족회의 의견을 모았다.

10일까지 치료받으시고 경희대 한방병원 김성수 교수님의 주치로 7.10-10.18일까지 물리치료를 하며 가족들의 극진한 간호로 나아지셔서 강북구 본가로 자준, 교순, 자범네 집으로 오고가며 병간호를 최선을 다하여 걸어 다니셨다. 99.2.27일에는 이모님(유순희)께서 돌아가셨다.

그 해 6.15일 연평도 해전은 NLL을 넘어 우리 해군 고속정에 포격을 해오자 2함대 박장성 사령관의 발포명령으로 북한함정 2척을 침몰 대파시킨 사건이 발생하였다.

> "믿음의 기도는 병든자를 구원하리니 주께서 그를 일으키시라" (야고보서 5장 15절)

▶ 학사장교 입교 (2000.04.06)

본홍이가 집에서 통학으로 용인 둘째처형 집에서 다니며 4년을 마치고 학사증을 따고 졸업식 날 아내와 완분, 미선과 함께 참여하여 축하해 주며 그의 앞길이 평탄하기를 기원하였으며 오랜만에 외식도 하였다.

99.11.14일 창일교회 박여호수아 목사님으로부터 입교식도 갖고 운전면허증도 따고 학사장교 입교 준비를 하고 있었다.
본홍이가 학사장교에 선발되어 4년 동안 장학금을 받고 공부를 하였다.

3사관학교에 입교하여 훈련을 시작하는 날이라 하루 일찍 출발하였다.
고된 훈련을 잘 마치고 소위 임관하는 날, 6월 30일 3사관학교에 아내와 함께 참여하여 축하해 주었다.
임관하여 장교정복을 입은 아들의 모습이 대견스러웠다.

건강하고 훌륭한 대한민국의 장교로 맡은바 임무에 충실하길 기도하였다. 아버님은 손자를 귀여워하며 사랑하여 주셨는데 이 모습을 보면 얼마나 좋아하셨을까 생각도 하였다. 아들의 임관으로 자녀교육을 회상하여 본다.

***우리 집 가훈은** ① 사랑(사람이나 상대방에게 마음에 들게 함)
② 박애(온 사람을 평등으로 사랑함)
③ 근검(부지런하고 검소함)

***가정교육**

자녀들을 어려서부터 가정교육을 잘 시키고자 노력을 하며 사랑의 매로 정기적 훈화로 1년에 1-2회 반복교육을 아래와 같이 보수적으로 시키며 잘 따라주어 고맙게 생각한다.

- 규칙적인 생활(기상시간, 취침시간준수, 시간관념철저)
- 형제간의우애(서로존경하고 화목)
- 책임완수(주어진 위치에서 최선을 다하기, 신앙생활, 자립심)
- 건강관리(식사 등교 운동 생활습관관리)
- 공중도덕(법규준수, 인사 잘하기, 좋은 점 칭찬, 윗분존경, 효도정신, 예의범절)
- 근검절약(물품 아껴쓰기. 검소한 생활)

***검소한 생활**

우리나라와 같이 인구밀도가 높고 부족한 자원나라에서는 가정이나 단체나 국가기관이나 모두가 절약하고 검소한 생활을 하므로 지혜롭게 지내야 한다고 생각한다.

- 시간절약(대중교통 이용하며 시간활용 독서하기, 에스컬레이터 안 타며 걷기)
- 에너지절약(대중교통, 근거리걷기, 엘리베이터 사용지양, 컴퓨터 및 전기제품 미사용시 절전)
- 수돗물 아껴쓰기(세면하고 소변기에 재사용, 주방사용 후 화분물주기)
- 재활용(분야별 분리 재활용 최대사용, 재활용하고 쓰레기축소하고 자연환경보호)

***자녀를 성공시키는 교육**

1. 자부심을 가지게 하라.
(자신감을 키워 주기 위해서 자녀의 말을 들어주고 칭찬하라)
2. 순종의 원리를 가르쳐라.
(부모에게 순복하도록 훈련하라)
3. 자신의 행동에 책임지게 하라.
(자녀들 스스로가 자신의 인생을 책임질 수 있는 능력을 가지게 하라)
4. 창조적 인간관계를 가지게 하라.
(사랑과 섬김, 겸손과 협력의 공동체 의식을 가지게 한다)
5. 주는 인생이 되게 하라.
(많이 가지기 보다는 많이 누리는 법을 배우게 하라)
6. 고난의 극복하는 자세를 확립하라.
(끝까지 견디고 극복할 때 성공할 수 있음을 인식시켜라)
7. 용서를 주고 받을 수 있도록 하라.
(대화의 상담과 관심으로 자녀의 마음에 쓴 뿌리들을 제거하라)
8. 신앙을 갖게 하라.
(가도는 행복의 열쇠임을 알게 하라)
9. 꿈과 비전을 가지게 하라.
(단순한 지식보다 많은 경험을 쌓게 하라)
10. 어느 한가지에 전문가가 되게 하라.
(자녀가 가지고 있는 장점을 인정하고 확대할 뿐 아니라 새로운 장점을 추가시키라. 관심분야를 개발시키라)

"인자가 온 것은 섬김을 받으려 함이 아니라 도리어 섬기려 하고 자기 목숨을 많은 사람의 대속물로 주려 함이니라"(마가복음 10장 45절)

남양주 덕소 이사 (2000.05.11)

아들이 대학교 졸업을 하고 군에 근무하고 딸들이 대학생이니 복잡한 서울을 벗어나 서울 근교로 이사하려고 3군데를 물색하여 양수리 연고권으로 자주 다녀야 하고 그동안 이사를 많이 다녀서 가능한 이사를 가지 않으려고 덕소 주공아파트 306동 1602호를 1억4600만 원에 매수하여 이사를 왔다.

73년 결혼을 하여 ①수원파장동 최윤석 부엌도 없이 시작으로 ②정자동셋방 ③조재구씨 댁 단독 ④화서아파트 ⑤조달아파트 ⑥수원대우연립 ⑦개포동공무원아파트 ⑧상계동주공아파트 ⑨성림연립 ⑩미도아파트 ⑪상계5동 단독 ⑫미아동다세대 ⑬덕소주공아파트로 13번째 이사를 다녀 아내는 이사 할 때마다 고생을 많이 하였다.

여건이 어려웠으나 7번의 새집을 기거하며 이곳까지 인도하신 하나님께 감사드린다.

> "복 있는 사람은 악인들의 꾀를 따르지 아니하며 죄인들의 길에 서지 아니하며 오만한 자들의 자리에 앉지 아니하고 오직 여호와의 율법을 즐거워하여 그의 율법을 주야로 묵상하는도다 그는 시냇가에 심은 나무가 철을 따라 열매를 맺으며 그 잎사귀가 마르지 아니함 같으니 그가 모든 일이 다 형통하리로다" (시편 1편 1~3절)

남북한. 화해 (2000.06.14)

6.25전후 남북한이 군사적 대결이었는데 김대중 대통령과 김정일 국방위원장이 13일 평양에서 분단55년 사상 첫 남북정상회담을 갖고 한민족 화해와 협

력을 도모하기 위한 새 역사의 첫 장을 열었다.

1차정상회담은 11시 45분부터 27분 동안 평양 백화원 영빈관에서 김 위원장과 상견례를 겸한 1차 정상회담을 가졌다.

14일 오후 3시부터 6시 50분까지 영빈관에서 2차 단독 정상회담을 잡고 합의문 서명하며 김 위원장 서울 초청하였다.
1. 남북 화해와 통일　　2. 긴장완화 · 평화정착
3. 이산가족 상봉　　4. 다방면 교류 · 협력

단독회담에는 남측에서 임동원 대통령특별보좌관, 황원탁 외교안보수석비서관, 이기호 경제수석비서관, 북측에서는 김용순 아태평화위원장이 배석했다.
남북대화가 계속 잘되어 평화적인 통일을 기원한다.

> "누구든지 악으로 선을 갚으면 악이 그 집을 떠나지 아니하리라" (잠언 17장 13절)

가족여행 (2001.03.21)

오래간만에 아내와 미선이와 함께 본홍이가 근무하고 있는 곳을 방문하기로 하였다.

2001년 3월 21일 연무대 본홍이가 있는 관사로 가서 면회를 신청하여 면회객 숙소에서 우리 가족 5식구는 오랜만에 한자리에 모였다.

그동안 각자 바쁜 일정 때문에 모이지 못하였는데 한자리에 모여 대화하며 즐거운 시간을 보내며 1박을 한 후 본홍이 근무 잘하도록 격려하여 주고 4

식구는 내장산 구경도 하고 왕릉도 구경하였는데 옛 선조들이 만들어 놓은 것이 크기도 하였다. 독립기념관 이곳저곳 관람하며 사진도 촬영하였다.

대전현충원도 오랜만에 오니 질서정연하게 정리도 잘 되었으며 조경 식물도 우람하게 많이 자랐다.
현충탑, 묘역, 연못도 돌아보며 설계경유 배치사항도 설명하여 주며 기념관에 가니 근무하면서 공이 많이 있다 하여 돌판에 내 이름도 있으며 자녀에게 80년도부터 관여하여 일한 근무 당시 이야기를 하였다.

"여호와는 나의 목자시니 내게 부족함이 없으리로다 그가 나를 푸른 풀밭에 누이시며 쉴만한 물가로 인도 하시는도다" (시편 23장 1-2절)

모친 병환 재발 (2001.03.25)

어머님은 병환이 많이 나으셔서 수원 동생 교순이가 모시고 있었다. 새벽에 어머니가 위급하시다고 전화가 와서 바로 아내와 함께 수원으로 갔다.

새벽안개가 어떻게 많은지 앞이 잘 보이지 아니하지만 위험을 감수하고 가서 바로 서울 경희대병원으로 가는 중 경희대입구 사거리 신호등을 기다리고 있는데 신호가 바뀌면서 1차선에 서있는 우리 차를 2차선 급좌회전하면서 들이받았다.

마침 건너편에 교통경찰이 있기에 사고를 보고 쫓아왔다. 나는 위급사항을 이야기하니 경찰은 가해자에게 신분증 요청하니 가지고 오지 아니하였다 하니 경찰은 아내를 내려놓고 가면 다 처리하겠다하여 바로 병원응급실로 가니 당뇨가 46으로 떨어지고 위급하여 더 큰 병원으로 가라하여 구급차로 아산중앙병원으로 모시어 응급처리 치료를 하였다. 마침 이 날이 정주영 현대그룹 회장 장례 날이라 많은 조문객과 차량행렬이 매우 복잡하였다.

하루 만에 덕소 정형외과로 이송진료를 받으셨다. 교통사고 당시 어머님께만 신경을 쓰고 있다 긴장이 풀리니 충격여파로 몸이 이상이 왔다.
가해자에게 연락을 하고 진찰하니 어머님과 아내, 내가 7일 진단이 나왔으며 보험처리 하여 준다고 한다.

2일이 지나면서 가해자는 딴소리를 하며 쌍방과실 처리하겠다고 한다.
가해자는 지금 와서 딴소리를 하기에 그러면 재수사를 의뢰하겠다고 통고하고 절차 중에 있으며 나는 차입고사 6하원칙으로 내용과 배치도를 정비고에 주고 왔다.

가해자와 보험사는 경유 확인 후 보험처리하여 사건이 수습처리 되었으며 대한화재 박진용이 합의금 2,676,120원으로 정산처리 되었다.
세상은 이렇게 질서를 어겨가며 피해를 주는 세상이로구나 새삼 느끼게 한다.

> "노하기를 속히 하는 자는 어리석은 일을 행하고 악한 계교를 꾀하는 자는 미움을 받느니라" (잠언 14장 17절)

▶ 서울대병원 입원 (2001.08.11)

아내가 갑가기 아파서 많은 진통이 있어 구급차로 서울대병원 응급실로 갔다. 진통이 급한데 빨리 처리가 안 되니 야속하다. 응급처치 후 진료를 하니 담석이 심하여서 진통이 온 것이다.

레이저 충격파로 치료하며 8월 9일부터 11일까지 입원하여 고생을 많이 하였으며 소변을 볼 때 피를 흘린다. 담석이 부서져 나오는 동안 피가 흐르는 것이다.

돌을 수집하여 세부검사를 하고 일부는 병에 담아 관찰하며 예방차원에서 식이요법을 하며 물도 많이 먹으며 주의하였다.
2차 레이저 충격파로 치료하며 8월 28일부터 29일까지 치료하며 고생을 많이 했다. 사람은 누구에게나 있으며 체질적으로 잘 생기는 사람이 있다고 한다.

> "그러므로 너희 죄를 서로 고백하며 병이 낫기를 위하여 서로 기도하라 의인의 간구는 역사하는 힘이 큼이니라" (야고보서 5장 16절)

▶ 불행한 사건 (2001.09.12)

긴급뉴스가 나왔다. 미국의 상징적 도시인 워싱턴과 뉴욕을 강타한 동시다발 자살 비행기테러로 110층 뉴욕 세계무역센터가 붕괴되고 쌍둥이빌딩 건물의 상주인구가 4만 명 가까이 된다는 점을 감안해도 1만 명쯤 희생된 것으로 보도되었다.

펜타콘에 최대 800명, 피납기 266명, 구조대 300명, 사망실종 4,763명이 보도되니 너무 끔직한 일이다. 가해자는 아프간 빈 라덴 용의자 5명 추적 중이라 한다.
미국은 테러 군사보복을 경고하였다.

> "악인들은 심판을 견디지 못하며 죄인들이 의인들의 모임에 들지 못하리로다 무릇 의인들의 길은 여호와께서 인정하시나 악인들의 길은 망하리로다" (시편 1장 4-6절)

▶ 미선 하나은행 입사 (2001.12.15)

미선이가 2001년 2월 22일 동덕여대 경영학과 졸업을 하고 남양주시 교육청에 임시직으로 다니다 하나은행에 시험을 보아 합격이 되어 11.26-12.15일 하나은행 연수를 마치고 17일부터 하나은행 광나루지점에 출근을 한다.

미선이는 무엇을 하던지 꾸준히 노력하는 좋은 점이 있어 칭찬하며 축하하여 주었다.
학교 다닐 때 학원도 못 보내고 뒷받침도 못하여 주었는데 열심히 노력하여 대학교 다니면서 고등학교 교사 자격증도 따고 졸업 후 좋은 직장에 들어가니 대견스럽다.

완분이도 직장을 다니고 본홍이도 대한민국의 씩씩한 장교가 되고 나는 30여년 공직생활 후 건설분야 감리를 하고 하나님께서 함께 해주심으로 각자의 본분에 충실함에 감사기도 드린다.

"대저 하나님의 모든 말씀은 능하지 못하심이 없느니라" (누가복음 1장 37절)

▶ 해외여행 (2001.12.17)

회사에서 오래 근무하니 중국에 여행을 보내 준다하여 아내와 자비를 들여 함께 해외여행을 처음으로 가게 되었다.

2001년 12월 14일 13시에 인천공항을 출발하여 해외 북경 천진에 13시 55분 도착하여 버스를 타고 가는 지역 광활하고 넓은 평야이다.

서커스단 구경과 석식을 하고 4성급 호텔에서 지내고 만리장성 6,000km 구경도 하였다.

오래 전에 이 높고 험한 곳에 성을 쌓아 국방을 지켰고 명나라, 청나라의 황제들의 지하궁전 웅장함이 예나 현재나 생존을 위해 명예를 위해서 하는 행위는 대단하다.
자금성과 천안문 서태후의 여름별장인 이화원의 인공호수(290km²)와 민손촉 황제가 제사를 지내며 기원했던 천안공원 관광한 곳의 규모가 대단하였다.

중국은 땅도 넓지만 오랜 역사 문화 보존은 배울 점이 있다. 17일 중국을 출발하여 인천에 도착하니 17시 50분이었으며 535,000원 경비지출이 되었으며 유익한 관광이었다.

> "내가 산을 향하여 눈을 들리라 나의 도움이 어디서 올까, 나의 도움은 천지를 지으신 여호와에게서로다" (시편 121편 1~2절)

▶ 어머님 교통사고 (2002.05.14)

어머님은 자녀들의 돌보심으로 많이 좋아지시어 걸어 다니시던 중 2002.5.14일 17시 아파트 후문 옆에서 불의에 교통사고가 나셨다 .

가해자 한영수는 정육점에 고기를 하차하고 후진하면서 어머님은 왼쪽 발목 무릎이 골절상 대태골이 부서지는 대형사고가 나서 구리병원으로 모시니 전문병원인 광진구 자양동 혜민병원으로 인도하여 주었다.

오른쪽 서진 대태골은 철을 박고 무릎 발목 대수술을 하시며 5일 동안 산소호흡기를 사용하며 사경의 고비를 넘기시며 몇 달을 움직이지 못하셨다.

온가족 식구들은 총출동하여 어머님 옆을 지키며 많은 고생을 하며 간호하여 드렸다.
가족이 연일고생을 많이 하고 지쳐서 간병인을 6월부터 9월까지 고용하였으며 비용문제로 간병인을 내보내고 아들, 며느리, 딸, 손주, 손녀가 돌아가며 간병을 하며 9월 23일 서울 정형외과로 병원을 옮겨서 가족들이 간호하며 치료 받으신 후 2004년 1월 15일 20개월을 병원생활을 하셨다.

사고당시 형사합의금 2천만 원 받고 가해자 젊은 사람의 진로를 생각하여 탄원서를 제출하여 주었다.
합의금과 보상비를 받아 병원비로 다 지불하였으며 결과로는 어머님과 가족들 고생한 것뿐이다. 보험회사 규정이 너무 야박하였다. 그나마 퇴원은 하셨지만 이제는 보행기가 없으면 거동을 못하신다.

> "너희 중에 고난 당하는 자가 있느냐 그는 기도할 것이요 즐거워하는 자가 있느냐 그는 찬송할지니라" (야고보서 5장 13절)

월드컵 (2002.06.30)

2002년 월드컵이 02.05.31-06.30일까지 대한민국과 일본에서 개최되어 24개국이 참가(지역예선 147개국). 우리나라가 조별리그 폴란드 2:0, 미국 1:1, 16강 포루투칼 1:0.

8강 스페인 0:0(PK5:3), 4강 독일 0:1, 3-4위전에서 터키 2:3으로 졌지만 월드컵 이래 처음으로 4강을 하며 대한민국의 단합된 모습 참으로 아름다웠다.

▶ 아름다운 남한강 (2003.08.14)

가평지역 한전 현장 2003.3.3일부터 8.14일까지 다니면서 변압기 190ton 여러 기를 설치하여 서울 경기권을 공급하는 현대식 변전시설 감리를 하며 아침 일찍 출근하여 중미산을 30분 등산을 하고 9시 전에 사무실을 출근한다.

높은 산등성이에서 저 양평읍 주위 한강을 바라보면 흰 구름 뭉실뭉실 뭉쳤다 헤어졌다하고 낮은 산은 보일락 말락 뭉게구름 참으로 아름다우며 절경에 감탄이 난다.
이 고요하고 아름다운 풍경 남한강을 따라 출근하는 양수, 국수, 옥천 강길 안개도 절경이다.

양수 두물머리는 북한강, 남한강 두 개의 물줄기가 합쳐지는 지점의 지명이다. 394.25km를 달려온 남한강과 325.5km를 달려온 북한강이 합치는 곳이 양수리다.

새벽녘에 물안개가 일품이며 400년의 수령 느티나무와 용담대교 2,380m강변대교 주위경관도 아름답다.

> "지혜로운 자와 동행하면 지혜를 얻고 미련한 자와 사귀면 해를 받느니라" (잠언 13장 20절)

▶ 토요일 휴무 (2004.07.23)

에너지 절약 소비 절약하여 경제적 안정을 도모하여 국민들의 잘살 수 있는 방안을 고려 1979년 07월 02일부터 토요일 격주근무 근무일 조정을 제안.

07.07.09 동력자원부장관 회신. 96.7.27 제안서 제출
97.06.18 총무처장관 97년도 총무처 자체제안 심사결과통보.
98.01.02 자유제안서 제출. 98.01.30 건설교통부장관 제안서 접수통지
98.06.27 건설교통부장관 98년도 공무원제안 심사결과 알림.
2000.11.28 국무조정실 에너지 및 자원절약을 위한 제안서 제출.
2000.12.05 민원서류처리결과통보 국무조정실장 12.18 민원회신 행정자치부장관
2001.01.10 민원회신 행정자치부장관.
02.03.14 에너지 및 자원절약을 위한 의견제출.
03.02.11 근무일조정 의견서제출(정책제안).
03.02 행정제도분야 자유제안서 제출.
04.07.09 토요격주 휴무 의견서 제출 .
2004.07.23 민원회신 (행정기관 주40시간 근무제 시행지침마련 행정자치부장관으로부터 결과통보접수
언론보도 조선일보
2000.05.31 주5일 근무 긍정검토 금융개혁강력추진.
2001.07.25. 조선일보 주5일 근무 관련법 개정 연내마무리. 조선일보
2001.11.22. 정부 주5일 근무 단독입법(내달초 개정안국회 제출키로).
동아일보 2001.12.18 주5일 근무 내년7월 부분실시.
동아일보 2002.04.27 공무원 오늘 첫 토요휴무.
2003.09.15. 근로기준법개정에 따라 1주간 44시간 법정근로시간을 40시간으로 개정
국가나 지방자치단체 근무가 2004.7월부터 40시간근무
04.7월부터 행정기관 월2회 토요휴무실시
05.3월 이후 학교기관 월1회 토요휴무(4주째)

공무원 토요일 50%근무 50%휴무를 시행하다 중단 격주휴무시행 주40시간 근무로 토요휴무 주5일 근무로 발전하였다.

"제비는 사람이 뽑으나 모든 일을 작정하기는 여호와께 있느니라" (잠언 16장 33절)

제6장

노년기(60~80세)

6장 노년기(60세~80세)

▶ 감리협회 통보 (2006.06.27)

정부시책의 일환으로 04.07월부터 토요격주 근무제 시행에 따른 감리협회 산하 563개사에도 공무원 준한 근무요청 시행과 감리수주 월 적용 대가를 요청하였으나 답변과 시행이 없다.

2006.06.12일 토요격주 휴무 의견서 제출 2차로 제기하니 2006.06.27일 토요휴무 제안에 대한 회신이 2004.07.01일부터 시행하는 감리용역을 1개월 22일로 감리원이 근무를 규정하였으나 2004,07.01일 이전에 입찰 공고된 감리용역은 감리현장의 특성을 고려하여 발주청과 협의하여 근무시간조정 주5일 근무가 정착되도록 제안서를 참고하겠다고 한국건설감리협회회장 통보접수하여 반영됨.

정부기관 수차 1979.07월부터 제안 토요격주근무 제기 격주근무가 시행되다가 주5일제로 발전하여 시행하게 됨을 보람으로 생각하는 바이다.

"너희 중에 누구든지 지혜가 부족하거든 모든 사람에게 후히 주시고 꾸짖지 아니하시는 하나님께 구하라 그리하면 주시리라" (야고보서 1장 5절)

자억 회갑 (2006.08.12)

오늘은 내가 만60세 회갑이 되어 본홍이도 휴가 나왔으며 가족, 평소에 내 곁을 지켜준 분들, 어머님, 아내, 자준 부부, 지혜가족, 교순가족, 자범가족, 본홍, 완분, 형호, 미선, 성빈, 이영환 부부, 본길 외조모, 김연이, 유명자, 송찬석 부부, 송장석 부부, 정동기 부부, 유덕희, 유정자, 조숙희, 김춘기, 조한운, 이성근 부부, 성근모, 송우석, 황성광, 서홍본사(이성구, 박인규, 윤성희), 양영철 회장 축하금, 화환, 형제 자매 등 가까운 분 52명이 덕소 부패에서 식사를 하며 지난날을 회상하였다.

> "그러나 내가 나 된것 것은 하나님의 은혜로 된 것이니" (고린도전서 15장 10절)

본홍 전역 (2007.06.30)

본홍이가 대학교 졸업 후 2000년 4월 6일부터 훈련을 받고 6월 30일 소위로 임관하여 논산훈련소 교관을 하고 2001년 7월 1일부 중위진급, 훈련소 군수장교 대위진급, 2004년 11월 1일부 백골부대 신병교육 중대장 등 각 부서에 7년 3개월간 열심히 몸 건강하게 충실히 근무함을 축하하며 2007년 6월 30일부로 전역을 하고 2012년 교육과 훈련을 받고 9월 27일자로 국방부장관으로부터 예비역 육군 소령에 임명장을 받아 사회에 진출하여 직장생활을 하고 있다.

훈련과 부대지휘관 부하통솔 많은 경험을 토대로 사회에서도 성공적인 인생행로가 되기를 기원한다.

근무공로로 아래와 같이 표창도 수상하였으며

2003. 11. 29 전투력 증강 육군훈련소장 소장 김문범 장군상 NO.288호

2006. 6. 28 전투력 태세확립기여 3사단 소장 김중해 장군상 NO.445호

2006. 9. 8 백골용사양성 전투력증강의기여 3사단 소장 김중해 장군상 NO.678호

2007. 5. 18 백골용사양성 전투력증강의기여 3사단장상 소장 김요한 장군상 NO.333호

▶ 안수집사 장립 (2007.10.31)

청운의 꿈을 품고 집을 나와 부천에서 공부를 하며 부평 미에스캄교회(지상섭 군목)를 다니는 것을 시작으로 군에 가서는 광주성결교회(박동일 목사), 반포동 70년 동빙고 서호교회(이용신 목사), 망우리교회(김홍도 목사), 안양석수동교호(김도순 목사), 수원파장동 북수원교회(한봉배/마경욱 목사), 후암장로교(김동진/한재호 목사), 개포동 대치교회(김용수 목사), 상계동 양문교회(유지열 목사), 노원창일교회(박여호수아 목사), 결혼 후 13번째 이사한 덕소장로교 2007년 10월 31일 이종국 담임목사, 김은경, 송학열, 최중림, 김창근, 마순상, 안문오, 오치성, 우병락, 서기행 9분의 목사님을 모시고 장로장립(김성열, 이성주, 한상학, 방태성), 장로취임(이회철), 집사장립(손대원, 김세동, 심인철, 김대중, 문동근, 구자억, 이종범, 백석현, 오문진), 권사취임(추미자, 천민지, 김기숙, 남상희, 노오운, 김순향, 남외순), 명예권사(박월늠, 최정애, 한영심, 김영수, 변추자, 김연이), 권사은퇴(장혜숙, 진희숙, 김명준, 주종덕, 김영순), 임직감사예배가 진행되어 오랜만에 임직을 받으니 남은 생에 교회에 열심히 봉사하고 전도하며 우리 가족 형제, 자매, 자녀, 사위, 손자 온 식구들이 신앙생활 잘하도록 기도하였다.

> "모든 성경은 하나님의 감동으로 된 것으로 교훈과 책망과 바르게 함과 의로 교육하기에 유익하니"(디모데후서 3장 16절)

▶ 김포현장 (2008.01.11)

부천 대우연립 재건축아파트 현장을 07.05.01-08.28일 대중교통을 이용하여 성공리에 감리를 잘 끝마쳤다.

2007.12.28일 부터는 김포 양곡지구 주공아파트 4,000세대로 4개공구 현장이 넓으니 차량이동하며 바쁘게 착공 시작이 되었으며 1개공구는 문화재보존지구조사, 1개공구는 미철거로 지연, 분주하게 왕복 출퇴근 6시간을 소요하며 계속 다녀야 하는데 2년 동안 할 수도 없고 어머님 병환문제로 집을 얻어 나올 수도 없었다.

상황이 어려워 감리원 변경신청서를 주공인천지구에 접수하고 한동진 상무에게 08.01.11일부로 인계하였다.
어깨가 많이 아프기에 병원에 다니며 치료를 받았다.

> "여호와여 주는 나의 방패시요 나의 영광이시오 나의 머리를 드시는 자이시니다" (시편 3장 3절)

희망찬 날 (2008.02.25)

오늘은 17대 대통령으로 이명박 대통령이 어려운 여건에도 국민의 절대적 지지 속에 07.12.19일 대통령으로 당선되고 취임하면서 취임사를 살펴보면 "국민여러분과 700백만 해외동포, 노무현, 김대중, 김영삼, 전두환 전직대통령이 참여하시고… 국민을 섬겨 나라를 편안하게 경제를 발전시키고 사회를 통합, 문화 창달 과학기술발전 안보를 튼튼히 하고 평화통일을 다짐… 경제 살리기 신성장동력 확보, 작은 정부 큰 시장으로 효율성을 높임 동아시아의 평화와 공동번영 모색… 시골소년이 고학생, 일용노동자, 샐러리맨을 거쳐 대기업회장, 국회의원, 서울시장, 대통령… 우리의 시대적 과제 대한민국 선진화를 향한 대전진이 시작 되었습니다."

희망을 갖고 먼저 기도하며 이 나라를 잘 인도하기를 기원한다.
이명박 대통령은 1941.12.19일 출생으로 (영부인 김윤옥) 1960년 포항동지상고 야간부를 졸업 65년 고려대졸업, 88년 현대건설회장, 92-98년 14대, 15대 국회의원, 2002-2006년 32대 서울특별시장, 2008년 대통령취임, 서강대, 유사리아대, 목포대, 파리7대학, 아디스아바대에서 명예박사, 경제학박사, 문학박사를 받고 국가를 경영자로 대통령에 취임했다.

▶ 모친 방문목욕 (2009.07.30)

어머님이 99년 7월 병환이 나신지 10년이 되어 많이 기력이 쇠약해져서 보행기로 화장실 출입도 어렵고 아내가 고생을 너무 많이 하여 의료보험 장기요양 신청을 하였다.

장기요양등급 2등급을 확인받고 09.03.06일 방문 목욕을 일주일에 1회씩 받아 4월(23,750원), 5월(19,000원), 6월(19,000원), 7월(23,750원)을 지불하고 봉사자 2명과 함께 어머님 목욕과 필요한 것을 성의껏 하여 드린다.
아내는 7월 30일부터 요양보호사 교육을 받으며 어머님 간호를 큰며느리로서 효도하고 있다.

> "긍휼히 여기는 자는 복이 있나니 그들이 긍휼히 여김을 받을 것임이요." (마태복음 5장 7절)

▶ 인제 현장감리 (2009.09.02)

회사에서 국방부 BTL현장을 감리 수주하여 09.8.26일 현장답사를 하고 09.02일 투입하여 거주할 방을 얻었다.

국방부 30년, 감리회사 10년, 40년 만에 처음으로 집을 떠나 09.09.02-2011.03.30일까지 18개월 동안 외지 근무하게 되었다.

당일 방을 구하려니 최전방 지역이라 방이 없어 하는 수 없이 서화리 금강산장 3층 방을 김영환, 구자억, 정기섭, 김상철이 방을 각각 4개를 얻으며 아침 식사와 저녁식사는 숙소 옆 식사 예약을 하고 6개 현장을 순회하며 바쁘게 감리업무를 수행하였다.

> "내 평생에 선하심과 인자하심이 반드시 나를 따르리 내가 여호와의 집에 영원히 살리로다." (시편 23장 6절)

▶ 오랜 친구와 만남 (2009.11.27)

이곳에 근무하면서 64년도 함께 공부하였던 김명식 친구를 전화로 찾았다. 월간보고서를 하려고 인제까지 왔으나 하지 못하고 정길조씨와 춘천까지 왔다.

오는 길에 춘천시내 들어오니 시내가 온통 눈꽃으로 참 아름답고 신기할 정도였다.

인쇄소에 제본을 부탁하고 강원대학교 도서관에서 자료 수집하며 기다리는 사이 친구에게 전화를 하였더니 명식이는 바로 와서 44년 만에 만나니 옛 모습이 조금 있다.

참으로 반갑게 차도 마시며 그동안의 이야기를 하였다.
그는 춘천시 호평2동 동산아파트 102동 303호에 강원도 공무원 서기관으로 정년퇴임을 하였으며 자녀도 남매 다 출가시키었다.
다음 약속을 하며 월말 분기보고서를 가지고 고속버스 편으로 서울로 왔다.

▶ 엄동설한 (2010.01.30)

강원도 지역은 공기도 좋고 청정지역이지만 눈도 많이 온다. 주말 집에 다니러 왔다가 덕소에서는 날씨가 흐린 날씨라 차를 운전하고 일찍 출근하는데 인제 가까이 왔을 때 하도 눈이 많이 와서 차를 대로 옆 길가에 세워놓고 다른 차를 이용하여 출근하고 이틀 후 찾아갔다.

본홍이는 자격면허 여러 개를 취득하고 용인경전철에 시험을 보아 합격하고 09.08.25일부터 (주)봄바디어 트랜스포테이숀 코리아에 출근하여 용인에 기거하여 집에는 편찮으신 어머니를 아내가 모시고 있어 매일 본홍이에게 전화를 했다.

나는 본사에 가정 사정을 통고하고 감리원 교체를 요청 중에 있었다.
오늘은 오랜만에 중랑구 망우리 이성조 집에서 동기 부부, 우리 부부, 목포에 경남이, 충청도에 영만이와 친목 모임이 있었으며 성조가 건강이 매우 안 좋은 상태라 위로하며 격려해 주었다.

> "네가 네 손이 수고한대로 먹을 것이라 네가 복되고 형통하리로다 네 집 안방에 있는 네 아내는 결실한 포도나무 같으며 네 식탁에 둘러앉은 자식들은 어린 감람나무 같으리로다." (시편 128장 2-3절)

▶ 모친 소천 (2010.02.25)

어제 수요일 집에 늦게 와 어머님께 문안하니 주무신다. 친한 친구 이성조가 운명하여 동기인 영만, 장용, 목포에 배경남과 경희대 병원 영안실에서 밤을 새고 있었다.

새벽에 집에서 아내에게 다급한 목소리로 전화가 왔는데 어머님이 이상하다 하여 119신고 구급차를 부르고 나는 택시로 바로 집에 오니 구급차도 동시에 대문을 들어왔다.

구급차 의사가 진맥하니 새벽 3시에 소천하신 것이다. 눈물이 쏟아지며 허망했다. 난 주말 현장에서 돌아와 문안인사를 하니 잘 있다 왔느냐 하시던 말씀이 마지막 대화가 될 줄을 몰랐다.

나는 좀 더 아내와 잘해 드리려고 사무실 감리 요청까지 신청을 하였는데 이렇게 돌아가실 줄을 몰랐다. 후회스러웠다.
구리 한양대학병원으로 모시며 동생들한테 연락을 하고 장례절차를 진행하였다.

어머님이 병환이 1999.07.08.-2010.2.25.(10년7개월17일) 병상에서 고생을 하시며 자녀들, 며느리들, 손자들에 최선을 다하였다.

하지만 지난 일을 생각하니 부족한 것뿐이고 한껏 가슴이 답답하다.
어머님 생전 85년을 왜정시대에 고생을, 6.25 전후 피난생활 배고픈 보릿고개시대(화전밭, 동네품팔이, 나물장사)의 어려운 시대에 6남매를 잘 기르시어 결혼시키고 고생 덜하실 시기에 병환이 나고 교통사고 2번 당하시어 10년이 넘도록 고생을 하시다 가시니 어머님은 생전에 교회에도 나가시고 세례도 받으셨으니 이제는 고난도 없으신 천국에 가셔서 평강을 누리세요.

조문은 친지, 직장, 교회 등 많은 483분들이 2,891만원과 조화12개로 많은 성원과 덕소교회 주관 최중림 목사님의 인도로 아버님과 합장으로 모셔 드리며 둘레석 420만원과 1,521만원 들여 정성껏 모시었다.

> "우리가 세상에 아무 것도 가지고 온 것이 없으매 또한 아무 것도 가지고 가지 못하느니라" (디모데전서 6장 7절)

▶ 병원입원 (2010.04.23)

강원도 인제에 와서 6개 현장을 부지런히 다니며 열심히 근무를 하였다. 감리단에는 김영환, 김상철, 이종현, 강신목, 정기섭, 정길조, 조재규, 유영철, 김영규, 김선애 11명이 근무를 하고 있었다.

4월 21일 밥맛이 없었다. 저녁에 구토와 설사가 계속되어 정신이 없었다. 참다가 도저히 못 견디어 옆방 김영환 단장에 이야기를 하여 30km 떨어진 인제고려병원으로 갔다.
가는 중 구토를 몇 번 하였다. 응급조치하고 진료하니 급성이질 몇 가지 복합이라 하여 04.21-23일 3일간 입원치료하며 미음을 먹고 사경을 헤맸다.
집에 걱정을 할까봐 연락도 못하였다.

65년. 이 시간까지 지내오면서 처음으로 입원을 하고 고생을 하였다.
감리사무실 김영환, 김상철, 이종현, 강신목, 정기섭, 정길조, 무영, 이한수가 문병을 왔으며 서화교회 목사 사모님이 방문 기도하여 주시었다.

"그에게 이르시되 일어나 가라 네 믿음이 너를 구원하였느니라 하시더라." (누가복음 17장 19절)

▶ 아름다운 사회사업기관 (2010.08.10)

노원구 상계동 2단지 상계백병원 앞에 201동 203호 가게를 89.09월에 4,100만원에 취득하여 임대를 하고 있었다.

2009.12월 선승전에게 임대료 60만원을 40만원으로 임대하였으며 아름다운재단 강윤주 간사의 도움으로 임차인에게 2,000만원을 대부하여 주어 나도 임

대료를 낮게 대여하여 주었다.
아름다운재단은 사회사업을 하는 참 좋은 곳이었다.

상가가 2010.07.30일 열린 공인중개사 임덕기와 민들레 공인중개사 박도순의 중개로 2억8,500만 원에 조향숙에게 매매되었다.
아름다운재단 강윤주 간사에게 연락하여 임대인 내용을 일괄적으로 인계하여 잘 마무리 되었으며 세무절차 신고하여 46,916,910원 세금을 납부하여 생애 세금을 가장 많이 냈다.

> "오직 너희를 위하여 보물을 하늘에 쌓아두라 거기는 좀이나 동록이 해하지 못하며 도둑이 구멍을 뚫지도 못하고 도둑질도 못하느니라 네 보물 있는 그곳에 네 마음도 있느니라." (마태복음 6장 20-21절)

▶ 북한도발 (2010.11.23)

금년 들어 군내정세가 불안하다 2010.03.26일에는 연평도 근처에서 해군초계함 PC-722가 피격 침폭사건으로 해군 46인 용사가 순국하여 국민들이 슬퍼하고 분노하였다.

오늘은 정전 이후 최악의 북한의 군사적 도발로 연평도에 170여 발의 포격을 기습하여 군인 2명 전사와 16명 부상, 민간 2명 사망, 3명 부상으로 많은 건물이 파괴되는 엄청난 피해를 당하였다.
한민족인 동포끼리 총을 겨누며 기습을 감행하는지 비통한 일이다.
모든 국민이 합심하여 국가의 안위를 위하여 간절히 기도하여야 할 것 같다.

> "미련한 자는 자기 행위를 바른 줄로 여기나 지혜로운 자는 권고를 듣느니라" (잠언 12장 15절)

▶ 아들 결혼 (2011.03.12)

아들의 진로와 결혼문제로 계속 기도하여 교회에 잘 다니는 자부를 얻도록 기도하던 중 본홍이는 교회 잘 다니는 은혜를 만났다.

2010.12.03일 김은혜 부모님과 상견례를 하고 2011년 3월 12일 16시 서초동 사랑의 교회 본당에서 결혼식을 하기로 하였으며 간소하게 하기로 하였다.

아들결혼으로 애경사를 돌아보면 내가 국방부 조달본부에 임용되면서부터 1) 결혼 73.10.24 자억, 2) 83.05.29 지혜, 3) 아버님회갑 83.05,05, 4) 아버님소천 84.03.06, 5) 결혼 84.03.31 자철, 6) 모친회갑 85.04,09, 7) 결혼 86.04.05 교순, 8) 87.03.21 자준, 9) 모친고희 94.03.26, 10) 결혼 94.12.03 자범, 11) 2005.04.16 완분, 12) 05.10.03 미선, 13) 어머님소천 2010.02.25, 14) 본홍 2011.03.12일 결혼으로 34년 동안 14회에 애경사를 치르며 장남의 책임이 막중하다.

사돈 김타환께서는 국방부조달본부 당시 공병 중령으로 파견근무를 함께하여 친분이 가까운 관계로 자녀들 결혼문제 대화하던 중 2009년 이야기가 있다가 2010년 3월부터 자녀들이 1년 가까이 사귀면서 인연이 되었고 양가 안수집사, 권사의 가정으로 믿음의 가정을 이루는 것이다.

축하객으로서 전 국방시설본부장(박병희 장군), 전 공군시설감(김성두 장군), 안종훈, 최규평, 권삼술, 김홍함, 권용정, 이영환 선생님, 정동기, 종친회, 국훈회, 목왕회, 남산회, 양수초등학교동문, 서울과학기술대동문, (주)토문엔지니어링 임직원, 일도엔지니어링(조영원 사장), 선창산업, 행님건축, 혜원까치(김연태 사장), 명지대, 방위사업청, 지하철, 대한전문건설협회(박덕홈 회장), 전 철도청장(신광순), 동료 및 친척 참여와 축하화환과 512분의 축하에 3,260만원 성원하여 주시어 모든 것 잘 마쳤다.

믿음의 생활 열심히 하고 행복한 가정이 되도록 기원하며 감사헌금도 드렸다.

우리 가정은 덕소교회에 다니며 문홍선 담임목사님 인도하심으로 교회를 위하여 기도하며 본인(구자억)은 안수집사로서 제직회 서기로 예배위원회 예배부장으로, 베드로회 친교부장으로, 남성6구역 구역장으로, 안내위원으로, 가브리엘 성가대원으로 봉사하며 아내(송의석)는 권사로서, 2교구지역장으로, 32구역장으로, 1권사회 회계로, 예루살렘 성가대원, 가브리엘 성가대원으로 봉사하며, 자녀(구완분)은 집사로서 직분감당, 루디아 전도회 회계로서 봉사하며 가족들은 이웃전도와 교회부흥을 위하여 기도하며 국가의 안정과 평화를 위하여 기도하며 가정식구 형제자매 친척을 위하여 열심히 기도하고 있다.

"누가 현숙한 여인을 찾아 얻겠느냐 그의 값은 진주보다 더 하니라"
(잠언 31장 10절)

▶ 광복절 66주년 (2011.08)

2011.08.15일은 66주년 광복절이다. 1943년 11월 미국, 영국, 중국 3국의 카이로선언, 45년 나치독일 항복, 8월 8일 미국, 영국, 중국, 소련의 포스탐선언, 1945년 8월 15일 제2차 세계대전에서 일본이 연합군에 대하여 항복하게 되어 한반도가 일제 강점기에서 해방된 날 기념하는 날이다.

광복은 문자 그대로 "빛을 되찾음"을 의미하고 국권을 되찾은 날이며 1948년 8월 15일의 대한민국 정부수립을 기념하는 날이다.

광복이 있었기 때문에 우리는 자유를 누리며 민족의 운명을 개척할 수 있다. 불행했던 과거를 상기하고 자성하며 단합된 결집과 국민정신으로 밝은 미래를 위해 힘을 모아 행복한 대한민국 살기 좋은 우리 사회가 되도록 상기시키는 오늘이 되어야 한다.

광복절 국기에 대하여 살펴보면 근대국가로 접어드는 시점에 나라를 상징하는 국기를 제작하게 되는데, 1882(고종19년)에 대한제국의 고종황제가 조선의 국기로서 태극기를 직접 창안하여 도안을 하고 제물포 조약의 사후 처리로 수신사 박영효 일행이 일본에 파견되어 갈 때 처음 제작 사용한다.

> "여호와께서 집을 세우지 아니하시면 세우는 자의 수고가 헛되며 여호와께서 성을 지키지 아니하시면 파수꾼의 깨어 있음이 헛되도다." (시편 127편 1절)

▶ 다산 정약용

남양주 출신의 조선 실학자인 다산 정약용의 '실학의 길을 묻다' 책을 보고 남양주시에서는 다산선생의 생애와 사상, 실학을 문화적 시각으로 재조명하며 남양주시에서는 다산 문화제를 매년 9월말에서 10월초에 행사를 갖기도 한다.

정약용은 1762년 남양주시 조안면 능내리에서 정재원의 4남으로 출생하여 1789년 초계문신에 임명되어 희정당대학강론 기중도설 지음, 1880년 정조가 승하하자 낙향, 1805년 정체전중변 지음, 1807년 상례상전 50권, 시경강의보 가례작의 소학지언, 목민심서, 흠흠신서를 완성, 1813년 논어고금주, 중용강의보, 악서고존, 자찬묘지명을 지음으로 인륜을 기준으로 술수학, 과거학, 문장학, 훈고학, 서학, 성리학을 평가하며 인륜적 실천을 지향하는 인격을 제안하며 1836년 자신의 회혼일에 맞이하여 생을 마친다.

> "그런즉 누구든지 그리스도 안에 있으면 새로운 피조물이라 이전 것은 지나갔으니 보라 새 것이 되었도다." (고린도후서 5장 17절)

▶ 결실의 계절 (2011.10.01)

요즈음 화창한 가을 날씨에 들에 벼들이 누렇게 익어 고개를 숙이는 결실의 계절이다. 아들과 며느리가 직장에 쉬는 날이어서 집으로 왔기에 점심외식을 하려고 팔당 땜 상부 봉주로 식당에 갔다. 바로 옆 땜은 잔잔한 물가로 수도권 상수도 광역으로 이곳에서 서울과 경기일원 수돗물을 공급하는 급수원이기도 하다.

식당주위에 우거진 자연환경 숲은 참으로 아름답고 경치가 좋은 곳이다. 능내로 가는 폐쇄된 구철로는 기존구간을 보수하여 자전거 도로를 만들어 9월 말 준공이라 한다. 공사가 준공되면 덕소. 팔당. 능내 다산유적지 연결되는 자전거 도로망이 되는 것이다 .

식당에는 많은 손님들이 와 있었고 우리 식구 4명도 자연의 고마움을 감상하며 즐거운 식사시간이었다. 9월 30일부터 10월 2일까지 다산문화제 열리고 2011년 제17차 FOAM세계유기농대회가 명품도시 남양주에서 9월 28일부터 10월 1일까지 개최됨으로 병행하여 행사가 있는 것이다. 다산문화관 기념관 동상 여유당 거중기 기념탑을 관람하며 훌륭한 선조의 얼을 상기하여 본다.

양서면 부용리에 있는 아버님과 어머님 산소를 성묘하며 내용을 설명하여 주었다. 양수리 물과 꽃의 동산이라 불리는 세미원, 물을 보고 마음을 씻고 꽃을 보고 마음을 아름답게 하라는 아름다운 자연물이 굽이쳐 흐르는 전통정원 시설 유상곡수, 수위를 재는 수표와 거대한 크기의 정병 용병을 활용한 분수, 풍향을 살피는 기관관측기인 풍기대, 겸손함을 일깨워주기 위해 허리를 굽혀야 통과할 수 있도록 한 원형석문인자성물 각종 연 종류 다양한 시설물이 있어 더욱 아름다움이 그득하다.

독서의 계절 링컨 백악관을 기도실로 만든 대통령의 신앙 십계명을 상기하여 본다.
나는 주일을 거룩하게 지키며 예배생활을 힘쓸 것이다/ 날마다 하나님의 말씀인 성경을 묵상하고 실천할 것/ 나의 도움을 베풀어 주시는 하나님 아버지께 날마다 겸손히 기도/ 나의 뜻이 아니라 하나님의 뜻에 순종/ 하나님께서 베풀어 주신 은혜를 기억하며 감사/ 연약하지만 하나님의 도우심 의지/ 하나님만 높여드리고 그 분께만 영광을 올려드릴 것/ 하나님 안에서 우리 모두는 자유하며 평등/ 형제를 사랑하고, 이웃을 사랑하라는 주님의 명령실천/ 나는 이 땅위에 하나님의 진리와 공의가 실현되도록 기도를 할 것이다.

링컨은 1809년 미국 켄터키주 출생, 18세 나룻배사공, 23세 상점점원, 25세 우체국일, 측량기사 합격, 1934년 26세 주위원에 당선, 28세 주위원 재선, 변호사 시험합격, 29세 법률사무소 개설, 1861년 52세에 16대 대통령 당선, 55세 노예해방선포, 1864년 56세 대통령 재선, 1965년 57세 존윌크스부수에게 암살. 온유하고 겸손하며 하나님의 마음에 합한 사람이었다.

"눈물을 흘리며 씨를 뿌리는 자는 기쁨으로 거두리로다." (시편 126편 5절)

▶ 아름다운 노년 (2011.11.12)

토요일 어느 때와 다름없이 중앙선 덕소에서 승차하여 왕십리역에서 환승하고 삼성역에 하차하여 무역센터에 도착하니 많은 사람들이 분주하게 오고간다.

항공터미널 예식홀 3층에서 황효수의 자녀결혼식에 참여하는 많은 관계기관 축하객들이 왔다. 황효수 회장은 내가 국방부 건설본부에 1969년 7급(당시4급을) 토목직으로 임용되었을 때 그는 한양대학교를 졸업하고 국방부 기술제도병으로 병역 근무를 하였고, 제대 후 건설 분야에 근무를 하며 기술사 자격증을 취득하고 성일건설 사장 및 회장, 한국CM협회 회장을 역임한 기술 분야에 성공자이다.
대인관계가 좋고 사회활동을 많이 하여 축하화환도 100여 개 이상 많이 왔고 많은 축하객이 참여하여 주었다.

69년도에 함께 근무하던 김진경은 서울대를 졸업하고 대림산업 중역으로 퇴직하고 오늘 참여하여 정년퇴직을 한 김홍함씨, 홍희표씨 등 43년 동안의 우정으로 4명이 참여한 것이다.
국방부에 근무하던 전 공군시설감 엄익준 장군, 김성수 부이사관, 박재서 서기관, 서울과학기술대 동문이며 일도엔지니어링을 운영하는 조영원 사장도 함께 동석하였다.

인생은 마지막 의무는 아름다운 노년을 준비하는 것이다. 노년과 노화에 대해서 많은 사람들은 알레르기 반응을 일으킨다. 노쇠함으로 오랜 친구들의 죽음. 우리 양수초등학교 12회 졸업생 69명 중 벌써 15명의 동창생이 이 세상과 운명을 달리 하였다.

60세 후반이 되면 직장을 그만 두어야 하고 대부분의 노인은 짐으로 여겨지는 사회가 아닌가! 젊었을 때는 세상을 쥐락펴락하다가 어느 날 자신을 돌아보니 늙은이 몸이 되어 찬밥 신세로 전락해 있는 상황으로 돌아오며 우울증이 걸리며 아프다는 소리를 하며 하소연 한다하며 주위 동료들의 이야기를 듣는다.
그러나 나는 국방부에 30년 근무하고 감리회사에 13년 재직, 43년간 근무를 계속한다는 것이 행복한 일이다.

결혼식이 끝난 후 2호선 분당선을 타고 용인시 수지구 죽전동 488번지 죽전퍼스트 하임아파트 205동 1604호 아들네 집으로 갔다.
작은 동서 황성광, 처제 송우석, 큰사위 박형호, 큰딸 완분, 외손자 박시언, 주언, 작은 사위 윤성빈, 작은딸 미선, 외손자 윤동선, 동준 14명이 한 자리에 모여서 저녁식사를 하며 즐거운 시간을 보냈다.

연 초에는 아내가 몸이 불편하여 잘 걷지도 못하여 하루에도 정형외과 내과 한방 등 병원을 세 곳이나 다니고 본홍이는 직장문제로 고심을 하다 회사를 옮겨 수개월동안 교육을 받고 근무하고 며느리는 직장에 근무를 하여 쉬는 날이 다르기에 좀처럼 모이기가 어려웠으나 오늘 이렇게 한자리에 모이니 복되고 즐거운 날이다.

미선이는 매달 모였으면 좋겠다고 의견을 제시하여 자주 만나기로 하였다.
저녁 10시가 되어 수지 아들네 집을 출발하며 오늘 지하철을 4번 타면서 처음으로 노인 경로무임승차를 하니 감회가 깊으며 세월의 빠름을 실감한다.

한때는 군에도 기술행정병으로 입대하여 대대 500여 명 중 최연소자 직장에도 일찍 임용되어 최연소자 소리를 들었는데 이제는 직장에서도 감리현장에서도 최연장자 소리를 듣는다.

요즈음 젊은 세대 위주로 흘러가다 보니 상대적으로 노년층이 푸대접을 받고 있는 이때에 젊은이들은 노년층이 쌓아온 경험과 능력을 짐짓 무시해 버리고 그들이 어렵게 얻은 지혜와 명철도 부정해 버리어 노년에 겪을 수밖에 없는데도 아직 닥쳐오지 않은 현실이기에 노년은 먼 나라 이야기처럼 생각하는 것이기에 그렇다고 해서 젊은이들이 생각이 다르다고 원망한다고 달라질 수 없는 것이고 자신의 존재의미를 스스로 찾아야 한다고 진지하게 다시 한 번 생각해본다.

***후회 없는 인생을 살기 위한 원칙**

- 내 삶을 구성하는 모든 것은 나의 자유 의지로 선택한 것이다.
- "그렇게 살도록" 강요하는 현실적 압박이란 사실 존재하지 않는다.
- 시간이 없어서 못한다는 말은 다른 게 더 중요하다는 뜻이다.
- 남들의 기대에 채워주고자 내가 이 세상에 존재하는 것이 아니다.
- 정말 원하는 일은 결심할 필요 없이 "지금당장" 하면 된다.
- 내가 행하는 모든 일들은 나 자신을 위해서 하는 것
- 보상은 기쁨과 열정으로 시작한 일을 시시한 일로 끝내버린다.
- 칭찬은 외부의 평가 기준에 의해 내 삶을 재단하게 만든다.
- 결정을 내리는 것이 결정을 내리지 않는 것보다 언제나 훨씬 더 낫다.
- 마음을 안 드는 상황은 바꾸거나, 떠나거나, 사랑하라.
- 행복한 사람은 "지금, 여기"의 에너지로 가득 차 있다.
- 행복한 인생에 대한 책임은 오로지 나 자신에게 있다.

> "그러므로 우리가 낙심하지 아니하노니 우리의 겉사람은 낡아지나 우리의 속사람은 날로 새로워지도다." (고린도후서 4장 16절)

▶ 한국경제 현대사 (2011.12.12)

오늘 우리나라가 무역의 날을 맞아 근세의 흐름을 살펴보면 온 국민이 섬유산종사자, 중동건설 노동자, 기술자, 과학자, 공직자, 중소기업 등 국민의 합심의 노력 결과 1957년 22백만 불 영세 수출 시작에서 2011년 1,008,588백만불(1조 달러)로 45,844배 증가하며 무역 달성함으로 자동차, 선박, 전기전자이 주력 수출제품으로 세계 9번째 대망의 무역국이 되었다.

1. 연도별 주력수출품

년 도	주 력 수 출 품	비 고
1960	무연탄 중석 농수산물	
1970	가발 섬유 신발경공업	
1980	의류 철강 선박	
1990이후	조선 반도체 자동차 섬유화학 휴대전화 반도체	

2. 무역수지

(단위:백만불)

년 도	수 출	수 입	비 고
1957	22	442	
1964	119	404	수출1억(90위)
1971	1,068	2,397	수출10억(48위)
1977	10,046	10,811	수출100억(24위)
1980	17,505	22,292	
1990	65,016	69,844	
1995	125,059	135,119	수출1,000억(12위)
2000	172,268	160,481	
2003	193,817	178,827	

우리나라는 1950년대 전쟁으로 폐허 속에서 온 국민이 합심 노력으로 60년만에 미국, 중국, 독일, 일본, 프랑스, 영국, 네덜란드, 이탈리아에 이어 9번째로 무역규모 1조 달러가 넘는 국가가 되었으니 희망과 포부를 간직하며 주

워진 위치에서 최선을 더욱 분발하여 국민으로 자부심을 갖고 희망찬 미래가 되어야겠다.

*우리나라가 세계수출시장 점유율 1위 품목 선박, LCD, 메모리반도체, 자동차부품 등 화학17개, 철강16개, 섬유14개, 비전자기계 8개 등 74개가 1위로 세계13위이다.

"여호와는 가난하게도 하시고 부하게도 하시며 낮추기도 하시고 높이기도 하시는도다." (사무엘상 2장 7절)

기쁜 날 (2012.01.08)

구씨네 29대손 구성모(具聖謨)가 하나님의 축복 속에 2012년 1월 8일 14시 34분 출생한 날이다.

1월 6일 20시 30분에 본홍으로부터 전화가 왔는데 며느리가 수지 에스더산부인과에 입원하였다.

금요철야예배를 마치고 덕소에서 24시에 출발하여 병원에 도착하니 7일 1시가 되었으며 본홍이에게 전화를 하니 통화가 안 되어 3층 휴게실에서 기다리니 간호사가 추운데 있지 않도록 303호실로 안내하였다.

본홍이를 만나니 기다려야 한다하여 본홍이 아파트로 가니 3시 30분이었고 몸을 녹이고 쉬고 있으니 뒷목이 아프다. 혈압 약을 먹고 3시간 잠을 자고 아침이 되어 본홍이가 소식이 올 때까지 집에서 기다리라 하여 수시로 통화하며 병원에는 사부인과 본홍이가 있었다.
병원에서는 출산에 시간이 더 있어야 한다하여 며느리가 심적으로 편하게 있게 하기 위해 덕소에 가있다가 소식을 전하면 오도록 하기에 명일 예배를 위해 덕소에 도착하니 22시 30분이었다.

가족들 산모와 아기가 건강하도록 간절히 기도하며 23시 22분 며느리와 아들 앞으로 문자를 보내며 격려한다. 며느리야 아들아 기도하여라. 하나님께 간구하여라. 힘내라.

> "주께서 내 내장을 지으시며 나의 모태에서 나를 만드셨나이다. 내가 주께 감사하옴은 나를 지으심이 기묘 하심이라 주께서 하시는 일이 기이함을 내 영혼이 잘 아나이다" (시편 139편 13-14절)

1월 8일 5시 새벽기도에 나가 며느리와 아기를 위하여 간절히 기도했다. 본홍이는 수시로 연락이 오며 며느리는 자연분만을 위하여 고생을 하며 최선을 다하였다.

8시에 교회 2부 안내위원을 하고 3부예배 가브리엘 성가대를 우리 부부는 찬양하며 예배를 드리고 11시 30분 제1남전도회 월례회를 위해 연락을 하여 10명이 기도와 회의를 하고 14시에 안수집사회 월례회를 마치고 있으니 본홍이 연락이 왔는데 곧 출산할 것 같다하니 며느리가 얼마나 힘들까 마음이 초조했다.

2시 56분 전화가 왔는데 자연분만이 어려워 수술하여 출산하였다 하니 3일 동안 며느리는 고생을 많이 하였다.
며느리와 아기가 건강하기를 간절히 하나님께 기도했다.

자준, 지혜, 교순, 자범에게 문자를 보내고 아내와 큰사위, 완분, 시언, 주언이 함께 출발하여 병원 앞에서 연락을 하니 며느리가 수술 후 회복기에 있어 기다리는 시간에 작은 동서 황성광, 처제 송우석과 함께 저녁식사를 하고 본홍이에게 전화를 하니 방문하여도 된다하여 식구들이 병원에 도착하니 사돈댁과 사부인이 계시었다.

사부인께서는 3일 동안 고생과 수고를 많이 하셨다. 고생을 많이 한 며느리 위로와 격려와 축하를 해주며 구성모라는 이름을 지어 모인 식구들이 하나님께 영광 감사기도를 드렸다.

성모의 출생은 2012년 1월 8일 2시 34분(체중 3.44kg) 건강한 모습으로 상면을 하는 것이다. 하나님의 말씀 안에서 부모의 훈계를 들으며 건강하게 지혜롭게 자라도록 인도 하옵소서.

> "지혜는 진주보다 귀하니 네가 사모하는 모든 것으로도 이에 비교할 수 없도다.
> 그의 오른손에는 장수가 있고 왼손에는 부귀가 있나니 그 길은 즐거운 길이요 그의 지름길은 다 평강이니라. 지혜는 그 얻은 자에게 생명나무라 지혜를 가진 자는 복되도다."(잠언 3장 15절-18절)

지혜를 얻어 즐겁게 살며 평탄한 길이 되어 영육 간에 강건하여 하나님의 일꾼 사회의 지도자 성자가 되게 하옵소서 기도한다.

305호실 병원을 나와 작은 동서 집을 방문하여 여러 가지 이야기를 나누고 21시 5분 출발하여 귀가하니 22시가 넘었다.

다음날 동생 자준, 계수님, 본수, 작은 사위 윤성빈, 미선, 동선, 동준, 며느리, 큰이모님(예쁜 축화환), 며느리 친구(용이 새긴 케이크), 사랑의 교회 유승관 목사님(결혼주례), 박필훈 목사님, 한정훈 목사님, 유이삭 목사님 4분도 오셔서 축하하여 주셨다.

현재를 살펴보니 구자억(67세에 450여 명의 중견회사 토문엔지니어링건축사사무소 상무로, 송의석은 자녀들과 손자들 형제들을 잘 돌보고 내조하며), 구본홍(38세에 신분당선주식회사 기술직으로, 며느리 김은혜는 서초동 사랑의 교회 선교부에 근무하다 결혼하여 가정을 잘 내조하고), 구완분(36세에 시언, 주언이를 양육하며 잘 내조하고, 사위 박형호는 지하철공사에 근무 잘 하고), 구미선(35세에 동선, 동준 양육하며 하나은행 근무와 가정을 잘 내조하며, 사위 윤성빈은 미국 3M회사에 근무 잘하고), 우리 가정 하나님 인도하심과 축복 속에 인도하심을 감사드린다.

우리 가정 형제네 가정 모두가 믿음생활 다 잘하고 기도생활충실, 직장생활충실, 학업에 충실히 하며 손자들 영적으로 성장, 몸도 건강하게 성장하여 하나님께 영광 돌리는 삶, 선조들의 장군의 기질 선비의 기질을 이어 받아서 하나님과 사회를 위하여 유용한 인물이 되어 훌륭한 후손이 되기를 기원합니다.

> "여호와께서 너희 출입을 지금부터 영원까지 지키시리로다" (시편 121편 8절)

▶ 하나님의 진리 바른생활 - 성지순례 (2012.02.14)

덕소교회에서 9시 30분에 문홍선 담임목사님께서 성지순례 출국기도를 하여 주시었다.

순례자(김유성 장로, 이종연 권사) (이현규 장로, 김순향 권사) (김형태 장로, 추미자 권사) (유춘원 집사, 문광숙 집사) (이해석 집사, 이용순 권사) (구자억 집사, 송의석 권사) (백일선 집사, 윤송인 집사) (김석봉 집사) 일행 15명은 10시에 2대의 차편으로 12시 30분 김포공항에 도착하여 (주)로뎀 성지순례 여행사 문태순 안내자와 서초동 사랑의 교회(정우철 장로, 이강심 권사) 3명과 함께 출국 수속을 마치고 대한항공KE957편으로 15시 45분 이륙하였다. 고도 10,349m 속도 678-900km/h, 거리 5,369miles에 이스라엘로 가고 있다.

17시30분 - 베이징 상공
18시 – 대통.. 남은거리 7,702km
18시50분 – 몽골고원(광활한 산등고선 같은 사막지역과 일부늪지 녹지로 보이며)

19시40분 – 자위관(만리장성지역)

20시25분 – 하미인 상공(육지 어둠 지평선 해 넘어가며 산맥이 보임)

20시40분 – 하마상공(우루무치 : 신자강 웨이우월자치지구로 온통 눈산으로 설경으로 신비로움)

21시40분 (중국과 카자흐스탄 국경통과)

22시40분 (카스피해-바쿠의 석유, 염류, 중앙아시아 목화)

22시55분 (그루지야 아제르바이진)

새벽1시50분 (엘라지)

2시5분 (터키-시바스야경아름다움-카이세리-아셀)

2시7분 (나코이아 섬)

새벽3시50분 (텔아비브 벤구리온 국제공항 착륙) – 일생 처음으로 11시간 12분 비행탑승 입국수속 하니 성지순례 단체여행이라서 인지 그리 까다롭지는 않게 통과하고

4시45분 여행사 버스로 공항출발 숙소에 6시에 도착

(현지시간 저녁11시57분) INTERCONTINENTAL JERICO HOTEL에서 여장을 풀었다.

이스라엘을 살펴보면

인구 : 7,018,000명 면적 : 21,643km^2 수도 : 예루살렘

정체 : 공화제 다당제 언어 : 히브리어 아랍어

독립년월일 : 1948년 5월 14일

화폐단위 : 신세겔

지중해 동쪽 끝에 위치해 있는 중동의 국가

예수님의 발자취를 따라서... 출애굽 여정
덕소교회 성지 순례단
2012년 2월 14일(화)~22일(수)

예수님의 발자취를 따라서... 출애굽 여정
덕소교회 성지 순례단
2012년 2월 14일(화)~22일(수)

① 순례 첫째 날

15일 7시 40분 – 숙소(팔레스타인 지역으로 호텔입구 총을 들고 검문경비)를 출발하였으며 어제 저녁 도로 경사면은 눈이 아니고 암반 토석이었다.

7시 50분 – 뽕나무(실제는 무화과나무 - 감란산에 여덟 그루의 오래된 무화과나무가 있다. 이 나무들과 그 열매들의 이름을 따서 이 장소를 겟세마네라 하며 아랍어로 기름을 짜다는 의미이며 카토릭 프랜시스커 신부회의서 관리) 관람.

8시 10분 – 여리고성(지구상에서 가장 오래된 성곽 도시를 가지고 있는 여리고는 사해 동북쪽 지점 유다 광야에 자리 잡은 가장 크고 아름다운 오아시스의 도시이다.
여리고는 예로부터 10m넘는 종려나무가 많으며 출애굽 한 이스라엘 백성이 40년의 광야생활을 청산하고 약속의 땅 젖과 꿀이 흐르는 가나안의 첫 발을 디딘 도시였다 .
예수는 뽕나무에 올라간 세리장 삭개오와 또 거지 소경 바디메오를 만나 구원을 이루시기도 하였다.
여리고 성터는 구약 여호수아시대 성터로 BC 10,000-7,000년 정도 성벽길이 600m 외벽높이 5m).

11시 – 맛사다(사해 근처에 우뚝 솟아 있는 맛사다)는 헤롯대제에 의하여 요새화된 요사이중의 로마에 대한 항거 참가했던 유대인 애국자들 중 일부 생존자들이 이곳에서 마지막까지 투쟁을 벌였다. 로마군은 엘리아잘 벵야일 휘하의 열성당원들을 3년 동안 포위하였다.
더 이상 저항할 수 없음을 깨달은 이들 967명은 노예가 되기보다는 차라리 자유인으로 죽겠다며 모두가 자살을 하고 만다.
이갈 교수가 이끈 발굴로 요새지, 저장실, 우물, 목욕탕, 궁전, 회당, 의식용 욕실 등의 잔해가 발견되었다. 급경사지 산악요새지로 케이블카로 올라갔으며 많은 외국인도 와 있었다. 이곳의 인근은 다윗이 광야로 피하던 곳이기도 하다.

11시 40분 – 쿰란(1947년 봄 한 베두인 소년이 잃어버린 양을 찾아 나섰다가 사해의 서쪽 해안의 절벽 지대의 한 동굴 속의 항아리에 보관되어 있던 양피지에 기록된 구약성서의 두루마리 사본을 발견하게 되었다.
그때까지 서기 1008년에 기록된 레닌그라드 사본이 가장 오래된 구약성서의 사본이었는데 이 사해사본은 그보다 무려 1100여년이나 앞선 서기전 100년을 전후하여 기록된 것이어서 성서 학계의 비상한 관심을 끌게 되었다).
주전 150년 전-주후 68년 사이에 도시의 유혹을 떠나 기도와 명상에 적합한 광야로 나온 에세네 집단 공동체는 사해를 내려다보는 이곳에서 나름대로의 성경 해석을 따라 여호와의 오심을 기다리고 있었다.(이사야 40장 3절)

14시 20분 – 사해바다(수면이 다른 바다보다 421m 낮은 위치의 호수로 지구에서 가장 낮은 곳으로 보통의 바다는 3.7%소금을 갖고 있지만 사해는 염분이 34%로 많으며 실제 바다에 들어가 보니 몸이 둥둥 떴다)

15시 30분 – 승천당(예수님께서는 부활일로부터 40일 후 승천하셨다. 복음서에서 예수님의 승천에 관하여 유일하게 말하고 있는 누가에 따르면 예수님의 승천이 감람산인 것을 언급하고 있으며, 동시에 누가의 저술인 사도행전에서도 승전 기사를 기록하면서 예수님 승천직후 "제자들이 감란원이라 하는 산으로부터 예루살렘으로 돌아오니 이산은 예루살렘에서 가까워 안식일에 가기 알맞은 길이라" 행 1:12에 묘사하고 있다.
안식일에는 제한된 거리만을 걸을 수 있는 율법 규정을 통하여 예루살렘에서부터 승천하신 곳까지의 거리가 잘 표현된 것이다. 전통적으로 예수님의 승천이 감람산 꼭대기에서 이루어진 것으로 여겨져 4세기경에 승천을 상징하는 지붕 없는 8각형 교회가 세워졌으나, 페르시안들이 이 교회를 파괴시켰고 20세기에 십자군들이 새 교회를 지었다.
1187년 모슬렘 교도들에 의하여 지붕이 없는 교회에 사원 형태의 돔을 씌워 기형적인 형태로 변했다.
예수님이 승천 시 밟아 발자국이 남겨진 바위가 교회 중앙에 보존되어 있으나, 이에 관한 이야기는 중세 이후에 만들어진 것으로 그 사실 여부는 확인할 길이 없다).

15시 40분 – 주기도문교회(주기도문이 시작되는 라틴말을 따서 지은 교회로 예수께서 제자들에게 주기도문을 가르치신 곳이며, 이 세상 말기에 나타나는 징조들에 관해서 설파하신 곳이라 전해지고 있다.

서기 4세기에 콘스탄트 대제가 기독교를 공인한 뒤 예수의 말씀을 기리기 위하여 이곳 감란산 위에 처음으로 교회를 세웠다. 교회의 구조는 이탈리아 피사에 있는 수도원을 모태화 했다.

현재 벽면에 60개국 이상의 언어로 주기도문이 쓰여 있다. 우리 국어로 된 주기도문도 적혀 있다.)

감람산은 네 개의 봉우리를 가진 조그마한 언덕으로 중부 및 남부 팔레스타인을 남북으로 달리는 산맥의 일부이다.

기드론 골짜기를 사이에 두고 예루살렘 동편에 위치해 있는데, 감람산 동쪽으로 여리고와 요단골짜기로 비탈이 져있다. 히브리어로 감란산은 '하르.제이팀'(올리브 산)이라 한다.

예루살렘 보다 약 90m가 높기 때문에 이곳에서는 예루살렘 전체가 한 눈에 들어온다.

예수님 당시에는 나무가 우거져 있었으나 주전 1세기경에 숲이 다 망가져 버렸다.

유대인은 이 산을 출발점으로 하여 일련의 봉화들을 밝혀두곤 하였는데, 바벨론으로 끌려간 동족들에게 새로운 달이 시작되었음을 알려주기 위함이었다.

예루살렘 동편의 산으로 감람산은 성경에서 다윗 왕이 압살롬의 난을 이곳에서 피하였다 "다윗이 감람산 길로 올라갈 때에 머리를 가리우고 맨발로 울며 행하고 저와 함께 가는 백성들도 각각 그 머리를 가리우고 올라가니라"(사무엘 15장 30절) 예수님이 주기도문을 가르치기도 하고 예루살렘의 멸망을 예언하기도 하였으며 부활 후 마침내 이곳에서 승천하시었다) 인근에 스가라인과 압살롬의 무덤도 있었다.

16시 15분 – 통곡교회(성전산 맞은편 감란산 기슭에 위치한 통곡교회. 고대교회의 잔해위에 세워졌으며 예수님께서 예루살렘의 파멸을 내다보시고 우신 것을 기념)

16시 40분 – 겟세마네기념교회=만국교회(겟세마네기념교회는 AD379-384년 건축 후 AD614년 페르시아군에 파괴, 비잔틴 시대의 교회 벽면을 이용하여 1919-1924년에 완성)
교회를 지을 때 세계 16개국이 헌금으로 지었다하여 만국교회로 불리며 교회 정면에 네 개의 기둥위에 마태 마가 누가 요한의 예수님의 일생을 기록한 각자의 복음서를 들고 있는 석상이 있다.
교회 안에 작은 바위가 예수님께서 땀방울이 핏방울이 되도록 힘써 기도하시던 곳이라 한다.
"예수께서 힘쓰고 애써 더욱 간절히 기도하시니 땀이 땅에 떨어지는 핏방울 같이 되더라." (눅22:44)
감람나무(2000년생) 스데반 선교교회를 지나 예수님이 다니시는 곳 방문.

- 예루살렘 – "주 여호와께서 이와 같이 이르시되 이것이 곧 예루살렘이라 내가 그를 이방인 가운데 두어 나라들이 둘러 있게 하였거늘"(에스겔5장5절) "터가 높고 아름다워 온 세계가 즐거워함이여 큰 왕의 성 곧 북방에 있는 시온 산이 그러하도다.(시편 48편 2절) 성경은 예루살렘에 관하여 무수히 언급하고 있다. 황금성이요, 거룩한 성이요, 평화의성인 예루살렘은 무수한 전쟁을 경험 하였다. 예루살렘은 3대 유일신 종교의 성지다.

- 여리고 삭개오의 뽕나무 엘리사의 샘물 쿰란 마사다 사해
  감람산 순례를 마치고 숙소인 INTERCONTINENTAL JERUSALEM HOTEL 오니 이곳 팔레스타인 자치지구로 경비가 삼엄하여 밖에는 나가지 못하고 호텔 내에서만 있었다.

현지안내 김양주 목사님(히브리 대학근무)은 현지사항을 잘 아시고 설명을 세밀하게 하시며 숙소에서 통역도 다하여 주시어 고마웠다.

② 순례 둘째 날

6시 55분 – 숙소를 나와 정문을 통과할 때도 조사를 한다. 이곳 역시 팔레

스타인 자치지구로 5m전후로 높게 울타리가 쳐져 있어 밖에서는 전혀 볼 수가 없으며 이렇게 함으로서 돌발테러사고가 적어졌다고 한다.

7시 15분 – 예루살렘 중심지를 방문하려 입구에 들어서니 비가 오고 있어 비옷을 입고 우산을 쓰고 있었는데 가방이며 잠바 주머니까지 조사를 하며 번거로웠다. 이곳은 유대인과 기독교인 모슬렘에게 거룩한 도시로 다윗과 솔로몬 시대의 수도였으며, 제1차 2차 성전이 있던 장소이기도 함.
예수님께서 죽음으로 이끌리셨던 비아 돌로 로사와 예수님께서 십자가에 못 박히시고 부활하신 성 분묘교회가 위치하고 있음.

7시 55분 – 무덤교회(무덤 성전은 니케아 종교회의 주후325년 직후 콘스탄틴 대제의 명으로 처음 세워졌다.)
예수님의 무덤은 콘스탄트 모친 헬레나 황후가 예루살렘을 방문하던 중 꿈에 계시를 받아 알게 되었다고 한다.
이 지점에 세 개의 건물이 세워졌다 : 예수님의 무덤위에 세운 '아나스타시스'라는 이름의 둥그스러운 교회, '마투리움'이라고 불리는 웅장한 바실리카 이들 두 교회 사이 십자가 처형장소 표시하는 '칼라리움(골고다)'이라는 이름의 성소, 이 건물은 주후 614년 페르시아의 침입으로 파괴되어 재건되었으나 1009년 칼리프 하킴에 의해 파괴되었다.
그 후 일부가 재건된 후 1149년에 십자군에 의하여 오늘날의 모습으로 건축되어 예수님의 무덤과 십자가 처형 장소가 한 지붕 아래 모이게 되었다.

7시 55분 – 황금사원=황금동(예수님께서는 날마다 성전에서 가르치셨다. 예수님께서 성전 밖으로 나오시자 제자들은 성전을 가르키며 감탄을 하자 "돌 하나라도 돌 위에 남지 않고 다 무너뜨려 지리라"고 하셨다.
이런 일들이 모두 현재의 모리아산 정상에 세워진 황금 돔 회교사원 주변에서 일어났다. 이 산은 아브라함이 이삭을 희생 제사로 드리려 했던 장소이며 주전 1000년경에 예루살렘을 정복했던 다윗 왕이 50세겔을 주고 구입한 곳이다. 솔로몬은 이곳에다 화려한 궁전과 성전을 건설하였으나, 주전 587년 이곳을 침략한 바빌로니아에 의해 성전이 불에 타 버렸다.

그 후 포로에서 돌아온 유대인들이 다시 제2성전을 완성했고 주전 20년경에 헤롯대왕에 의해 증축되었다.
주후 70년 로마에 의해 파괴되고 로마의 하드리안 황제에 의하여 이교도 신전이 건설되었다.
모슬렘이 이곳에 왔을 때 성전산이 폐허가 된 것을 성전산의 모하메드가 승천했다는 전설에 따라 이를 보존하기 위해 691년 당시 예루살렘의 통치자 압델말리크는 황금사원으로 불리는 바위에 돔을 건설하여 오늘에 이르게 되어 밖에서만 외경으로 볼 수 있다.)

8시 15분 – 성안나교회(전통적인 로마양식으로 십자군시대의 건축양식을 지닌 건물이다.
가장 오래된 곳이며 이 교회는 스데반문 근처에 위치하며 마리아의 출생지와 그녀 부모의 집을 기념하는 동굴이 있다).
베데스다 연못(1871년 성 안나 교회 옆에 서행해진 두 개의 커다란 직사각형 연못이 발견 되었다. 바로 요5:2에 나오는 베데스다 연못이었다. 여기서 예수님께서 병자를 고치셨다.)

갯세마네
동산 교회
배네딕트 수도원
승천당
교회
러시아 정교회

8시 35분 – 빌라도 총독이 기거하던 곳 비아돌로로사

- 십자가의 길(예수님이 안토니아 요세에서 본디오 빌라도에게 재판을 받으셨다)

  예수님의 50kg십자가를 지심

  예수님 첫 번째 넘어지심

  예수님과 마리아와의 만난장소

  구레라 사람 시몬이 대신 십자가를 짐

  베로니카가 예수님의 얼굴을 닦아드림

  예수님 두 번째 넘어지심

  예루살렘 여인들이 주님을 애도함

  예수님 세 번째 넘어지심

  예수님 옷벗김을 당하심

  예수님 십자가에 못 박히심

예수님의 십자가를 지고 가던 행로를 순행하며 길 양옆에 건물이 지어져 있다.

10시 10분 – 통곡의 벽(헤롯이 주전 20년에 개축한 제2성전 벽에 서쪽 부분이다.
주후 70년경 로마의 티투스 장군이 제2성전의 다른 부분은 모두 파괴하고 유독 이 벽만을 남겨 놓은 이유는 후세 사람들에게 성전의 파괴 시킬 수 있었던 로마군인의 위대한 힘을 보여 주기 위한 것으로 옛 성전의 마지막 유물로 유태교도들이 유물로 추앙하는 곳이다.) 수천 년 전에 큰 돌 성쌓기가 정교하였다.)

10시 40분 – 마가의 다락방(시온 산에 위치한 마가의 다락방. 이곳은 예수님이 마지막으로 유월절 식사를 하신 곳이다(마가복음 14장) 14세기 원래의 모습으로 복원시킨 건물)
베드로 갈리칸투 교회(예수님 체포당시 대제사장이던 가야바의 집 지점에 교회가 세워졌다.)
여기서 베드로는 주님을 부인하였다.
"닭이 울기 전에 네가 나를 세 번 부인하리라." (마가복음 14장 66~71절)

12시 20분 – 가이사랴(헤롯 대왕이 가이사에 대한 경의로 12년 동안 지은 곳) 고넬료가 이곳에서 베드로에게 세례를 받았고 사도바울이 공판을 받기 위해 로마로 이송됨.
1291년 맘루크에 의해 파괴되기 전까지 십자군의 중요한 도시 이었으며 유물과 석조 계단식 큰 타원 경기 관람장 보존

14시 55분 – 므깃도=아마겟돈(이스라엘 평야 중에서도 무깃도는 동서남북으로 서로 연결하는 중요한 교통의 요지였으므로 전략적으로 중요한 곳이었다.) 제국들의 군대는 이곳을 통과하여 지나갔고 가나안 땅 중에서도 역사적으로 전투가 가장 많이 벌여졌던 곳이다.
솔로몬 왕은 무깃도의 중요성을 감안하여 이곳에 강화시켰고, 이 지역의 행정적 중심지로 만들었다. 기원전 4000년부터 사람들이 마을을 형성하였다.
저 건너편 산맥에서는 전투에서 사울과 요나단이 죽은 곳이라 한다.
갈멜산 – 엘리야의 불의 제단
엘리야 동상
로뎀나무
산 정상에 조경시설 잘되어 있으며 수목도 많고 광활한 들이 아름다웠다.
아침에는 비가오고 점심때는 청명하고 무깃도 지역에서는 흐리더니 아름다운 무지개도 보이며 가는 지역마다 일기가 다르다.
하루의 순례를 마치고 숙소인 NAZARET PLAZA HOTEL 돌아왔다.

③ 순례 셋째 날

2월 17일 7시 50분 순례자 18명과 김양주 목사님(안내) 문태순(로뎀)은 숙소 출발

8시 45분 – 성모 수태 고지 교회(나사렛은 남부 갈릴리의 한 골짜기에 위치하고 있다. 요셉과 그 아내 마리아가 여기서 살았고 예수께서 어린 시절을 여기서 보내셨다.)
"나사렛이란 동네에 와서 사니 이는 선지자로 하신 말씀에 나사렛사람이라

칭하리니 하심을 이루려 함이러라."(마가복음 2장 23절) 주후 1세기 나사렛에는 유대인간이 살았었으나, 로마제국의 흥왕과 더불어 기독교 인구가 증가하였다. 예수님과 마리아와 관련된 장소에 교회를 세우기 시작한 것은 4세기 이후이다.
오늘날 나사렛에는 기독교인, 회교도인, 유대인이 섞여 살고 있다. 기독교는 각종 정교회, 로마 카도릭, 희랍카도릭, 영국 성공회 및 개신교의 다양한 교파로 나뉜다. 나사렛에는 각종 교회, 수도원, 및 수녀원과 그리고 종교단체 소속병원, 학교가 많이 있다.
성당은 이탈리아 건축가 지오바니 무치오 설계로 1969년 완공으로 천사 가브리엘이 마리아에게 나타나 수태를 예고한 자리에 다섯번째로 세워진 교회이다. 첫번째 교회의 잔해 발굴, 두번째 교회는 비잔티시대, 세번째 교회는 12세기 초엽, 네번째 교회는 1877년에 세워졌다.

9시 20분 – 가나안 혼인 잔치집 교회(2000년전 포도주 돌 항아리)

10시 – 팔복교회(갈릴리 호수 북쪽에 위치하는 산세가 완만한 이 산은 수천 명이 족히 앉아 설교를 들을 수 있는 넓은 곳이며 갈릴리 호수 전경이 바라보이는 아름다운 곳이다. 팔복산은 예수께서 산상 설교를 하신 곳이다.
"예수께서 무리를 보시고 산에 올라가 앉으시니 제자들이 나아온지라. 입을 열어 가르쳐 이르시되"(마5:1-2)
복음서의 두 기록은 서로 가르침의 시간에 따라 바람의 방향을 자유롭게 이용하신 예수님의 지혜와 사실성을 그대로 보도하고 있다.
팔복교회는 이태리 프랜시스컨 수녀회가 돌보고 있다)

"여섯째 달에 천사 가브리엘이
하나님의 보내심을 받들어
갈릴리 나사렛이란 동네에 가서
천사가 일러 가라사되 마리아여
무서워 말라 네가 하나님께
은혜를 얻었느니라. 보라, 네가
수태하여 아들을 낳으리니
그이름을 예수라하라."

(눅1: 26-31)

11시 5분 – 오병이어 교회(기적)

11시 30분 – 돌바위(예수님이 베드로에게 밥상을 차려 주던 곳) 가버나움(예수님의 본 동네)

12시 50분 – 베드로 집터
(하단돌-예수님당시) (중간하얀돌-4세기) (상부-로마시대) 시대별로 구분시킨 유적이 있으며 갈릴리 바다 해변에서 베드로 물고기로 중식을 하였다.

1시 45분 – 요단강 기념 세례터(예수님께서 요한에게 세례받으신 곳으로 강이라 큰 곳으로 생각하였으나 폭도 좁았으며 주위조경 수목은 울창하고 경치는 좋았다)

2시 25분 – 벳샨공원(중요한 고대도시로서 로마원형극장 8000석 석재스탠드 보전과 도로 유적들이 많이 있으며 고대도시를 상기하게 함) 구약시대 구조물 로마시대

4시 – 요르단 입국수속(이스라엘 국경 검사 국경 사이 차량이동 입국 검사) 요르단 조수현 (안내-한양대 졸업한 숙녀) 와 여행사 차량과 요르단 안내자

5시 – 벳샨 국경통과 암만이동(요르단에 국경을 들어서며 도로를 달리니 이스라엘과는 다른 풍경 이었다. 집도 빈약하고 사람들은 활기가 없어 보이며 전후에 복구가 안 된 지역처럼 낙후된 모습이다.

야경에 전기도 없이 산을 넘고 넘어 요르단의 수도인 암만에 8시경 도착하니 이곳은 번화하며 호텔(AMMAN CHAM PALACE HOTEL)시설도 잘되어 있었다.

요르단 하심왕국을 살펴보면
인구 : 5,844,000명 면적 : 88,778km2

수도 : 암만
정체 의회형태 : 입헌군주제, 양원제
국가원수/정부수반 : 국왕
공식언어 : 아랍어
독립연월일 : 1946년 5월25일
화폐단위 : 요르단디나르
서남아시아에 있는 아랍국가

④ 순례 넷째 날

6시 40분 – 숙소를 출발하면서 날씨가 청명하지 아니하여 우비와 우산을 갖고 출발

7시 50분 – 그리스 정교회(성지 모자이크 있는 매드바성죠지) 주차장에 15분 소요. 우비를 쓰고 도로 따라 가니 집과 상가에 모자이크 상품도 많이 진열되어 있으며 이른 아침 인데도 성도들은 예배를 드리고 있었다.

9시 – 느보산(모세가 숨을 거둔 곳) 기념관과 놋뱀 기념물도 있으며 산정상에서 보니 광야 여리고 사해 예루살렘 주위가 다 보인다.
사막을 장시간 달리는 중 사막에서는 더운 곳으로만 생각하였으나 눈이 많이 와서 도로 사정이 나쁘고 미끄러워 모압족속의 수도였던 가락성은 가다가 못가고 되돌아와 페르라 입구에서 몇 일만에 한식으로 점심을 맛있게 많이 먹었다.

13시 – 페트라(에돔족의 수도 였으며 성경지명의 '레겜'으로서 민수기 20장의 '므리바 샘'과 '호르산' 정상의 '아론제사장 무덤' 현재는 아랍족인 '나바태족'의 유족이 남아 있는 바위속의 조각 건물들은 대단한 규모와 주위 바위 생김새는 오묘하고 아름다웠으며 각국의 순례객들이 방문하고 있었으며 우리도 이곳에서 3시간 동안 관람하였다.)
페트라는 이집트, 아라비아, 페니키아 등의 교차지점의 위치하여 좁고 깊은

골짜기로 바위산을 깎아 조성된 페트라의 건물 대부분 암벽을 파서 만들어졌다.

이곳은 기원전 1400-1200년경 에돔과 모압의 접경지 구약에서는 셀라라 지칭 그리스어로 바위의 도시인 셈이다. 애굽(이집트)을 탈출하여 가나안으로 가던 모세의 약속의 땅으로 가는 통로이기도 하다.

106년에 로라의 트라야누스 황제에게 땅을 빼앗겼다가 리아누스가 방문한 것을 기념하여 페트라라 이름 불리고 1200년만에 다마스쿠에서 카이로로 향하는 탐험도중 부르크하트로는 찾아 나섰다 .

1812년 잊혀진 도시를 발견하고 유럽에 알려져 고대 세계 불가사의로 1985년 유네스코 세계유산으로 지정되었다.

요르단은 크지 않은 국토이면서 산악지역의 광활한 사막 비도오고 눈도 많이 오고 아카바 숙소인근은 경치도 좋으며 CAPTAIN HOTEL로 갔으며 이곳은 도시규모가 잘 되어 있었다.

THE MONASTERY BY DAVID ROBERTS - PETRA

QASR EL-BENT - PETRA

⑤ 순례 다섯째 날

7시 30분 – 다음 여행지를 위하여 출발한다.

8시 40분 – 요르단 국경에 도착하여 출국 수속을 하니 수월하나 다시 이스라엘 입국은 경비가 철저하였으며 입국하여 9시 10분부터 35분 동안 이집트 입국수속을 하였으나 수월하였다.
반성욱(안내집사) 이집트 경찰 현지 안내인 3명 함께 동승

*나는 생각에 잠기며 우리나라를 생각하여 본다. 1시간 만에 요르단 출국, 이스라엘 입국 출국, 이집트 입국 3개국 출입이 허용되는데 우리나라는 1950년 동족 간에 전쟁을 치루고 62년이 지난 지금도 군사분계선을 대치로 오고 갈 수가 없으니 안타까운 일이다.
믿는 사람들이 더욱 열심히 기도하여 하나님 인도하심 따라 평화적인 통일이 어서 속히 오기를 기원한다.

이집트아랍공화국
인구 : 74,805,000명　　　면적 : 997,793km2
수도 : 카이로(인구 2천만명)
정치. 의회형태 : 공화제 양원제
국가원수/정부수반 : 대통령/총리　　공식언어 : 아랍어
독립연월일 : 1922년 2월 28일　　화폐단위 : 이집트 파운드
아프리카 대륙 동북쪽에 위치한 나라

9시 45분 – 홍해를 보고 가던 중 섬이 있는데 십자군 기지라 한다.

12시 50분 – 아론의 금송아지교회 (시내산 입구)

12시 – 시내산 입구 성 캐더린 수도원 옆 공지에서 오늘은 일요일 주일예배를 이현규 장로님 인도로 예배를 드리고 헌금(현지안내 집사님교회)을 드리

고 가브리엘 순례객 특송을 하며 예배를 드렸다.
성 캐더린 수도원(4세기 초 이집트의 막사이스누스 황제가 기독교 박해가 심해 귀족 가문에서 태어난 캐더린이 예수님을 받아들이면서 세례를 받고 황제의 우상숭배를 비난하자 캐더린은 고문을 받고 순교하였다.
사건이후 시내산 수도원이 성 캐더린 수도원으로 바뀌게 되었다 한다.
3세기 중엽 수도사들이 찾기 시작했고 AD330년에 헬레나 모후가 불붙는 떨기나무 자리에 성모 마리아에게 헌납하는 교회를 짓게 되고 반도 높은 곳으로 옮겨졌다.
이 수도원은 1400년 동안 하루도 거르지 않고 수도사들이 하루에 두 번씩 예배를 드린다고 한다)

2시 20분 – 시내산(모세가 십계명을 받았다는 순례의 땅 시나이 반도 무인지경의 사막 지형이다.)
넓이 6100km^2 이 광활한 땅에서는 생명이 살기도 쉽지 않다.
이스라엘인들의 광야생활 40년의 무대로 모세가 십계명을 받은 약속의 땅인 시나이반도인 이곳 2시 20분 등정이 시작되어 구자억, 유춘원, 문광숙, 이해석은 걸어서 강행군. 4명은 중턱상부에 3시 55분, 엘리야 우물 4시 40분에 시내산상봉 도착(2시간 20분 소요) 김순향, 김형태, 추미자, 이용순, 송의석, 김석봉, 정우철, 이강심 9명은 낙타를 타고 도보 합류하여 상봉에 모세기념교회에서 기도도 하고 마치 이곳에 온 것을 환영이라도 하듯 아름다운 새가 날아와서 나의 손 옆에 함께 사진을 찍기도 하였으며 2,285m정상인 이곳에서 보이는 사방은 거대한 돌산의 보임만이 신기하며 모세가 십계명을 받았듯이 생의 메시지를 안고 어두워지면 위험할까 서둘러 하산했다.
저녁이 어두워져 준비하였던 후레쉬 야간조명을 밝히며 조심스럽게 하산하니 오후 6시 40분(왕복 4시간 20분 소요)이었다. 캐더린 수도원에 내려와서 하늘을 쳐다보니 공해가 없는 청청 하늘에 반짝이는 별들이 어찌나 많은지 순례객 모두는 환성을 터트리며 옛날 어릴적 시골서 마당에 멍석위에 누워서 별을 보던 수십 년 만에 생각이 떠오른다.
숙소인 호텔로 왔으나 시설도 빈약하고 방문 시건장치도 되지 않고 추워서 잠도 못자고 새벽 2시에 출발하여야 다음 일정대로 가기 때문이었다.

ST.CATHERINE VILLAGE HOTEL에서 묵었다.

⑥ 순례 여섯째 날

2시 20분 – 숙소에서 2월 20일 새벽 출발하여 밤에 2시간 오는 동안 검문소를 3군데 통과하고 이곳 4번째 샤멜세이크(세계적 휴양지) 관광버스에는 이집트 경찰 현지인 가이드 우리나라 반성욱 안내집사(10년 이상 이집트 거주하며 안내)와 동승하였으나 검문소에서는 통과를 시키지 아니한다. 우리는 남은 일정이 바빠서 새벽에 나왔는데 좀처럼 통과가 안 된다. 얼마 전 납치사고 지역이라 위험도 때문에 안전을 위해서 기다리는 수밖에 없었다.
35분 지체 후 검문소 경찰은 경찰차로 호위하며 20분 동안 경호하고 돌아가 주니 고마웠다.

6시 30분 – 홍해바다가 다시 보이며 날이 밝으니 마음이 놓인다.

8시 50분 – 마라지역(쓴물이 단물로 바뀐 우물) 사막에 있는 마라의 샘으로 이스라엘 백성이 사흘 만에 찾았으나 쓴 우물이었던 곳으로 베드미족 어린아이들이 1달러를 달라며 요청한다.
우리 일행은 아침도시락 남은 것과 과자류를 나누어 주었다.

9시 30분 – 스웨즈 운하(스웨즈 운하는 홍해끝=아시아 대륙과 지중해=아프리카 대륙을 연결하는 운하는 1867년 건설된 유럽권과 아시아권의 최단거리로 연결한 길이 160km, 폭200-300m, 수심22m 정도이며 정치, 경제, 군사적으로 막대한 영향을 미치고 있으며, 대형 탱커 및 유조선과 같은 외항선이 대형화함에 따라 수에즈운하와 같이 수문을 가지지 않는 수평운하(水平運河)에서는 수로너비 확대와 수심을 깊게 하기 위하여 준설이 필요함). 스웨즈 운하를 건너기 전에는 넓은 지역을 개발 중에 있어 수로형식으로 물과 양질토 공사 중에 있으며 몇 년 후면 좋아지리라 생각되며 스웨즈 운하 지하도를 가려니 일방통행로로 통행제한을 하여 반대쪽 차가 다 온 다음 우리는 9시 40분 통과하여 건너오니 이곳은 많이 개발되어 있었다.

10시 40분 – 카이로에 진입(시내로 들어오면서 오래된 도시규모 집을 짓다만 철근이 노출되어 있는데 이것은 아랍권에서 다부양 가족 제도로 자녀가 결혼하여 부양가족이 생기면 다른 곳으로 집을 사주지 아니하고 집을 짓다만 철근에 연결 2층 또는 3층, 4층 집을 증축하여 지으므로 수년 동안 미완공 상태로 놓아두면 준공상태가 아니므로 세금도 내지 않는다 하며 2천만 명이 사는 수도 카이로에 도로 횡단보도도 없고 시내버스 정류장도 정해진 곳이 없어 아무데나 승·하차와 도로 횡단보도 하므로 무질서하고 또한 전 무바라크 대통령이 오랜 통치하다 시민들의 데모로 물러나 통수권자가 없으니 무질서한 상태였다.)

2월 20일 1시 10분 – 모세 기념관 교회 아기예수 피난교회(카이로 시내 옛 바벨론 이곳은 모세를 애굽땅에서 갈 대아에서 구하여 기념한 곳이며 주전 600년 전 에레미아 설교하던 곳 헤롯왕 유아학살을 피하여 아기예수님이 피신하여 3개월 사시던 곳을 기념하여 지어놓은 것을 4세기 7세기 보수하여 오랜 유적으로 있으며 여러 나라 외국 순례객도 와 있었다.)

2시 5분 – 피라미드(가자지구로 이동하여 책에서만 공부하였던 피라미드를 직접 보니 감회가 있으며 규모가 대단하였다. 4500년 전 10만 명이 3개월 동안 교대로 20년 600만 톤＜돌 1개 1.5톤부터 15톤이 되는 큰 석재를 원거리 운반 만들었다는＞ 왼쪽에 쿠프왕은 높이146m＜현재높이 137m＞, 오른쪽 카프레왕은＜현재높이 136m＞ 빗길이 216m로 상상 초월인 146/3=아파트 48층 높이를 수천 년 전 원거리에서 운반하여 쌓았을까 공학적으로도 생각하여 본다.)
스핑크스(스핑크스는 피라미드 카프레왕 정면 인근에 있으며 높이가 20m이고 길이가 73m이며 얼굴넓이가 4m로 웅장하였다).
나일 강(이집트의 나일 강은 일 년 강수량이 25mm정도로 적은 곳이지만 고대이집트의 문명 발상지이다.)
적도 남쪽 루웬조리 산 시작으로 아프리카 동부까지 길이 6,690km로 세계에서 제일 긴 강이다.
고대 이집트 유물을 보고 여행 일정 때문에 우리 일행은 어제 새벽 2시에 출발하여 검문소를 6곳 통과하며 경찰여권조사 중간에도 경찰차 호위도 하여 가며 강행군 오늘 주어진 시간 내에 여러 곳을 다니었지만 피곤함도 없었으며 아침점심을 여행버스에서 하다 저녁은 한식으로 오랜만에 맛있게 먹었다.

숙소인 GRAND PYRAMID HOTEL 오니 정원과 수영장 조경 실내시설이 잘 되어 있었다.

⑦ 순례 일곱째 날

2012년 2월 21일 7시 - 숙소를 출발하여 시내를 들어서니 아침 이른 시간인데도 교통체증이 있으며 20년, 30년 된 오래된 차 등 각종 다양한 차들이 있으며 공동묘지 있는 곳 구조물로 지어 분양을 받으면 지하는 시체실 지상은 사람이 살기도 하여 이곳 공동묘지에서 생활하는 시민이 10만 명이나 되고 마을장도 서고 우리나라와는 다른 생활습관이다.
카이로 대학을 지나고 동굴교회(기독교는 상실)을 지나며 사원 고건축물은 많은데 보통 800년 정도 된다한다.

8시 – 카이로 국제공항 도착 출국수속하고 10시 15분에 탑승

10시 40분 – 카이로 국제공항 KE954편으로 이륙하여 고도 7,080~10,058m, 속도 711~961km/h, 거리 3,580km에 우즈베키스탄으로 가고 있으며

11시(지중해상공 – 바다위 하얀 뭉게구름 참으로 아름답다), 트리폴리앞 11시 30분(이란 하마상공 – 산맥과 푸른 숲 지역적 마을), 11시 50분(가지안테프),

12시(엘리지 – 고산지대 흰 눈이 많이 쌓임)

12시 25분(에르주름 예례빈 – 큰 산맥 눈 절경 아름다움 기내중식), 1시 (바쿠), 1시30분(카스피 해), 2시30분(부하라 - 평야지역), 3시=현지시간 6시 4분

(우즈벡키스탄 타스켄트 공항착륙 – 공항 입국 심사 후 1시간 30분 공항 내 관광)

오후 4시 55분(공항 입국수속 정밀하게 조사하였고 우즈베키스탄인 많은 근로자들이 우리나라로 입국하며 우리나라 어려울 때 중동 인력수출 생각이 난다).
이륙하여 인천공항 4,848km를 향해 출발하며 17시 30분(나망간), 18시 50분(우루무치), 20시 30분(바오다우), 21시 20분(칼가), 21시 30분(베이징), 22시 10분(다롄상공).
5시간 44분 소요 인천공항에 착륙하여 8박9일간에 일정을 하나님 인도하심 따라 무사히 마치고 귀국하니 2월 22일(수) 우리나라 아침시간 6시 15분이었으며 여행가방 훼손으로 대한항공에서 신품으로 교환받았다.
공항에 대기시켜 놓았던 차로 덕소에 와서 아침식사를 하고 성지순례 귀국 감사 기도를 마치고 귀가하였다.

*성지순례를 마치고 나는 현지에서 실제로 보고 온 것을 상기하며 예수님의 말씀과 성경말씀 하나님의 뜻대로 지내야하겠다고 각오하며 3개국 이스라엘 요르단 이집트 방문하며 몇 시간씩 가도 식물이 자라기 힘든 모래 광야 황무지 사막들을 보니 우리나라 금수강산이 하나님의 축복임을 더욱 생각하게 됩니다.

▶ 오랜 우정의 재회 (2012.03.25)

1964년 어려웠던 시절 국립소년직업훈련소 기숙사에서 함께 1년 동안 기거하며 공부하고 졸업 후 각자의 삶에서 열심히 일하다 2012년 3월 25일 오늘 47년 만에 함께 만나니 감회가 깊다.

2009년 11월 27일 강원도 인제 국방부 현장을 감리하면서 고성군청에 수소문하여 김명식을 찾아서 2010년 1월 8일 강원대학교 도서실에서 45년 만에 만나 눈물어린 우정의 만남으로 과거를 회상하였다.
어린 시절 18세 때 함께 공부를 하였는데 60대 중반이 되어 회동하니 시간은 참으로 빨리 지나갔다.

다른 친구들과는 자주 만나며 2012년 3월 24일 덕소 우리 집에서 정연균(멀리 미국에서 3년 만에 귀국), 정동기(경기 여주), 손영만(충청도 예산), 이장용(경기 안산), 배경남(전라도 목포), 송향례, (고)이성조 서울서 원거리 각지에서 생활하다 하루 1박하며 대화 중 25일 이장용, 손영만은 회사일 바쁜 관계로 출근하고 정동기 부부, 배경남, 정영균, 송의석은 차량 편으로 송향례, 구자억은 경춘 전철로 춘천역 대합실에서 만나 대합실을 나오니 김명식이 와서 기다린다.

나를 만나고 47년 만에 내가 인사를 시키는 감격의 만남으로 지난날을 돌이켜 보며 즐거운 날이었다.

명식이 딸이 차로 마중을 나와 차 2대로 춘천시 동면 지내리 2-30 횟집으로 이동하며 중식을 하였다.
명식(졸업 후 강원도 공무원 채용, 열심히 근무하여 상사의 신임을 받고 동서지간 되고 아들은 교육청 공무원 손주와 딸은 초등학교 다니는 외손자를 보았고 서기관으로 부군수까지 지내고 보람된 가정), 정영균(준위로써 만기전역 도미 1남1녀), 정동기(소방공무원 재직 후 전기회사 1남1녀), 배경남(아파트 관리소장 3남=자녀박사), 송향례(보사부 정년퇴임 1남1녀=아들며느리 의사), 구자억(국방부 조달본부=현방위사업청 30년 근속 후 감리회사 근무 1남 2녀) 이곳에 참여한 분들은 열심히 노력하고 최선을 다하여 보람된 삶을 살고 있으며 검은머리(18세)에서 흰머리(60대 후반) 만남으로 아들, 딸, 손자, 손녀를 둔 인생의 보람으로 오늘의 재회는 더욱 의미가 있으며 남은 여생 건강히 가정 잘 부양하고 믿음의 가정으로 행복한 앞날을 기원했다.

> "모든 지킬 만한 것 중에 더욱 네 마음을 지키라 생명의 근원이 이에서 남이니라" (잠언 4장 23절)

위대한 국민의 지도자 링컨 (2012.05.03)

링컨의 생애를 보며 그는 백악관을 기도실로 만들며 훌륭한 대통령으로 게티버그 연설문에 그 유명한 "국민의, 국민의 의한, 국민을 위한 정부" 명언을 하였다.

1809년 켄터키주 통나무집에서 태어난 링컨은 나무와 숲이 울창한 시골마을 숲속의 사슴, 곰, 다람쥐, 너구리, 토끼들과 벗하며 어린 시절을 보냈으며 집은 가난했지만 정직하고 성실한 아버지와 인자하고 신앙심이 깊은 어머님 밑에서 농사일을 도우며 지냈으며 초등학교를 9개월 밖에 다니지 못하였지만 독학으로 공부하며 낮에는 일하고 밤에는 책과 씨름하는 주경야독의 생활을 할 수 밖에는 없었다.

독서 습관은 지적 성장을 가능케 했고 결국 그를 창조적 리더가 되도록 이끌었다.
(주의 말씀은 내발의 등이요 내 길에 빛이니이다 시편 119편 105장 / 주의 말씀을 조용히 읊조리려고 내가 새벽녘에 눈을 떴나이다 시편 119편 148절).

링컨의 직업은 농부, 뱃사공, 막노동꾼, 장사꾼(점원), 군인(민병대장), 우체국(국장), 측량사, 변호사, 주의원, 하원의원, 대통령, 여러 직업에서 두 번에 사업에서 실패하여 빚을 갚는데 17년 세월과 선거에서 일곱 번이나 낙선, 7전 8기로 끝까지 포기하지 않았기에 역사상 가장 위대한 인물이 되었다.

> "우리가 알거니와 하나님을 사랑하는 자 곧 그의 뜻대로 부르심을 입은 자들에게는 모든 것이 합력하여 선을 이루느니라" (로마서 8장 28절)

건설기술원 감리교육 (2012.06.11)

5월 21일 ~ 6월 9일 건설기술원 강남분원에서 57명이 21기로 09시~17시30분 새로운 교육을 3년마다 받는 정기교육을 우리 회사에서 수석감리사로 혼자 교육을 왔으며 나는 나이가 가장 많으며 젊은 사람들보다 열심히 하려고 각오를 한다. 첫 시간 입교순서 대로 자유롭게 자리에 앉아서 교육을 받다가 옆자리 젊은 교육생은 젊은이끼리 자리를 옮기니 흰머리가 많은 나는 노년층임을 실감이 나며 서운하기도 하다.

좌측 옆에 좌석에는 오제택씨 그는 이곳에서 교수신분으로 강의를 하던 분이 나이가 많으니 후배에게 인계되고 이제는 회사에 입사되어 교육을 받는 입장이 되어 세월의 흐름을 실감하게 한다.

1) 한중 서중 콘크리트 공법.

⊙ **친환경 건설기술** - 최근 전 세계적으로 지구 온난화에 따른 이상기후 현상이 심화되고 있으며, 기후 변화가 인류 생존을 위협할 수 있다고 경고하는 등 더 이상 지구 온난화 문제는 미래의 문제가 아닌 지금 우리가 당면한 매우 중요한 문제로 인식되고 있다. 지구의 대기는 대부분 수증기 80%

이산화탄소(CO_2) 및 SO_2를 포함한 온실가스로 구성되어 있다.
전세계 이산화 배출은 289억6200만 톤으로 1위 미국(65%), 2위 중국, 3위 러시아, 4위 일본, 5위 인도, 6위 독일, 7위 영국, 8위 캐나다, 9위 한국(4억 8870만 톤으로 1.68%) 배출한다.

⊙ 지구 온난화에 의한 환경 변화 현상

- 열에너지 복사열로 지구기온 상승. 지난 255년간 온실효과로 지구 평균 기온 0.8도 상승 2도 이상 상승 시 지구 대재앙 초래.
- 빙산의 녹음 (2003년 현재 알프스 빙하의 10% 감소).
- 강하구 지형침하 및 퇴적층 상승.
- 프레온 가스로 오존층 파괴.
- 이산화탄소 축척 42년 만에 최고치(산업혁명 당시보다 34% 상승)

2) 역타(Top-Down)공법에 적용되는

⊙ **순타공법** - 어떤 방식이든지 반력을 형성시키면서 목표하는 지점까지 굴착 공사를 완료 후 기초나 MAT부터 구조체 형성, 하부에서 상부로 1층 floor까지 골조를 축조하여 지하 구조체를 완성시키는 공법.

⊙ **역타공법** - 흙막이벽체 시공, RCD or PRD천공+제자리 콘크리트 파일 축조 후 본골조 철골 기둥을 근입한다. 콘크리트 양생 후 1차 굴착 후 지상 1층 영구 구조체를 반복하여 시행하여 최후의 기초나 MAT를 축조함으로서 골조를 상부에서 하부로 거꾸로 축조하는 공법.

⊙ **ESD공법개요** - 재래식의 철골조 Top-Down공법을 개선 흙막이 주위에 설치되는 RC테두리보 설치 공정이 삭제되고 또한 conter pile과 철골 girder 와의 접합부로 부분 힌지 접합을 적용하여 시공성 및 경제성이 더욱 개선된 공법.
우리나라 현재시공중인 롯데는 123층(550m)로 지하6층이다.

* 2011년말 통계에 따르면 외국인 100만명
- 국제결혼 외국인 며느리 20만명(이제는 단일민족이 아니고 다민족).
- 외국연수생 15만명.
- 유학생, 외교관가족, 미군가족, 무역 금융업 65만명.

3) 태양광과 풍력 신재생 에너지 활용기술

1) 태양광 발전

- 태양광을 지접 전기 에너지로 변환시키는 기술.
- 반도체가 태양 빛을 받으며 발생하는 광 기전력 효과에 의하여 전기를 발생하는 태양전지를 이용한 발전방식

2) 풍력발전

- 바람의 운동에너지 → 풍차날개 → 동력전달장치 → 발전기 → 변전소 /소비자

⊙ 지구온난화 의한 기후영향 ~ 산업혁명 이후 화석연료 사용의 증가로 대기 중 온실가스 농도가 증가하여 지구의 평균 기온상승.

- 지난 100년간 세계 기온이 074도 상승 하였으며 우리나라 6대 도시평균기온이 1.7도 상승.
- 지난 100년간 우리나라 6대 도시 강수량 19%증가.

⊙ 지구온난화 의한 환경재앙 – 폭염. 가뭄. 홍수. 폭설 등 이상 기후현상의 증가로 생태계. 산업. 경제 및 생활전반에 광범위한 영향.

- 03년 유럽 폭염으로 약 3만5천명 인명피해
- 05년 허리케인 키트리니 피해액 11조원 발생

⊙ 지구온난화 의한 환경영향

구 분	영 향
지구의 평균기온 2 ℃ 상승	- 전세계의 동식물 15~40%멸종 - 한국의 경우 소나무 30% 멸종 - 한반도 전체의 1.2%인 2,643km²가 물에 침수
지구의 평균기온 3~4℃ 상승	약2억명이상의 이주가 필요
지구의 평균기온 6.4℃ 상승 (금세기말)	- 북극 빙하 소멸 폭염과 집중호우 - 태풍 허리케인 등 피해예상 - 20년 안에 아시아 농작지 30%가 사막화 - 25년 안에 식수 30% 감소 - 2050년에 20억명 이상이 물 부족 상태 직면

⊙ **지구온난화 영향**

– 해수면 상승(진도 모세의 기적 1987년 40분 50분, 2007년 30분 해상 분리하여 육로가 생김)

4) 건설기술자의 경쟁력강화방안

우리나라는 과거 국치스러운 임진왜란 1592년 30만의 왜침으로 7년 동안 1,300만 명 인구 중 아군 30만을 포함한 200만 명 희생과 병자호란 1636년 청나라 10만 명 침입 60만 명의 희생과 붙들려감. 1910년 합일합방으로 36년의 식민지 생활 많은 치욕적 생활 문화재 손실만도 30만 점이나 된다며 건설인 기술자 열심히 하여야 한다.

⊙ **관리자의 3대책무**

1. 부하 육성의 관한책무
2. 실적에 대한 책무
3. 업무나 조직에 변혁, 혁신에 관한 책무

⊙ **관리자에게 필요한 능력**

1. 기술적 능력(Technical Skill)
2. 대인관계 능력(Communication Skill)

3. 개념화 능력(Conceptual Skill)

⊙ 성공하는 사람의 5가지 공통점

1. 적극적으로 변화하고자 한다.
2. 배움에 열정적이다.
3. 수동적인 삶을 살지 않는다.
4. 솔직하다.
5. 모든 것을 적극적으로 표현한다.

⊙ 일곱 가지의 건강한 습관

1. 담배를 피우지 않는다 .
2. 술을 적당히 마시거나 전혀 마시지 않는다.
3. 정기적으로 힘있게 운동을 한다.
4. 적정 체중을 유지한다.
5. 하루에 7~8시간 잠을 잔다.
6. 매일 아침식사는 거르지 않는다.
7. 불필요한 간식을 먹지 않는다.

⊙ 부부의 10계명

1. 진실하라.
2. 노력하라.
3. 관심을 가져라.
4. 센스를 개발하라.
5. 대화를 하라.
6. 표현을 하라.
7. 잔정을 쌓아라.
8. 매너를 중시하라.
9. 주도권 게임을 하지마라.
10. 사랑이라는 이유로 상대방을 피곤하게 하지 마라.

5) 건설감리실무와혁신전략(05.23)

⊙ 21세기 건설 Key Word

1. 윤리(Ethics)/CSR.
2. Green과 지속 가능 경영.
3. 인적자원의 변화.
4. 급속한 기술변화.
5. 조직의 다변화.
6. 생산성과 안정.
7. 사업조달방식 다양화

⊙ 건설Paradigm Shift

통합(Integration) – 폐기/운영/시공.감리/인.허가/설계/재원조달/계획수립/타당성 검토/사업발굴.

⊙ 성공하는 사람에게는 3V가 있다

1. 확고한 지기목표(Vision)　　2. 모험성(Venture)
3. 활력(Vitality)

⊙ 성공하는 사람의 7가지 습관

1. 주도적이 되라.　　2. 목표를 확립하고 행동하라.
3. 소중한 것부터 먼저 하라.
4. 상호이익을 추구하라.　5. 경청한 다음에 이해시켜라.
6. 시너지를 활용하라
7. 심신을 단련하라.

1.2.3(습관은 개인의 승리)　4.5.6(대인관계 승리)

⊙ 목표 설정 방법론 "S.M.A.R.T"

1. 모호한 계획이 나 목표가 아니고 구체적(Secfic).
2. 목표결과가 측정가능(Measurable).
3. 현실과 동떨어진 것이 아닌 업무 할당 가능(Assignable).
4. 목표 실현이 현실적(Realistic).
5. 마감시한이 설정되어 구체적 기간내 완료(Time-related).

⊙ 회의에서 효과적인 Speech

1. 타인의 의견경청, 발언을 독점 삼가.
2. 상대의견을 부정하거나 비판 시 우회적 표현사용.
3. 타인이 제안한 의제의 가능성을 인정 칭찬.

⊙ 대중 앞에서 연설 잘하는 기술

첫인상-최초 3분 법칙기억.

공간이동-모두에게 고른 시선과 말을 거는 기분.

서있는 자세-자신감 있는, 올바른자세.
손처리-동작을 크게, 벨트선 위로 적극 활용

6) 공정관리실무

세계에서 가장 높은 두바이 부르즈 칼라파(Burj Khalifa) 빌딩은 162층(828m)에 5년 공사, 2010년 준공 건물과 2번째 높은 타이베이 101빌딩 528m 2003년 준공된 건물임

⊙ 공정관리와 CPM 이해

〈공정계획과 관리순서_

현장 기본방침의 책정 – 전체공정계획 – 상세공정계획 – 품질확보/안전계획 – 일상 관리계획

⊙ 공정표 종류

- 마일스톤 공정표-발주자와 시공자 사이에 전체적인 공정관리를 모니터링하기 위하여 건설공사의 주공정선상에서 공기의 결정에 지대한 영향을 미치는 가장 중요한 작업들로 구성된 공정표.
- 마스터 공정표-마일스톤 공정표를 기준으로 하여 상세 공정표를 요약한 공정표.
- 요약 공정표-상세 공정을 압축하여 간단하게 공정계획을 파악할수 있도록 한 공정표.
- 상세 공정표-작업반에 할당될 일간 작업계획을 바탕으로 작성된 세부 공정표.
- 구매공정표-자재 및 장비의 청구, 구입, 현장인도 등과 같은 구매 프로세스의 일정을 정의한 공정계획표.
- 복합공사 공정표-동일한 자원 풀을 사용하여 몇 개의 다른 건설공사의 공정계획을 표시한 공정표.

7) 지식재산권

1. 산업적, 과학적, 문화적 및 예술적 분야에 있어서 인간의 지적 활동으로부터 발생하는 모든 권리.
2. 일반적인 재산권처럼 소유, 사용, 수익, 처분권한을 가짐.
3. 산업재산권, 저작권, 신지식재산권 등을 통칭하는 개념.
4. 지적 재산권/지적소유권/무형재산권/무체재산권.

⊙ 지식재산권의 가치

상 품	산 출 근 거	g당 단가
소 주	3000원/1병(350g)	8원
승용차	2천만원/1대(1톤)	20원
소고기	20,000/600g (1근)	33원
항공기	3억달러/1대(100톤)	3,000원
순 금	127,000/3.75g	34,000원

8) 건설감리 제도 방안

⊙ 건설감리의 도입배경

1. 1960년대 이전 – 건설공사 수행시 감리 영역을 설계업무에 부수적인 역할로 간주.
2. 1984년 건설공사 시공감리 규정 개정 1987년 건설기술관리법 제정.
3. 1990년 시공감리제도도입
   * 서울한강성수대교 붕괴사고 - 1994년 10월 21일 07시 40분 교각 10번과 11번 1구간 48m붕괴로 차량 6대가 한강추락 사망 32명 중경상 17명
   * 서울강남 삼풍백화점 붕괴사고 - 1995년 6월 29일 오후 A동 5층 식당부 바닥이 가라앉으면서 전단파괴로 한순간 붕괴하여 사망 501명 부상자 932명
4. 시설물 붕괴사고 방지를 위한 책임감리 제도 도입(2009년부터 200억 이상 모든 현장)

9) 기초공의 실무(6월 7일)

지구의 반지름은 6,370km, 외력이 1,130km, 내력이 2,400km로 지각층40km, 지반40m에서 기초공사가 이루어지고 있다.

⊙ **기초** – 확대기초 전면기초 말뚝기초 피어기초 케이슨기초

⊙ **국내 최대 도결심도(동절기 12월~3월)**

평창, 홍천 : 120cm 인제, 양구, 횡성 : 90-120cm 이상
영천, 철원, 제천, 영월 : 70-90cm
수도권 충북, 전북, 경북 : 30-60cm 경남지역 : 0-30cm
전남지역 : 0-10cm

⊙ **암의종류**

1. 화성암(35%)~화강암/ 섬록암/현무암/안산암
2. 퇴적암(23%)~역암/사암/석회암
3. 변성암(42%)~대리석/화강평마암/운모/이암

⊙ **흙이란~삼상구조로서 불연속체이다**

자갈100m/m 모래4.75m/m이하 #4 1인치가로세로 4등분=16개체
실트0.075m/m 이하 점토0.005m/m 이하

10) 부동산 트래드변화와 유형별 개발사례 및 자산관리

⊙ **년도별 인구 및 가구구조 변화**

가구구성변화 : 핵가족화 / 1-2인 가구비중 : 48% / 주거비중 : 아파트 60%

구 분	2000년	2010년	2020년	2030년
총인구(만명	4,701	4,887	4,933	4,863
가구(만가구)	1,451	1,715	1,901	1,987
가구원수(명)	3.2	2.8	2.6	2.4
소형가구(만가구)	405	608	747	883
소형가구비중(%)	27.9	35.4	39.3	44.4

⊙ 설비기 및 마감재 수명(수선)

공 종	수선항목	최소 년수	최대 연수	평균 연수	표준 편차
전기설비	옥내배선	20	30	25	3.5
급배수	옥내급수관	12	30	20.7	3.7
외 장	모르터 바름	9	25	19.6	4.9
옥상(슬라브)방수	시트방수	13	20	17.7	4

건설산업기본법 제40조1항에 따라 건설현장에 배치되거나 발주청이 발주하는 설계 등 용역사업으로서 용역사업비가 제48조에 따른 고시금액 이상인 용역사업 법22조 따라 발주청이 위탁하는 건설사업의 용역의 책임기술자분야별 건설공사, 설계용역 건설사업관리 용역 수행에 나는 토목 기술자 수석감리사로서 3년마다 교육을 받는 것이다.

우리 가정의 국방의무

사람의 앉고 섬을 아시는 주님이시여! 어리석은 자의 생활을 돌보아 주심을 감사하나이다. 승진은 노력의 대가이거나 뜻 밖에 얻은 행운이 아니라 하나님의 은총이오니 나로 하여금 교만하지 않게 하여 주시고 맡은 일에 충성케 하시옵소서. 윗사람을 단 마음으로 섬기게 하시고, 아랫사람을 사랑으로 거느리게 하사 맡은바 본분에 충실히 다하게 하옵소서.

자억은 1966년 3월 30일 20세에 국방의 의무를 수행하고자 기술행정병으로 자원입대하여, 4월 9일 논산훈련소 29연대 16중대 훈련을 마치고, 6월 4일 이등병(군번11588385) 111대대 전입 8월 1일, 상병진급(봉급 410원), 68년 1월 1일 병장진급(봉급460원), 69년 3월 22일 3년간에 복무를 마치고 만기 전역 후 69년 7급으로 공채되어 98년 30년간 공직생활 사무관으로 퇴직하였다.

본홍이는 대학교 졸업 후 2000년 4월 6일 3사관학교에 입교하여 교육을 마치고 7월 1일 국방부장관으로 소위임관사령장(군번00-14268)임관되어 나와 아내는 학교에 가서 축하해 주었다. 육군훈련소로 근무지를 명을 받아 소대장과 교관의 직무수행. 2012년 9월 27일 예비역 육군소령에 임함(국방부 장관)임관12년5개월 만에 국가로부터 소령에 부여받음으로 축하하여 준다.

> "부지런한 자의 경영은 풍부함에 이를 것이나 조급한 자는 궁핍함에 이를 따름이니라" (잠언 21장 5절)"

▶ 문화체험

양평군 양서농협협동조합 본점 국수 서종 조합원 2,761명 중 원로조합원 456명은 문화체험 계획의 일환으로 4차까지 376명이 다녀왔고 마지막 5차 80명(전제456명)은 10월 9일 9시 30분 관광버스 3대에 승차하여 양수리를 출발하여 문화체험이 시작되어 11시 운현궁 창덕궁(돈화문, 인정전, 선정전, 희정당, 대조전, 성정각, 궐내각사, 구선원전, 낙선재, 부용지, 애련지, 연경당, 존덕정, 옥류천, 신전원전) 성균관 청와대 칠궁을 관람하였다.

일행 중에는 양서고등학교 어경찬 이사장, 50년대 양서초등학교 1학년 때같이 다녔던 박운걸, 강진구 등 친한 친구가 동행하여 옛이야기를 하며 사진도 촬영하며 어렸을 때 구경하였던 것을 상기하며 보람된 하루였다.

⊙ **창덕궁** – 태종 때 건립된 조선왕조의 왕궁으로 임금들이 창덕궁에 거주하면서 창덕궁은 경복궁이 재건될 때까지 270여 년 동안 법궁으로 사용되었다.
1405년(태종6) 창덕궁 창건. 1463년(세조9) 세조, 후원을 확대 조성함.
1592년(선조25) 임진왜란으로 소실됨. 1610년(광해2) 선정전, 희정당, 대조전 재건.

1636년(인조14) 옥류천 정원 조성. 1704년(숙종30) 서원지역에 대보단 건설. 1776년(정조) 규장각과 주합루 조성. 1921년 후원에 신 선원전 건립. 1991년 각종 복원공사가 시작됨. 1997년 세계문화유산으로 등재.

- 돈화문 – 창덕궁의 정문인 돈화문은 1412년(태종12)에 건립되었다. 창건 당시 창덕궁 앞에는 종묘가 자리 잡고 있어 궁의 진입로를 궁궐의 서쪽으로 세웠다. 왕의 행차와 같은 의례가 있을 때 출입문으로 사용했으며 돈화문 2층 누각에는 종과 북을 매달아 통행금지 시간에는 종을 울리고 해제 시간에는 북을 쳤다고 한다.
- 인정전 – 인정전은 창덕궁의 정전(政殿)으로서 왕의 즉위식, 신하들의 하례, 외국 사신의 접견 등 중요한 국가적 의식을 치르던 곳이다.

⊙ **청와대** – 대통령의 집무 및 생활공간으로 윤보선 대통령 때 처음으로 사용됨. 조선시대(1392년-1910년) 왕의 정궁으로 사용된 경복궁과 인접. 당시 현재의 자리를 경무대로 호칭.
홍보관(영상물 시청) - 녹지원(아름다운 정원 야외행사) - 구관본터(경무대 터로 1993년 철거하였고 표석을 설치하여 놓았으며 700년 된 주목이 있음)

▶ 축복의 날 (2012.11.8)

2012.11.4일 대한예수교장로회 덕소교회에서 사랑스러운 사위 윤성빈이 등록을 하였으며 손자 윤동선(제408호), 윤동준(제409호)가 유아세례를 받아 축복기도를 받으며 하나님의 생명록에 기록되므로 축복된 날이며 손자들(박시언, 윤동선, 박주언, 윤동준, 구성모) 5명 모두 유아세례를 받아 기쁜 날이며 하나님의 말씀 가운데 영적으로 바로 성장하여 훌륭한 후손들이 되기를 기도하고 우리가족 형제, 자녀, 사위, 손자 모두 신앙생활 잘하여 축복된 앞날을 기원한다.

5일 아내와 사위, 미선, 동선, 동준은 직장에 휴가를 내고 제주도 여행을 출발하여 김포공항에서 아시아나 OZ8939편으로 15시 50분 이륙하여 구름상공 4,200m 비행하니 온천지가 뭉게구름 참으로 아름다웠다. 목포상공을 지나 제주인근 푸른 바다에 작은 배가 보이더니 50분 후 16시 40분 착륙을 한다. 렌터카로 해비치(Haevichi hotel) 1365호실 투숙하고 석식도 해산물로 맛있게 먹고 휴식을 한다.

6일 호텔식당에서 부패조식을 하고 천연기념물 제263호 화구관람(엄청난 불기운이 터져 나왔던 "태곳적 신비"를 간직한 곳으로 세계유일의 평지분화구)

- 산굼부리는 새들의 합창으로 찬란한 아침을 열고, 구름이 쉬다가고, 태고의 숨구멍에서 바람이 일고 그 숨소리 따라 햇살 좋은 들녘의 들꽃 은백색의 억새물결 아름다운 곳이다.

- 신비의 도로(차를 멈춘 곳에서 전방으로 위로 경사져 있는데 차가 앞으로 갔다. 다시 차를 돌려서 이번에는 앞 전면이 하향 경사지이다. 일반도로에서는 분명이 앞으로 가야 하는데 차는 후진으로 간다. 자연의 이치 참으로 신비하다)

- 여미지식물원(30,000여 평에 1,000여 종의 난대 및 온대 식물로 구성 한국정원, 일본정원, 제주자생식물원, 프랑스정원, 이태리정원, 베지터블정원, 전망대에서 보니 중문 관광단지, 한라산, 가파도, 마라도 등 바다의 아름다운 전경을 볼 수가 있다.
  - 꽃의 정원(크로톤, 베고니아, 푸르메리아, 익소라, 말바비스케스 등 300여 종 이상의 꽃과 분수와 연못 꽃터널이 있다.)
  - 물의 정원(삼각야자, 아라우카리와 기름야자, 시퍼루스 분수 열대 및 아열대 지방의 황혼한 수련들 물속에 사는 식물들로 조성된 작은 폭포가 있는 꿈의 정원)
  - 선인장 정원(호주비오밤나무, 알로에소말리엔 시스, 백성룡, 귀면각, 불

사조, 앵기린, 선녀나무, 제금 귀면각, 금초, 용신목, 황응, 덕구리난, 무자금호, 대환분 이국정원)

- 열대정원(판다누스, 뱅갈고무나무, 공작야자, 관음죽, 세플레라, 파키라 브리세다, 몬스레라, 박쥐란=박쥐모양 인도고무나무, 흑판수, 켄티아야자 등으로 아마존이나 아프리카 열대림 벌레나 곤충을 잡아먹는 식충식물들을 보여주는 정원)
- 열대과수원(흑판수, 제륜도, 아보카도 촛불나무, 반입종레몬, 불수감, 카람볼라, 코코넛야자, 슈이솝, 파파야, 홍파초망고, 바나나, 열대 아열대 과일나무)

- 천제연폭포(중문단지 상중하3단의 폭포 높이22m로 선녀들이 밤에 내려와 목욕한데서 유래로 주위에 울창한 수목과 계곡이 아름다웠다)

- 한라산 1,100고지 휴게소(고지 습지에는 약 58개의 작은 섬이 형성되어 있는데 공통적으로 솔비나무 아그배나무, 꽝꽝나무, 쥐똥나무, 팥배나무 등 22종이 자라고 있으며 곤충 56과 146종이 서식하고 있다)

- 테디베어뮤지엄(타임머신을 타고 미래에서 온 테디베어 마티와 함께 100여전 생생한 역사현장, 청소년 어린이와 함께 색다른 묘미제공)

- 아쿠아플라렛 관람(중국인, 일본인 등 많은 관광객이 입장. 외국인 출연 수중발레 이어 물개 쇼가 있었고 이어 수족관에 지상, 지하 1-2층 규모가 잘되어 있으며 일부 수족관 규모가 수조두께가 아크릴 622mm, 길이 23m, 높이 8.5m인 수조안 물이 5,000톤 규모로 대단하였으며 각종 해류 물고기로 구역별로 전시된 수조가 장시간 볼만하였다. 1인당 입장료도 37,600원이나 되며 시설규모가 대단하였다.)을 하며 즐겁고 보람된 하루를 보냈다.

휘닉스아일랜드 벨라테라스(인간과 자연이 함께하는 콘도) 3310호 투숙하고 7일 아침 주위 아름다운 경치와 자연의 섭리를 돌아보며 많은 외국인 내국인 학생들도 관광하는 일행들이다.

7일 12시 50분 아시아나 OZ8918편으로 이륙하여 50분 후 김포공항 상공 보이는 도시환경 아파트 많기도 하다. 13시 57분 무사히 도착하며 4일 동안 보람되고 즐거우며 축복된 날 하나님께 감사기도를 드렸다. 또한 사위 윤성빈, 딸 미선이, 손자들이 고마웠다.
귀가하니 본홍이 며느리, 완분이의 안부전화에 감사하다.

> "오직 여호와를 앙망하는 자는 새 힘을 얻으리니 독수리가 날개치며 올라감 같을 것이요 달음박질하여도 곤비하지 아니하겠고 걸어가도 피곤하지 아니하리로다" (이사야 40장 31절)

▶ 최초의 여성대통령 (2012.12.20)

12월 19일 제18대 대통령 선거가 있어 나는 아내와 함께 아침 일찍 투표장에 나가 투표를 하였다.

국방부 조달본부(현 방위사업청) 근무 당시 1974년 8월 15일 10시 23분 장충동 국립극장 광복절 기념행사 중 문세광의 저격에 의해 영부인 육영수 여사(48세) 서거와, 1979년 10월 26일 박정희 대통령(62세) 5대-9대 경제개발로 부흥시켜 우리나라 어려운 시기를 해결한 분이 김재규에 의해 피격되었을 때 서울 현충원에 안장을 위해 건설국 설계과에서 야근을 하며 근무를 한 적이 상기된다.

박 당선인은 아버지와 어머니가 흉탄에 숨지는 비련의 주인공으로 이후 18년의 기간 시련과 고난의 세월이자 지금의 최초의 여성대통령 당선된 것이다.
당선인은 1952년(60세) 대구출생, 성심여고졸업, 서강대 전자공학과 졸업, 1998년(46세) 대구 달성 보궐선거 국회의원 당선으로 정치시작 2000년 16대 2004년(52세), 17대 한나라당대표, 18대 19대국회 당선 후 8월 새누리당 대선 후보로 경선에서 80% 지지로 국민대통합, 준비된 여성대통령, 민생대통령의 캐치플레이즈 내걸고 51.6% 국민지지를 받은 것이다. 대한민국인구 50,743,284명(2011년 11월), 유권자 30,507,842명, 총투표권자 30,723,431명(75.8%) 중 박근혜 당선인 15,773,128표(51.6%)획득, 14,692,632표(48%) 민주통합당 문재인 후보를 1,080,496표 차이로 따돌리고 당선을 확정지었다.

이에 따라 박 당선인은 지난 1987년 대통령 직선제 도입이후 첫 과반득표를 획득한 대통령 헌정사상 최초에 여성대통령, 부친 박정희 전 대통령에 이은 최초의 부녀(父女)대통령이란 기록도 함께 세우게 되었다.

과거 반세기동안 극한 분열과 갈등을 역사의 고리를 화해와 대탕평책으로 끊도록 노력하여 모든 지역, 성별, 세대별 골고루 등용해 다시 한 번 잘 살아보세 신화를 만들어 국민모두가 먹고 사는 것을 걱정하지 않고 청년들이 즐겁게 출근하며 사회에 소외되는 분이 없는 신뢰하고 복된 나라가 되기를 기원한다.

> "여호와를 경외함이 지혜의 근본이라 그의 계명을 지키는 자는 다 훌륭한 지각을 가진 자이니." (시편 111편 10절)

은퇴 후에 노후대책 (2013.01.15)

흐르는 세월은 빠르기도 하며 나이가 들수록 시간은 빨리 지나간다. 은퇴에 앞서 그 대책은 무엇일까를 생각하며 국민연금연구원 2007년 8월 발간한 우리나라 중고령자의 경제생활 및 노후준비 실태보고서에 따르면 50대 이상 중고령자에게 "은퇴 후 최소생활비 질문에 개인 한 달 평균 78만원, 부부는 117만원"이라 응답. 적정생활로는 개인 각각 113만원, 부부는 171만원, 연령대별로는 50대는 최소 부부 기준 128만원, 적정생활비는 185만원이었고, 60

대는 111만원과 160만원, 70대 이상은 94만원, 136만원이었다.

적정생활비 대비 실제 소득의 비율을 보면 65~69세는 69.2%였으나 70~74세는 54%, 75~79세는 41.3%, 80세 이상은 28.7%로 나이가 들면서 점점 빈곤해진다. 생활자금은 "자녀에게 전적으로 의존한다."가 19.9%였고 "국가 보조나 타인에게 의존한다."는 18.9% "자신이 젊었을 때 준비한 노후 자금으로 생활한다."가 7.5%를 차지한다.

나는 통계를 보며 미리 준비한 것을 행복하게 생각하며 위안으로 생각한다. 기성세대에 부모 봉양시대도 지나가며 앞으로는 더욱 핵가족 시대를 맞으며 자녀나 인근 가까운 분들에게 미리 노후 준비를 하도록 권장해야 하겠다.

은퇴자의 퇴직 후 연간소득은 은퇴 직전의 41% 수준으로 1,667만원.
미국 58%, 독일 56%, 영국 50%, 일본 47%, 홍콩 43%, 대만 43% 보다 낮은 수준이다.

*우리나라 65세 이상 인구 및 구성비

구 분	1980	1990	1998	2000	2008	2010	2018	2026
총인구 (천명)	38,124	42,869	46,287	47,287	48,406	48,875	49,340	49,039
65세이상 (천명)	1,456	2,195	3,395	3,395	5,061	5,357	7,075	10,218
구성비(%)	3.8	5.1	6.6	7.2	10.3	11	14.3	20.8

자료 : 통계청, 장래인구추계 2006

65세 이상 독거노인은 1985년 100명당 7명에서 1995년 13명, 2008년에는 18명으로 93만 명에서 2010년 104만 명 넘으면서 기성세대 부모를 봉양하던 시대도 적어지며 장수하여 고령화되는 현실 인생은 출생하여 누구나 세월이 가면 다 거쳐 가는 행로. 노후대책도 열악한 우리나라 현실에 대책을 강구해야 하겠다.

*노인들의 생활신조

- 혼자 힘으로 움직일 수 있는 건강(health)이다. 다른 사람의 도움을 받아야만 이동할 수 있다는 것은 여간 곤혹스러운 일이 아니다. 인간이 스스로의 이동권을 가진다는 것은 자유를 누릴 수 있는 권리이자 의무이다.
- 세상을 느긋하게 미소 지으며 바라볼 수 있는 마음(mind)이다. 여유와 웃음이 없는 노년은 추할 수 있다. 젊은 애들도 아니고 각박하고 싸우는 듯한 분위기로는 노년이 즐겁지 않다. 스스로를 훈련해 다른 사람과 좋은 관계를 맺도록 한다.
- 경제적 안정(money)이다. 경제적으로 여유가 있어야 다른 사람들을 너그럽게 바라볼 수 있다. 돈이 다른 소중한 가치를 지킬 수 있도록 해줄 정도는 되어야 한다.

* 아름다운 노년생활

- 보람으로 살아갈 준비를 하자(노년에 존경받을 수 있고, 자신감을 가질 수 있는 일을 하자)
- 돈 앞에 비굴하지 말자(돈이 모든 것을 해결해 주지 않으며 돈에 노예가 되지 말며 돈은 삶의 윤활유일 뿐이다).
- 시간을 잘 활용하자(시간을 잘 활용한다면 많은 사람에게 도움을 줄 수 있으며 시간을 소중히 여기자).
- 모든 것을 주고 떠나자(주위 사람을 용서하고 베풀며 죽음 앞에서 움켜쥐고 있을 것은 아무것도 없다).
- 언제 죽더라도 담담하게 받아들이자(죽음은 육신의 삶의 종착이니 … 당연히 내려놓아야 하고 자녀와 가족 지인에게 부담을 주지 말며 "인생은 그 날이 풀과 같으며 그 영화가 들의 꽃과 같도다" 하였으니 인생의 혼은 영생의 길로 가도록 하여야 한다.
- 하고 싶었던 일을 하자(젊어서 못하던 일은 노후에 하려면 어려울 수도 있으나 최선을 다하여 노력한다).
- 웃으며 생활하자(항상 웃으며 생활하며 긍정적인 자세로 봉사하며 노년에 스마일로 지키자).

“범사에 기한이 있고 천하만사가 다 때가 있나니 날 때가 있고 죽을 때가 있으며 심을 때가 있고 심은 것을 뽑을 때가 있으며 … 하나님이 모든 것을 지으시되 때를 따라 아름답게 하셨고 또 사람들에게 영원을 사모하는 마음을 주셨느니라 그러나 하나님이 하시는 일의 시종을 사람으로 측량할 수 없게 하셨도다” (잠언 3장 1절~11절).

▶ 우리나라 첫 우주발사체 성공 (2013.1.30)

우리나라가 우주발사체(로켓)인 나로호가 마침내 우주를 향해 힘차게 비상했다. 대한민국이 과학위성을 위성궤도에 올리면서 우주강국의 꿈을 실현하는 첫 발을 떼는 역사적 순간이다.

2002년 8월 나로호 개발계획 확정 후 2009년 8월 25일 1차 발사, 2010년 6월 10일 2차 발사 실패이후 마침내 오늘 성공함으로 국민에게 크나큰 자부심을 안겨주는 역사적인 사건이며 과학인과 관계자들에게 노고에 격려를 드립니다. 자국에서 자력으로 위성을 발사한 나라에 주어지는 ‘우주클럽’에 세계 11번째로 진입하게 된 우리나라는 우주강국이 되도록 더욱 노력하여 좋은 결과가 있기를 기대한다.

30일 오후 4시 전남 고흥군 나로 우주센터에서 발사 54초 후 고도 7.2km 지점 음속돌파, 3분 35초 후 나로호 2단의 위성 보호 덮게 분리, 6분 35초 지점 2단 로켓의 엔진에 점화, 7분 33초에 나로과학위성이 나로호 2단 분리로 나로호가 목표한 궤도는 지상 200~1500km로 “지구에서 가까운 궤도는 298km 먼궤도는 1504km 유지” 1시간 26분 지난 오후 5시 26분 북극 지역 상공에 도달한 100kg급 나로과학위성이 노르웨이 수발바르 기지에 보낸 첫 신호 포착

우리나라가 3회에 추진실적 살펴보면 1993년부터 2002년

구 분	발 사 일	길 이	지 름	중 량
1단형고체추진 과학 로켓	1993년 6월 4일	6.4m	0.42m	1.2톤
2단형고체추진 중형과학로켓	1998년 6월 11일	11.1m	0.42m	2.02톤
액체추진과학관측로켓	2002년 11월 28일	13.5m	1m	6.1톤

액체추진 과학관측 로켓은 최초로 개발된 액체추진을 부착한 로켓으로 한국형 인공위성 발사체를 쏘아 올리기 위한 기반기술 확보, 주력 13톤의 액체로켓 엔진이 부착되었으며 탑재부와 유도조정장치, 자세조정장치, 가압용 고압가스 탱크, 연료 및 산화제 탱크로 구성.

건강관리 산야초 효소

건강하게 오래 사는 것은 우리 모두의 꿈이다. 절제된 식생활, 적당한 운동, 충분한 휴식과 스트레스 없는 생활, 무엇이든 꾸준히 오래하기 위해서는 정신력이 따라 주어야 하고 의지가 필요하다.

재산을 잃으면 조금 잃은 것이고, 명예를 잃으면 많이 잃는 것이고, 건강을 잃으면 전부를 잃는 것이라 하였습니다.

우리 몸속에 효소를 잘 조절하여 풍부한 효소 음식을 보충하며 운동으로 체내 효소를 활성화하기 때문에 건강을 유지할 수 있다.
효소… 모든 살아 있는 생명체의 세포에서 만들어져 생체활동에 촉매 역할을 하는 고분자 단백질이다. 소화를 비롯해 내장, 신경, 근육, 뇌, 면역, 호흡, 수면 등 생명활동에 필수적인 요소이다. 효소는 세포 속의 단백질을 만드는 공장인 리폴좀에서 죽을 때까지 계속 만들어진다.

인간의 몸은 단백질로 된 하나의 세포가 증식해서 세포 덩어리인 육체가 형성되며 오래된 세포는 소멸하고 새로 만들어지는 과정이 반복되고 새로운 세포를 만들기 위해서는 외부에서 계속 단백질을 공급받아야 하고 이 단백질을 분해해서 인체의 몸에 맞게 재조립하는 것이 바로 효소의 역할이다.
우리가 음식물을 섭취하면 소화 효소가 음식을 소화하고 분해한다. 대사의 효소는 그 에너지를 몸에 필요한 곳으로 보내서 세포를 새로이 만드는 신진대사를 하게한다.

여러 장기에 붙어있는 노폐물과 독소, 음식잔류물을 분해하여 내보내며 병균이 걸리면 대사효소는 치유효소 역할을 하며 혈액을 맑게 해 건강 체질을 유지해준다.

> "범사에 기한이 있고 천하 만사가 다 때가 있나니 날 때가 있고 죽을 때가 있으며 심을 때가 있고 심은 것을 뽑을 때가 있으며… 다 흙으로 말미암았으므로 다 흙으로 돌아가나니 다 한 곳으로 가거니와 인생들의 혼은 위로 올라가고 짐승의 혼은 아래 땅으로 내려가는 줄을 누가 알랴"(전도서 3장 1절, 2절, 20절, 21절)

▶ 하나님 인도하시는 하루 (2013.04.21)

주일 새벽기도회 5시에 오늘도 하나님 인도하심으로 예수님의 말씀을 상고하며 교회를 위하여(교역자 예배, 전도, 선교, 교육, 봉사, 새가족, 건축) 국가를 위하여(나라의 평화, 핵과 전쟁위협제거, 남북대화재개, 경제가 회생하여 부흥), 가정과 이웃을 위하여(신앙생활, 건강, 직장, 어린이와 청소년들 명철하여 지혜롭게 성장) 주일 하루가 시작된다.

7시 30분 휴게실 청소와 차 준비 새가족부실을 청소를 마치고 8시 1층 현관에서 안내를 하고 예배를 드리며 새가족 등록하신 성도를 방송실 섬김이와 바나바 방송요청을 하고 예배를 마친 후에 새가족을 사랑방실에 인도하여 담임목사님 면담과 기도를 받고 새가족부 교육실로 인도한다.

1부(7시), 2부(8시30분), 3부(10시), 4부(12시), 5부(1시30분), 찬양예배(3시30분) 2부, 3부, 4부 예배시간 30분전에 안내를 하며 새가족을 인도하며 바쁜 일정이다. 오늘은 금년 들어 새가족이 제일 많이 등록하여 9명의 성도님들이 등록한 날이다.

찬양예배에 담임목사님 감사와 찬양 말씀이 있었고 이어서 각 부서 21개팀 찬양대회가 은혜가운데 진행되었다.

새가족 환영회를 강원도에서 하기로 하여 20일 10시 교회에서 문홍선 담임목사님의 기도를 마친 후 2호차 중형차에 박병환 목사님, 정채란 사모님 외 새가족이 1호차 대형버스에 한상학 장로님, 새가족 위원장, 방태성 장로님, 강영숙 전도사님, 신정용 전도사님, 이영섭, 이미경, 송순숙, 문광숙, 김영선, 남외순, 김영자, 이윤자, 이영심, 윤송인, 윤주상, 윤강한, 서석봉, 방완덕, 신문철, 김병진, 천성득, 최태순, 정병순, 박옥임 등 섬김이 바나바 새가족 50인은 양수리를 경유 벚꽃이 만발한 북한강변길로 수대울 서종면 청평댐을 지나 가평읍 대곡리에서 맛있는 중식을 하고 관광을 하였다.

***이화원 – 가평읍 대곡리 57-3번지**

한국 브라질 수교 50주년 기념관에는 원산지가 브라질인 나무 외에도 다양한 꽃을 만날 수 있다(동양과 서양, 수도권과 지방, 경상도와 전라도, 우리 민족과 세계가 가야할 화(和)의 상징적인 뜻으로 브라질 커피나무, 이스라엘 감람나무, 하동의 녹차나무, 고흥의 유자나무, 가평의 잣나무 등으로 조성한 작지만 뜻깊은 동산과 화원).

> "형제 사랑하기를 계속하고 손님 대접하기를 잊지 말라 이로써 부지중에 천사들을 대접한 이들이 있었느니라" (히브리서 13장 1~2절)

▶ 성공의 묵상

***대가 없이는 성공도 없다** – 영적인 분야에서도 나름대로 성공의 법칙이 있다. "대가를 지불하지 않으면 영적으로 큰 사람이 될 수 없다"는 것이 영적 성공의 법칙이다. 영적인 일들에서 뛰어난 사람이 되려면 우리가 흔히 생각하는 것보다 훨씬 더 노력하고 헌신해야 한다. 아무도 이 사실을 부정할 수 없다. 평신도들이 거룩함에 이르는 방법에 무관심한 것처럼 과학자가 그의 전공에 무관심하다면, 그는 아무런 연구 성과도 내놓지 못할 것이다. 안락의자에 편히 앉아 있는 사람은 결코 승리를 얻을 수 없다. 성공은 대가를 지불하는 사람에게 찾아온다. "형제들아 우리의 수고와 애쓴 것을 너희가 기억하리니 너희 아무에게도 폐를 끼치지 아니하려고 밤낮으로 일하면서 너희에게 하나님의 복음을 전하였노라"(데살로니가전서 2장 9절)

***명예와 칭찬을 좇아 동분서주하지 말자** – 우리 주변에서는 서로 높은 자리를 차지하려고 경쟁을 한다. 그리스도인들이 명예와 칭찬을 좇아 동분서주하며 일부 기독교 지도자들은 이름을 날리기를 좋아하고 주님의 이름을 빙자해 자신의 탐욕을 이루려는 사람들도 적지 않다. 조금만 인기가 있다 싶으면 크게 과장하여 난세의 영웅을 만들어 숭배하는 천박한 '인물숭배'가 판을 치며 신실한 복음 전도자라고 자칭하는 자들도 자기 본분을 망각하는 자들이 많다. 전국기독교/신학대학교총장의 WCC총회에 입장발표에 2013년 10월 30일 ~ 11월 8일 부산벡코스에서 140개국 349개 교단의 총회로 신학대학교 총장들(연세대학교, 이화여자대학교, 숭실대학교, 서울여자대학교, 한남대학교, 백석대학교, 평택대학교, 전주대학교, 한신대학교, 성공회대학교, 강남대학교, 목원대학교, 협성대학교, 안산대학교, 백석문화대학교, 선린대학교, 감리교신학대학교, 장로회신학대학교, 구세군사관학교, 대전신학대학교, 루터대학교, 부산장신대학교, 서울장신대학교, 영남신학대학교, 한일장신대학교, 호남신학대학교, 경안신학대학원대학교, 실천신학대학원대학교 28개교) 입장발표로

1) 이번 총회는 한국교회가 글로벌교회로 성숙할 수 있는 좋은 기회
2) 이번 총회는 한국교회의 공공성과 도덕성을 드높일 수 있는 좋은 기회
3) 이번 총회는 "생명, 정의, 평화"라는 신앙적 가치를 인류와 나누는 좋은

기회입니다. 라고 외치고 있지만 진정 본연의 위치에서 역할을 다하고 있는가 생각해 보아야 합니다.

많은 신학대학교 지도자가 하나님의 진리 말씀 안에 제자들이 바로 교육되어 바른 교역자가 양성되어 이 사회의 밝은 사회가 되기를 기원합니다.

"너희도 알거니와 우리가 아무 때에도 아첨하는 말이나 탐심의 탈을 쓰지 아니한 것을 하나님이 증언하시느니라 또한 우리는 너희에게서든지 다른이에게서든지 사람에게는 영광을 구하지 아니하였노라" (데살로니가전서 2장 5~6절)

***진정한 위대함은 능력이나 지위가 아니라 인격이다** – 하나님이 주시는 교훈의 핵심은 위대함은 능력이나 지위가 아니라 '인격'이라는 것이다. 일반사람들은 미술, 문학, 음악 또는 정치 분야에서 탁월한 능력을 소유하는 것 자체가 위대함의 증거라고 믿는다. 그러나 위대함의 본질은 "너희 중에는 그렇지 않아야 하나니 너희 중에 누구든지 크고자 하는 자는 너희를 섬기는 자가 되고 너희 중에 누구든지 으뜸이 되고자 하는 자는 너희 종이 되어야 하리라" (마태복음 20장 26절~27절) 주님의 말씀이 있기 때문에 깨닫고 실천이 어려울 뿐이다.

***하나님의 은혜 안에서 즐거워하자** - 성경 가르치는 하나님의 은혜가 무엇인가 하나님이 어떤 사람들의 은혜가 무엇을 용서하시면, 그 분은 그가 죄를 전혀 범하지 않은 사람처럼 간주하신다. 우리가 믿음으로 그분의 자녀가 되었을 때 그분은 우리에 대해 마음속으로 유보적 태도를 취하지 않으셨다. 우리의 죄를 용서하실 때 그분은 완전히 새롭게 하신다. 우리가 이 은혜 안에서 즐거워하는 것이 하나님의 뜻이다. "그런즉 누구든지 그리스도 안에 있으면 새로운 피조물이라 이전 것은 지나갔으니 보라 새것이 되었도다"

▶ 새가족부를 섬기며 (2013.11.02.)

2012년 11월부터 2013년 11월 새가족부 팀장으로 봉사하며 우리 덕소교회 섬기는 분들 담임목사 문홍선, 부목사(박병환 김문수 최은정), 심방전도사(강영숙 신정용), 교육전도사(박혜군 김현곤), 선교사(김보현 목사), 원로장로(심연섭 김유성 이남수), 은퇴장로(이희철), 시무장로(홍성대 장명칠 이현규 김형태 김성열 이성주 한상학 방태성), 안수집사(윤종석 최종대 강전형 송태원 이홍영 안건 조은종 김경화 김제철 변기호 유춘원 김석봉 손대원 김세동 김대중 문동근 구자익 이종범 백석현 오문진), 협동안수집사(한장수 이정재) 은퇴안수집사(은종하 고재갑), 시무권사(김영자 서정자 이종연 이순종 김숙연 배이숙 이윤자 김윤임 박순자 김경희 양승남 이춘란 한영래 송의석 김계화 이용순 추미자 천민자 남상희 노오운 김순향 남외순), 은퇴권사(조기순 장혜숙 진희숙 김명준 주종덕 김영순 오화근 강영자 박도임 배기연 정영희 최봉순 권봉자 김영희 신명자), 명예권사(김순희 박순금 홍월순 남궁순녀 김순화 임종연 최윤정 김정순 황군자 박월늠 최정애 김영수 문점례 이점단 박보석 한선란 서숙자 김영선 강춘자 시정애 이옥무 김선여), 협동권사(임창수 이영수 곽선영 김영단 양효엽 김영자 조의자 고숙희 천유정 배한옥 김봉연 고난희 신명숙 여정혜)와 많은 집사 권찰들이 봉사하며 섬기고 있다.

새가족부 위원장 방태성 장로, 지도 교역자 박병환 목사, 교육팀장 정채란 사모님의 열정적인 새가족 교육을 시키며 섬김이(이영섭 김순남 이미경 서석봉 최종대 배창열 송의석 이순종 김영선 이용순 천민자 추미자 김순향 남외순 최금녀 문광숙 송순숙 장동례 윤송인 신귀분 남궁영수)들이 새가족에게 봉사하며 섬겨서 1년 동안 새가족으로 등록한 분 170명이며 그 중 새가족 교육을 수료한 (노영순 유건순 길명선 최삼분 김현정 홍은숙 김수경 이은정 김춘자 김진량 안지현 이순희 한형훈 조인자 박기영 윤난영 김순희 김경선 최병희 김병진 천성득 최태순 노월선 이석화 바창래 신문철 이창희 김을레 정병순 어명화 윤여현 유순필 이상근 편정희 박은숙 이현숙 조수연 전재환 김은숙 남국선 김혜자 임옥순 태홍후 이영희 김창규 이춘희 류지권 백문성 문금선 권귀레 은종원 안주연 박순정 조순하 윤영섭 박옥자 송정은 김경섭

김가숙 이광국 김선희 박정숙 신순금 김원태 최춘배 김홍복 김향숙 김희락 도옥순 이재민 변일우 최현선 김미정 문정응 창현분) 75명이 찬양예배시 수료식에 참여하였다.

새가족부 바나바들은 새가족부실에 모여서 수시로 기도하기는 주일예배 시간마다 새가족을 보내주시어 감당할 수 있는 교회로, 새가족반을 통하여 말씀을 공부하고 믿음에 뿌리를 내려 교회 정착하여 하나님 자녀 백성으로 새워져 가기를 소원하며, 섬김이들이 가정의 복 건강의 복으로 온전히 주님의 일에 전념할 수 있도록 간구하며, 덕소교회가 변화되어 살아 숨쉬는 생동감이 넘치는 부흥하고 성장하는 교회가 되게 하셔서 지역복음화, 민족복음화, 세계선교에 쓰임 받는 영혼을 살리는데 열심을 다하는 교회가 되게 하소서 합심기도한다.

새가족 환영회 만찬도 야외 강원도에서 대내 교회에서 2회를 하며 최선을 다하였다. 11월 30일 토요일 17시부터 20시까지 새가족과 가족을 초청하여 경배와 찬양, 교회영상소개, 환영사, 말씀선포, 교역자 소개, 레크레이션, 특송, 간증, 애찬 등으로 보람된 시간을 보내며 마지막 날까지 팀장으로 봉사하며 사회를 보겨 환영식장 정리를 하도록 인도하심을 감사드린다.

또한 10월 달부터 대형공사 감리현장 출근하여 바쁜 한 주를 보내고 주일하루 종일 안내 및 새가족부 봉사 등 너무 힘들어서 박병환 목사님께 사정을 말씀드려 새가족 부원으로 봉사를 하고 팀장을 다른 분으로 하도록 양해를 구하였다. 현장감리 순회업무 중 박목사님이 담임 목사님과 전화 통화하도록 연락이 와서 전화를 드리고 말씀을 드렸다.

나는 그날 밤 새벽 2시에 일어나 밤을 지새우며 심사숙고 하였으며 힘든 하루였다. 주일 2부 안내 8시부터 찬양예배 끝나면 17시(9시간) 월요일 ~ 금요일 7시 20분 출·퇴근하여 집에 오면 19시 20분, 토요일 연속근무 15일 휴식없이 지나니 과로가 누적되어 지내기가 힘든 것이다.

그러나 나는 매일 새벽기도를 드리기를 각오하면 아침 4시 40분 일어나 기도로 하루가 시작된다.

3월 첫째 주 새가족이 2부예배에 한 분이 있어 사랑방으로 인도하여 담임목사님 기도를 받도록 인도하였다.
새가족이 오면 이곳에서 안내되어 기도와 교회소개 안내를 하는 장소로 이용되었는데 박병환 목사님께서 권사님들의 교육 중에 있었는데 새가족부 담당 교육자이면서 새가족에게 배려하여야지 하는 서운함이 든다.

1주가 지나고 아들이 어머니와 친구 분을 모시고 와서 등록을 하고 담임 목사님실에서 기도를 받도록 인도하였다. 요즈음 사회적 뉴스가 생활고의 어려움에 또한 이웃의 무관심에 자살자들의 빈번히 일어나 정부가 대책 마련으로 각종 홍보가 계속되어 주일 교회에 안내문이 왔다.

새가족으로 등록한 인정하이츠 201동에 거주하는 조순하 성도는 아들과 둘이 사는데 한쪽손이 없는 불구로 생활고에 어려운 성도라서 추천하여 주려고 여러 관계자들에게 문의하였으나 여의치 않아 바로 새가족부실로 가서 읍사무소에 신고를 하여 돌보아 줄 것을 요청하였다.
오후가 되어서 최은성 목사님으로부터 읍사무소에서 연락이 왔다며 어려운 가정으로 등록되어 대상자가 되었다며 통지가 와서 다행이며 고맙게 생각한다.

새가족을 섬기는 바나바들 열심히 기도하고 간구하니 셋째 주 9명이 등록하여 기도함을 들어 주시는 하나님 감사합니다.

> "우리가 선을 행하되 낙심하지 말지니 포기하지 아니하면 때가 이르매 거두리라" (갈라디아서 6장 9절)

▶ 사랑의 언어

⊙ **상대방의 언어를 배우라** – 사랑의 언어에는 인정하는 말, 선물, 봉사, 함께하는 시간, 육체적인 접촉 언어 가운데 하나를 주로 사용한다. 자신이 어떤 사랑의 언어를 쓰는지 파악하고 있는가. 배우자의 언어를 아는가. 서로 깊이 사랑하면서 효과적인 방식으로 그 사랑을 받는다.
하나님의 사랑이 우리 안에 이루어지며 상대방이 언제 어떻게 사랑을 감지하는지 아는 것이야말로 효과적으로 사랑을 표현하는 데 가장 중요한 핵심의 요소이다.

"사랑하는 친구 여러분! 하나님께서 이처럼 우리를 사랑해 주셨으니 우리 역시 서로를 사랑해야만 합니다"(요한일서 4장 11절)

⊙ **마음의 소망을 나누라** – 마음에 품은 소망을 상대방에게 정직하게 이야기하지 않으면 수많은 오해와 차질이 생길 수밖에 없다. 선하고 건전한 소망이 충족될 때 행복을 느낀다는 건 누구도 부인할 수 없다. 그렇다면 상대방에게 그런 기쁨을 선사하고 싶은 게 세상 모든 사람에게 한결같은 심리일 것이다. 마음에 품고 있는 소원을 알리는 것이야말로 자신을 드러내는 데 반드시 필요한 과정이다.

"소망이 좌절되면 마음에 병이 들지만 소망이 이루어지면 그 안에 생명이 있고 기쁨이 넘치게 된다" (잠언 13장 12절)

⊙ **달라지기로 결심하라** – 가장 가까운 이에게도 상처를 입힐 수 있다. 문제는 사과다. 사과의 말 가운데 회개하려는 의지나 결심을 포함시키면 어떨까 상대방으로서는 용서하기가 훨씬 쉬어질 것이다.

"입으로만 떠드는 게 아니라 태도가 변하는 걸 보고 달라지려는 마음가짐을 갖는 것만 봐도 얼마든지 용서할 수 있다" 회개는 마음에서 시작된다. 정말 달라지기로 결심한 사람은 자신의 행위를 변명하거나 합리화하려 들지 않는다.

대신 잘못에 따른 책임을 온전히 받아들인다. '돌이켜 모든 죄악을 버리고 마음과 영을 새롭게 하는 것'이다.
오직 하나님만이 '새로운 마음과 영'을 주실 수 있다. 주님은 행동방식을 바꾸고 싶은 마음을 불러일으키신다.
변화하려는 욕구를 고백하고 나누어야 상대도 진정한 용서가 있을 것이다.

"너희가 지은 모든 죄를 버리고 새 마음과 새 정신을 가져라" (에스겔 18장 31절)

⊙ 말과 행동으로 친절을 보이라 – 서로 친절하게 하며 어려서부터 귀에 못이 박이도록 들은 말씀이지만 자라면서 금방 잊어버리는 가르침이기도 하다.
친절한 마음은 행동뿐만 아니라 말에서도 드러난다. 소리치고 막말하는 건 친절이 아니며 부드럽고 존중하는 말투가 친절이다.
행동으로 친절을 보여야 하고 섬기고 돕는 일을 하라는 것이다.

"친절히 대하고, 사랑과 온유함으로 하나님이 그리스도 안에서 여러분을 용서하신 것같이 서로를 용서하십시오."(에베소서 4장 32절)

⊙ 경청을 통해서 존중하기 – 현대인은 모두 분주하다. 너무 바빠서 귀 기울여 듣는 게 불가능해 보일 지경이다.
하지만 그것 말고는 상대방의 생각과 감정을 알 길이 없다. 경청에는 시간과 집중력이 필요하다.
존경하기를 서로 먼저 하여 상대방을 존중하는 가장 좋은 방법은 열심히 듣고 전적인 관심을 보이는 것이다. 상대방의 눈을 바라보며 귀를 기울이는 태도에는 '당신은 내 삶 전체를 통틀어 가장 중요한 인물'이라는 메시지가 담겨 있다.
반면에 다른 일을 하면서 듣는 시늉만 하는 자세는 '그대는 내 수많은 관심사 가운데 하나일 뿐'이란 의미다. 경청은 무엇과도 비교할 수 없을 만큼 강력한 사랑의 표현이다.

"형제 자매를 사랑하듯이 서로 사랑하며, 자신보다 남을 더 존경하십시오" (로마서 12장 10절)

⊙ 어른들의 조언에 지혜롭게 대처하라 – 부모님의 공경하고 싶습니다. 하지만 두 분은 이것저것 시시콜콜 가르치려 드세요. 어떻게 하면 좋을까요? 노골적으로 간섭하는 부모를 대할 때 반드시 유념해야할 사항이 있다.

어른들의 의도 자체는 지극히 선하다는 걸 이해할 필요가 있다. 그저 돕고 싶어 할 따름이다.

어르신들 훨씬 더 지혜로운 경우가 적지 않다는 사실이다. 노인들은 더 오래 살았고 그만큼 경험이 많기 때문이다.

그럼에도 불구하고 일단 결혼한 뒤에는 자식들의 삶을 좌지우지하려 해서는 안 된다는 점이다.

어른들이 나서기 전에 먼저 조언을 구하라. 들어보지도 않고 무시하지 말라. 그리고 나서는 하나님의 지혜를 구하고 남편과 아내가 잘 상의해서 최선의 결론을 내리면 된다.

때가 되면, 부모님들도 자식이 장성한 성인이며 그 판단을 존중해 주어야 한다는 점을 깨닫게 되는 것이다.

"경우에 합당한 말은 은쟁반에 놓여진 금사과와 같다" (잠언 25장 11절)

⊙ 사고방식을 바꾸면 모든 게 변한다 – 어떻게 하면 관계를 더 따뜻한 쪽으로 이끌어갈 수 있을까? 승리하는 사고방식을 갖는 것도 훌륭한 전략이다. 대다수의 운동선수들은 '90퍼센트의 마음가짐과 10퍼센트의 노력을 승리의 비결'로 꼽는다. 그 공식은 스포츠뿐만 아니라 관계의 영역에서도 정확히 들어맞는다.

한겨울처럼 냉랭한 부부관계를 들여다보면 어김없이 부정적인 태도가 자리잡고 있다.

낙관적인 사고방식은 기쁨을 불러오지만 부정적인 생각은 풀이 죽게 만든다. 생각을 바꾸면 결혼생활의 분위기가 얼마든지 달라질 수 있다. 남편과 아내들이 저지르는 가장 흔한 실수는 감정이 행동을 좌우하게 내버려두는 것이다. 긍정적인 자세의 영향력을 인정하지 않는 탓에 결혼생활이 가진 잠재력을 최대한 끌어내지 못한다는 뜻이다.

"마음이 즐거우면 얼굴이 환하지만, 마음에 근심은 영혼을 상하게 한다. 슬기로운 마음은 지식을 추구하나, 어리석은 자들의 입은 미련을 먹고 산다. 고통당하는 자의 나날은 비참하나, 마음이 즐거운 자는 늘 축제를 연다" (잠언 15장 13~15)

⊙ 자녀들에게 남겨줄 유산 – 어떻게 하면 자녀들에게 바람직한 유산을 남겨줄 수 있을까. 유산이란 한 세대가 다음 세대에 전해주는 재산을 말한다.
하지만 진정한 유산은 물질적 차원을 넘어서는 것들이며 일반적으로 더 깊은 영향을 미친다.
가장 소중한 유산은 돈이 아니라 정서적, 영적, 도덕적인 요소들이다. 유산은 한 가문의 미래상을 바꿔놓는다.
후손들의 노력에 따라 바뀔 수도 있지만, 선대로부터 물려받은 유산이 자녀들의 삶의 축복이 될 수도, 저주가 될 수도 있음은 어김없는 사실이다.
주님을 사랑하고 섬기는 법을 가르치는 것이야말로 부모가 자녀에게 줄 수 있는 가장 큰 선물이라고 말한다. 그러자면 모범을 보이는 게 무엇보다 중요하다. 자녀들에게 바람직한 유산은 남기기 위해 결혼생활과 부부관계 가운데 바꿔야 할 점은 없는지 돌아보라.

"젊은이들이여 이리 와서 내 말을 들어 보십시오. 여호와를 높이고 두려워하는 방법을 가르쳐 주겠습니다" (시편 34편 11절)

⊙ 돈 어떻게 바라볼 것인가 – 가진 게 많을수록 재산 다툼이 더 심해지는 경우를 종종 본다.
선진국의 가난한 사람이 세계 대다수 비하면 풍요로운 축에 드는 게 현실이다. 결국 문제는 얼마나 큰 재산을 소유하고 있느냐가 아니라, 재물을 대하는 자세가 어떠하며 어떤 식으로 돈을 사용하느냐 하는 것이다.
현대인들 가운데 상당수는 재정적으로 어느 지점에 도달하면 행복해진다고 믿고 있는 것 같다.
하지만 막상 목표에 도달하면 마음이 바뀐다. '이쯤으론 어림도 없어.' 역사상 가장 부유했던 솔로몬은 전도서 5장에서 '흡족할 만큼' 넉넉한 재물을 끊임없이 추구하는 형태를 꼬집고 있다. 재물의 크기로 행복해 잴 수 없다는 것이다. "인생의 최대의 비극은 추구하던 걸 얻지 못하는 게 아니라, 막상 손에 넣고 보면 그렇게 고생해가며 쫓아다닐 가치가 없었음을 깨닫게 된다는 사실이다."
얼마나 큰돈을 모으느냐 보다 상대방의 관계와 하나님의 교제가 훨씬 더 중요하다.

"돈을 사랑하는 사람치고 돈에 만족하는 이가 없고 재물을 사랑하는 사람치고 자기 수입에 만족하는 이가 없다. 이것 역시 허무한 일이다 재산이 불어나면, 식솔도 많아지는 법이거늘, 주인이 재산을 바라보며 즐기는 일 외에 그가 얻는 유익이 무엇인가?" (전도서 5장 10~11)

⊙ 미래를 내다보는 지혜 – 저축은 지혜의 상징이다. 돈을 금고 안에 쌓아두는 것과는 다르다.
지혜로운 사람은 장차 닥쳐올지도 모르는 어려운 시기에 대처할 계획을 세우지만, 어리석은 이들은 모든 일이 다 잘 풀리겠거니 하고 있다가 곤경에 빠진다고 했다.
현명한 사람은 평소 힘겨운 세월에 맞닥뜨릴 준비를 해둔다. 저축과 투자가 대표적이며 저축은 기본 중에 기본이고 많고 적고는 정하기 나름이겠지만, 저축과 투자 자체는 선택의 여지가 없다. '쓰고 남은 돈'을 저금하겠다고 생각하면 동전 한 푼도 통장에 들어가지 않을 것이다.
수입에서 일정부분을 저금하는 사람은 긴급 상황에 대처할 자금을 비축 할 뿐만 아니라 청지기 역할을 훌륭하게 감당하는 데서 오는 만족감을 맛보게 되며 규칙적인 저금은 재정계획의 일부로 삼으라.

"슬기로운 사람은 위험을 보면 피하나, 미련한 자는 제 발로 들어가 화를 당한다" (잠언 22장 3절)

⊙ **가정을 우선순위에 두라** – 가정에 높은 우선순위를 두고 있는가? 하나님이 결혼제도를 만드시고 가족을 사회의 기초 단위로 삼으셨다는 점을 생각하면, 가정만큼 중요한 게 없을 것이다. 가정 안에서는 '남편-아내'가 '부모-자식' 보다 더 기초적인 관계이며 부부가 얼마나 독특한 관계인지 알 수 있으며 인간관계를 '합하다' 라든지 '둘이 하나가 되다' 로 표현을 사용한 경우도 남편과 아내 사이뿐이다.

결혼은 평생 지속되는 친밀한 관계이며 반면에 자녀는 언젠가 부모를 떠나서 독립적인 가정을 꾸미게 된다. 가정은 그처럼 높은 우선순위를 부여한다면, 과연 거기에 부합되게 시간과 돈, 에너지를 사용하고 있는지 점검해볼 필요가 있다.

아내를 잘 섬기는 남편은 자녀들에게도 중요한 일을 하고 있는 셈이다.

배우자를 사랑하고 섬기는 모습이야말로 자녀들에게 보여 주어야 할 가장 중요한 일 가운데 하나이며 아이들에게 아버지 어머니가 서로 사랑하는 모습을 보는 것보다 더 훌륭한 환경이 없다.

⊙ **상대방의 입장에 서서 들으라** – 관계를 형성하고 유지하는 데 말하고 듣는 것만큼 중요한 요소는 없다.

원활한 커뮤니케이션이야 말로 낙관적이고 즐거움이 넘치는 관계를 지속시켜 주는 생명줄이다. 반대로 의사소통에 실패하면 낙심과 비관뿐인 생활이 찾아온다.

말은 쉽지만 실천이 어렵고 비판하기 좋아하는 청취자가 되는 게 문제이며 저마다 자기 생각대로 해석한 상황인식을 토대로 상대방과 이야기를 평가하고 즉시 판결을 내린다.

제대로 들으려면 태도부터 바꿀 필요가 있으며 독자적인 자세에서 상호 공감적인 태도를 전환하는 게 중요하며 상대방이 어떻게 받아들이고 어떤 느낌을 갖는지 아는 게 중요하다. 상대방이 어떻게 받아들이고 어떤 느낌을 갖는지 아는 게 목표가 되어야 하며 주의 깊게 듣는 자세와 지식 구하는 마음을 하나로 보고 있으며 주의 깊게 듣고 이해하려는 노력은 더 깊은 대화를 끌어낸다.

⊙ **마음가짐이 행동을 바꾼다** – 마음가짐을 그토록 중요하게 생각하는 건

언행에 영향을 미치기 때문이다. 병에 걸렸다든지, 배우자가 알코올중독에 빠졌다든지, 거동조차 못 하는 부모님을 모시는 경우처럼 제 힘으로는 어찌해 볼 수 없는 환경 아래 사는 이들이 얼마나 많은가! 하지만 주어진 환경에 대처하는 자세는 온전히 자신의 손에 달려 있음을 명심해야 한다. 긍정적 태도를 갖는 열쇠들을 쥐어준다. 기뻐하고, 끊임없이 기도하며, 모든 여건에 감사하는 게 핵심이다.

어떤 마음가짐으로 살아가고 있는지 알고 싶다면 자신의 말과 실을 돌아보라. 말투가 비판적이고 부정적이라면 부정적인 자세를 가지고 있음에 틀림없다.

바울은 "모든 일을 원망과 시비가 없이 하라"고 한다. 사도의 충고를 좇아 마음을 지키겠다는 결단이야말로 행동을 바꾸는 가장 효과적인 도구다.

달라진 언행은 결혼생활에 커다란 영향을 미치게 될 것이다.

"항상 즐거워하십시오. 쉬지 말고 기도하십시오. 모든 일에 감사하십시오. 이것이 그리스도 예수 안에서 여러분을 향한 하나님의 뜻입니다"(데살로니가전서 5장 16~18절)

⊙ 무엇을 위해 일하는 가 – 노동은 고상한 수고다. 하지만 지나치게 일하는 건 괜찮을까? 십계명은 하루는 온전히 떼어서 주님을 섬기는데 전념하라고 명령한다.

우주를 모두 지으시고 일곱째 날에 안식하셨던 창조주의 모범을 따르라는 것이다. 예수님도 제자들에게 세상적인 성취와 영적인 유익을 저울질해 보라고 하셨다.

"사람이 만일 온 천하를 얻고도 제 목숨을 잃으면 무엇이 유익하리요?" 결혼생활을 희생해 가면서까지 출세하려고 노력하는 게 과연 가치 있을까? 성경은 관계에서 삶의 의미를 찾아야 한다고 말하며 곰곰이 생각해보라.

생활방식을 바꾸는 게 불가능 할까 배우자와의 관계가 점점 멀어지고 있지는 않은가? 서로에게 좀 더 시간을 낸다면 경제적으로는 다소 부족할지라도 훨씬 행복해지지 않을까? 자녀들이 생각하는 아버지와 어머니는 일하는 사람일까, 사랑하는 사람일까?

"만일 어떤 사람이 온 세상을 얻고도 자기 영혼을 잃으면 무슨 소용이 있겠느냐? 사람이 무엇과 자기 영혼을 바꿀 수 있겠느냐?" (마태복음 16장 26절)

▶ 한 고향의 훌륭한 강영우 박사의 삶

경기도 양평군 서종면 문호리에서 1944년 출생한 강영우는 중학교 시절 58년도에 축구를 하다 공을 맞은 후 국립의료원에서 수술을 하였으나 주치인 구본술 박사는 시력을 회복할 수 없다하여 시각 장애인으로 살아야 한다는 사실은 충격으로 다가왔다.

그는 평생 시각장애인으로 살아야 한다는 말을 듣고 뇌졸중으로 어머니를 잃었고 가장이 된 큰 누나는 학업을 포기하고 평화시장 봉제공장에 취직하여 생계를 유지하다 2년 만에 누나도 세상을 떠나니 강영우는 두 동생을 거느리는 가장이 되었다. 시각장애인으로 '서울맹학교' 입학하여 점자공부로 중학교 1학년부터 시작하여 한글타자도 배우고 한글점자도 배워 대학공부를 하려고 열심히 노력하였다.

68년 1월 입시준비를 하고 여동생의 손을 잡고 연세대학교 교무처에 원서를 넣으러 갔다.
그런데 시각장애인이라는 이유로 접수조차 받지 않겠다는 것이다.
기독교 학교라 지원을 하였는데 학생이 장애라는 이유만으로 입학시험을 치를 기회조차 주지 않는다는 것은 부당하다. 노력한 끝에 입학하고 열심히 노력한 결과 문과대학을 차석으로 "의지의 맹인학사" 졸업을 하였다. 졸업 후 피츠버그대학원에 합격을 하고 여권수속을 하면서 문제가 생겼는데 문교부는 신체장애자를 유학 결격사유로 정해 놓은 법적 조항이 있었다.

한미재단 유학지도부 이유상 박사의 불평등한 법적조항을 없애자는 초안을 한미재단 총재의 서명을 받아서 유학을 가게 되었고 노력 끝에 1976년 한국 시각장애인 최초로 피츠버그대학에서 박사학위를 취득하였다.

'나약함 속에서도 능력을 들어내는 하나님'이라는 책을 쓰게 되었고 그 책이 베스트셀러가 되고 국제적 명성을 가진 저술가요 대중 연설가가 되고, 작가가 되고, 교수가 되어 백악관에서 국가장애위원회의 정책보좌관을 2001년부터 2009년 8년 동안 역임하며 유엔에서 세계장애위원회 부의장 겸 루즈벨트 재단 고문으로 7억 명에 가까운 세계장애인의 복지향상을 위해 헌신하였다. 일하면서 첫 루즈벨트 국제장애인상을 한국이 수상하도록 22개국 정상을 만나며 노력하여 수상을 하였으며 세계 지도자들을 감동시키고, 그들의 마음을 움직였다.

췌장암 말기 선고를 받고도 장애인을 위하여 헌신하였으며 2012년 2월 축복받은 68세의 삶을 감사하며 하늘의 부르심을 받았다. 나는 같은 어려운 시기에 학교교육도 힘들게 받고 지금도 현업에서 근무하고 있음을 하나님께 감사기도 드린다.

> "울며 씨를 뿌리러 나가는 자는 반드시 기쁨으로 그 곡식 단을 가지고 돌아오리로다" (시편 126편 6절)

▶ 도심 속에 푸른 서울숲 공원 (2014.07.15)

성동구 성수동 한강 바로 옆에 조성된 문화와 예술이 가득 찬 서울숲은 3만 5천 평의 도시의 드넓은 초원에 고라니, 꽃사슴, 오리 등이 서식할 수 있도록 조성되었다. 보행가교에서는 고라니와 꽃사슴에게 먹이를 주면서 초롱초롱한 눈망울을 통해 교감을 나누며 어린이들 정서발달에도 도움을 주며 언제든지 편히 찾아와 즐기고 쉴 수 있는 공간이다.

자유로운 품 안에서 뛰노는 사슴, 다람쥐, 곤충, 조류를 접할 수 있으며 아름답게 어우러진 나무와 꽃들을 볼 수 있으며 삼림욕, 조깅코스, 각종 스포츠 시설 등이 마련되어 있어 건강을 지킬 수 있고 드넓은 잔디밭 어린이들이 마음껏 뛰놀 수 있다.

광장 입구 들어서면 군마상(경마장을 기념하여 설치), 바닥분수, 조각정원, 스케이트파크(레포츠를 즐길 공간), 거울연못, 숲속의 빈터, 가족마당, 숲속놀이터, 수변쉼터, 숲속길, 체육공원, 생태숲(사슴, 고라니, 다람쥐, 야생동물이 머물 수 있도록 보전), 사슴우리(꽃사슴 먹이주기 행사), 소원의 폭포, 작은 동물의 집, 곤충식물원(유리로 만들어진 곤충식물원은 테마식물원, 표본전시실, 나비생태관으로 열대식물과 100여 종의 다양한 나비와 곤충), 갤러리정원(형형색색의 아름다운 꽃과 덩굴식물), 체육공원, 습지생태원 학습장, 조류관찰대, 꽃사슴우리, 전망데크, 뚝도아리수정수센터, 수도박물관 등을 찾아볼 수 있다.

▶ 상수도의 역사 수도박물관 (2014.08.13)

우리나라의 최초의 상수도 역사는 정수장인 뚝도(뚝섬). 조선 태조 이성계부터 성종까지 100년 동안 151차례나 왕이 직접 나와 사냥을 하던 왕의 사냥터였다.

1903년 12월 9일 고종황제는 미국인 콜란트과 보스트위크에게 상수도 부설 경영에 관한 특허권을 주었다.

수원지는 100년의 상수도 역사와 문화 그리고 물과 환경을 주제로 한 상수도 박물관으로 서울유형문화 제72호로 지정되었고 1908년 9월 1일부터 하루에 12,500톤의 수돗물을 시민 125,000명에게 공급 우리나라 근대 상수도 역사가 시작되었다.

뚝도 수원지는 제1정수장 취수 - 침정치 – 여과지(두께25㎝, 자갈층 두께75㎝ 모래층) - 정수장, 송수실, 동력송수펌프로 공급시키는 식수원이었다.
옛날에는 우물에서 두레박으로 물을 길어 보고, 작두펌프로 물지게로 운반할 때는 균형이 안 맞으면 넘어진 경험도 회상이 된다.

70세에도 현장 감리 근무에 감사 (2014.12.22)

서울숲 두산위브 아파트 감리를 2013년부터 감리를 시작하면서 위치는 서울특별시 성동구 성수동 1가 547-1번지 일대 시공회사 두산중공업은 주위 여건이 어려운 가운데 진행되고 있다.

사업 추진 경위를 살펴보면 2006년 3월 제1종 지구단위계획 사전검토 접수, 10월 제1종 지구단위계획 주민제안서 접수, 2007년 4월 서울시 제7차 도시건축공동위원회 사전 자문, 8월 18차 사전 자문, 8월 사업계획승인신청(성수1지역주택조합/아이에스종합건설주), 10월 26차 건축위원회 심의, 10월 교통영향평가 협의내용 통보.

12월 사업계획승인신청 취하, 2010년 4월(성수1지역주택조합) 제7차 도시건축위원회 자문, 5월 시 건축위원회 심의, 2010년 6월 사업부지 한양개발(주)로 소유권 이전등기 완료, 2011년 11월 성수1지역주택조합의 조합인가취소 고시(성동구청), 2011년 11월 사업계획승인신청(한양개발), 2012년 5월 교통영향분석 개선대책 접수, 8월 사업계획 승인, 2013년 2월 사업계획변경승인신청, 2013년 5월 사업계획변경승인, 7월 착공신고, 2013년 교통영향분석 접수되었다.

현장은 공시지는 고가로 총사업비가 1조4백4십8억 원 규모로 7년 만에 어려운 과정을 지내면서 공사가 추진되었으며, 감리입찰일정은 2013년 3월 성동구 공고 제2013-206호로 공사금액 259,109,305천 원, 감리대상 금액은 5,867,530천 원으로 감리대상 공사비의 2.26% 적용, 예정가 97±3%로 15개의 복수예비 가격 3월 26일 개찰, 5월 16일 토문엔지니어링 건축사 사무소와 5,034,177천 원에 계약(감리기간 13.07~17.04)하여 업무 수행 중이다.

사업계획은 건축 연면적 132,366㎡(40,110평)의 47층 688세대, 부지면적 40,348㎡으로 토문감리는 한남수 사장/ 정문기 부사장/ 이을재 총괄감리원/ 건축 박인규 상무/ 김시학 상무/ 김두원 이사/ 구준열 부장/ 송기환 과장/ 토목 구자억 상무(경력이 많은 관계로 6명 선임계로 선정)/ 이승범 상무/ 기계 이상화 부장 11명이다.

전기감리 ㈜신담엔지니어링 박종학 상무, 이철수 2명(감리비 6억)/ 통신 소방은 ㈜한국전설엔지니어링통신 최승룡 이사, 박영표/ 소방 김경일 3명(감리비 4억) 15명으로 편성되었다.

발주처는 한양개발주식회사 대표 한필호, 유종옥 전무/ 유정일 이사, 설계자 에이앤유디인그룹건축사사무소 대표 오성재, 공사시공자 두산중공업주식회사 한기선/ 박지원, 두산현장은 부장 한영희 소장/ 김수용 부장, 정학기 과장, 이수현 사원/ 한규성 공무차장, 신협섭 대리/ 이준봉 건축차장, 이규성 과장, 김병욱 과장, 신경환 과장, 서정원 대리, 한주희 대리, 송창주 반장/ 강성문 품질차장, 김석균 과장, 이현규 대리/ 정재호 안전차장, 김원조 차장, 홍성호 차장, 박기선 과장, 하태규 주임/ 이경재 설비부장, 정석희 사원/ 정창현 전기부장, 정순봉 부장/ 박재곤 사업관리부장/ 임남진, 박상민, 구연진, 류병호, 정성배, 안종호 등 32명이 각자의 업무에 담당하고 있으며 토목직원은 한명도 없어서 이의 제기하니 시행자 시공사 결정사항이라 하는데 이것이 주택법의 헛점인 것이며 이는 건설산업기본법시행령 건설기술자 배치기준에 불합리한 사항이다.

그래서 건축과장 이규성 과장이 토목을 담당하여 슬러리월 기초공사가 착수

되어 지하2층 14m, 지하3층 22m를 45억인 고가 장비 2대가 5개월 동안 정밀 시공 진행되었다. 지하 연속벽 공사는 TOTAL 10,052㎡로 폭60㎝ 깊이 14.15m와 폭100㎝, 깊이 22.25m 굴진하여 철근망 근입하고 콘크리트 타설 양생 후 토공굴토 1차 어스앙카 토공굴토, 2차 어스앙카 토공굴토, 3차 어스앙카 굴토로 토공량이 223,000㎥ 사토 처리되었다.

인근 아파트 천주교 주거시설에 피해를 주지 않고 소음 진동 분지에 지장이 없도록 환경관리 안전관리에 최선을 다하고 있다 .

도면 검토 중 문제점이 발견되었는데 시공사 토목직원이 있으면 조기에 발견되었을 것인데 중간에 측량하고 현장 확인 중에 노출되어 진입로 해결 후 공사토록 강조하고 공사를 중지시키니 시행사가 해결한다는 조건부로 진행이 되었다. 현장 내에는 3층 건물 3동이 법원에 계류 중 철거를 못하고 공기에 차질이 있으니 강제 철거하려 한다.

나는 현장에 출근하기 전 매일 새벽 기도회에 나가 교회와 이웃 국가를 위하여, 가정을 위하여, 직장과 현장(민원문제 해결과 안전 재해가 없도록)을 위해 기도를 하는데 어제도 시행사에서 나와 미 철거건물 사진과 조사를 하기에 강제철거 시 감독을 맡은 감리로서 바로 고발조치 하겠노라 강력히 제기하고 그날 저녁에는 새벽 1시에 일어나 밤을 지새우며 생각에 잠겼다.

아침에 현장에 출근하니 철거하여도 된다는 통지를 받고 어려운 길도 인도하시는 하나님께 감사드렸다. 건물기초를 위하여 RCD 양방향 재하시험을 시험천공 Ø2,000mm로 깊이 20m 이상(연암층 6m 근입) 크렌 80톤 2대 각종장비 시험기가 투입되어 시험 후 결과에 따른 허용지지력 2,799ton 결과치를 기준으로 적용된다.

2014년 4월 16일 오전 8시 58분 진도 앞바다 여객선 세월호(6,825톤, 길이 146m, 폭 22m) 침몰사고 탑승객 476명 중 구조자 172명 실종 희생자 304명 발표로 온 국민이 애도하며 사고 후 구조 수색 210일 만에 구조를 중단하고 사망 304명, 민간 잠수사 수색작업 중 2명 사망, 소방관 현장구조 작업 복귀 중 5명 사망, 실종자 단원고(조은하, 허다윤, 남현철, 박영인) 교사(양승진, 고창석), 승객(권재근, 권혁규, 이영숙) 9명이나 되어 국가적 큰 희생과 슬픔이었다.

정부는 국가적 안전대책 강화로 우리 현장이 대형공사로 수시로 시청 노동부 환경부 안전관리기간 안전점검 현장방문으로 예방대책을 강구하고 있다. 오늘도 우리 현장에는 RCD공사를 위하여 대형크레인 4대 H강 파일천공기 크로아 드릴 덤프 40~50대가 분주히 작업에 임하고 있다.

RCD로 직경 1.5~2m로 연암층까지 시공을 하고 주차장 부위는 팽이말뚝을 하고 영구 배수를 하며 공사는 계획대로 진행된다. 금년에는 특히 20년 만에 마른장마로 현장에는 비가 오는 날짜가 적어 공사가 순조롭게 2014년 말 지하주차장, 2015년 건축기초 골조공사가 순조롭게 진행되어 주어진 공기 내에 공정관리, 시공관리, 품질관리, 안전관리, 환경관리를 철저히 하여 강북에서 제일 품질 좋고 으뜸이 되는 시설이 될 것을 감리단 ㈜토문엔지니어링건축사사무소, ㈜신담엔지니어링, ㈜한국전설엔지니어링, 시행자 한양개발(주), 시공사 ㈜두산중공업은 오늘도 확신하며 주어진 시간에 최선을 다한다.

> "사람이 마땅히 우리를 그리스도의 일꾼이요 하나님의 비밀을 맡은 자로 여길지어다 그리고 맡은 자들에게 구할 것은 충성이니라" (고린도전서 4장 1~2절)

▶ 최선을 다하는 삶 (2015.5.25)

오늘은 석가 탄신일 공휴일이지만 나는 용담리 집에서 새벽 3시 30분에 일어나 조식을 하고 4시 20분에 차로 덕소교회에 와서 기도를 하고 덕소역에서 5시 13분에 출발하여 첫차 지하철로 용산에 도착하여 6시 37분 호남선 KTX 승차 출발하여 전라도 광주 송정역에 8시 36분 도착하여 지하철로 송정공원역 도착 사무실에 출근 8시 50분 도착한다.

우리 회사는 국방시설본부 전라시설단 발주한 15-전-건설사업관리(CM)용역-01으로 총공사비 000억 원으로 설계+시공+사후관리(26건)를 CM하는 임무로 전라지역 광주 북구/광산구, 영광군, 장성군, 강진군, 여수시, 순천시, 고흥군, 나주시, 무안군으로 28개 현장 147km 반경으로 산재되어 있고 교통운행이 어려우며 업무책임이 막중한 국방시설 설계 및 감리이다.

우리 회사는 최두호, 김기성, 한남수, 최기철 대표와 한대수 사장, CM사업단 김순태 사장, 정문기 부사장, 조상호 감리본부장, 김진양 전무, 김우영, 서회정, 김문영, 민진홍, 원정환, 박성현, 김예선, 양재영, 이미로, 박재경, 이남수, 최상용, 백지혜, 도선봉 본부직원과 건설관리용역 전라광주지역 건설사업관리단 단장 고옥열 전무(공학박사 기술사), 공건구 상무, 김학운 이사, 구자억 상무, 박석문 상무, 김현수 과장, 서휘철, 임의선, 손경미 과장, ㈜KD엔지니어링건축사무소 정회선 상무(기술사), 김인환 통신, 기술지원 기술자 건축 김영환 전무(건축사), 토목 김광진 상무, 기계 이철근 상무, KD전기 손영주, 통신 조병기, 소방 이기행, 배치되어 각자의 주어진 임무를 수행하고 있다.

하나님의 인도하심에 이곳 대한예수교 장로회 송정제일교회인 그리스도인 복음으로 사는 사람을 목표로 섬기는 유갑준 담임목사님(아름다운 신문-위대한 지역신문)의 새벽기도회의 영적 말씀에 큰 은혜 받고 특히 5월 11일 ~ 13일 부흥사경회 동안교회 김형준 목사님의 다시 쓰는 인생행전에 큰 도전을 받는 계기가 되었다.

부흥회 기간 동안 덕소교회에서는 대전 중문침례교회 장경동 목사님의 부흥사경회가 있었지만 직장근무 공무상 참여할 수 없었지만 이곳에서 은혜를 받게 하여 주심을 감사드린다.

4월 7일부터 전라광주지역 건설사업관리단 송정에 근무하면서 새벽기도회 첫날 귀가 중 주차가 협소하여 어려움에 있을 때 염동립 장로님이 차를 인도하시어 이를 계기로 장로님과 대화의 계기가 되었다.

연세가 많으신 장로님은 인자하신 인품에다 교육계에 근무하시다가 정년퇴임 후 하나님이 귀한 일꾼으로 성경요절 365(KOREAN-ENGLISH) 발간하시어 큰 귀감이 되어주심과 특히 내가 이 책을 발간하는데 교정과 많은 도움을 주시어 지면을 통하여 감사드린다.

공직 회사 46년 근무 중 이곳 전라지역 장거리 근무는 처음이지만 송정공원 정상에서 보이는 시야는 푸른 숲 넓은 광야는 가슴이 탁 트이며 마음이 상쾌하고 맑은 공기는 조석으로 등산의 건강의 통로이며 식당에도 후한 대접은 넓은 평야의 인심이기도 하다.

국립공원 무등산 천왕봉(1,187m)정상에서 보이는 시야는 더욱 아름답고 경이하다.

현장 가는 곳마다 자연환경은 참으로 아름다우며 원거리 출퇴근은 힘들지만 위로가 되었으며 오늘도 복된 날, 주어진 여건에 최선을 다하여 임무를 수행하고 있다.

> "형제들아 나는 아직 내가 잡은 줄로 여기지 아니하고 오직 한일 즉 뒤에 있는것은 잊어버리고 앞에 있는 것을 잡으려고 푯대를 향하여 그리스도 예수 안에서 부르신 부름의 상을 위하여 달려가노라" (빌립보서 3장 13~14절)

▶ 고향으로 귀향하여 새 삶의 터 (2015.07.16)

50년대 이곳 양서면 부모님과 이사와 보릿고개 어려웠던 때에 양서초등학교에 입학하여 1학년 때 70여명 동급생들과 임 선생님(남)과 황 선생님(여) 두 분들과 지금의 양서고등학교 위치에 초가집 교실에 뱃집 가마니를 맨땅에 깔고 공부하였다.

여름에는 재래식 화장실에서 구더기가 교실로 오기도 하고 친구 이석봉은 화장실 통에 빠져 놀림을 받기도 하였고 전후 때라 미국서 원조하여 온 우유를 끓여서 굳으면 돌 같은 덩어리를 맛있게 먹기도 하던 때가 지나갔다.

2학년 때 지금의 양서초등학교를 새로 짓고 이사를 하고 구 초등학교에는 양서농예중학이 설립되어 1963년에는 남선우의 아버님이 이사장이시고 김병선, 백승기, 홍종태, 박운근이 한 반으로 공부하였다.

나는 백승기와 지금의 집터 옆 구옥에서 납작보리쌀밥을 먹으며 승기네서 기거하며 아침 일찍 새벽에 양수역에 나가 리어카로 양수역 확장 흙나르기 일을 하여 학비를 벌어 수업료를 내고 그것이 종자돈이 되어 도시로 나올 수 있는 기회가 되었다.

그 후 50년이 지나 군복무 공무원 30년과 감리회사 16년 근무 중 그 옛날을 상기하며 학교 옆 땅을 187평을 김포아파트 33평 한 채 팔아서 매수하고 의정부 아파트 35평 매도하여 은행 융자를 받아서 4층 154평으로 건축하기 위하여 평면을 구상하고 이을재 단장, 김두원 이사의 조언으로 평면안 확정, 양평 건축사무소 ㈜명인건축 정동근이 설계하여 양평군청에 허가 신청을 하였다.

당초 45일이면 허가되어 시작하기로 하였으나 많은 민원이 발생지역이라 군청에서 하수설계 용역이 발주 결과가 나오고 예산하여 해결 후에나 된다며 우수처리 해결방안을 제시하여 오라는 것이다.

그리하여 그런 행위는 국민이 세금을 내고 행정절차에 따라 처리하는 것이지 건축허가건과 연관성을 제기하여 행정편의 주의적 처리로 부당성을 제기하며 물이 낮은 곳으로 흐르지 해결방안 답을 달라고 제기하니 2주 후에 허가가 나왔다.

시공은 3개 회사 중 주식회사 예인공영 김두기 사장에게 시공을 의뢰하고 정기섭 상무에게 감리를 요청하여 3월 24일 설계시작 6월 10일 허가되어 장마철전에 기초공사를 하여 민원예방하려고 시작하였는데 주위 민원이 들어 왔다며 공사 중지 지시가 나왔다.

정상적 순리에 따라 하는 일이 주위에서 시기하며 어려움을 주는 것이 현재 우리 사회 속에 한 현실에 실정이구나!

공사를 중지하고 장마계절을 지나 다시 시작하여야 한다는 각오이다. 장마를 대비하여 시공사에 현장관리 보완사항을 통지하고 45일 만에 설계변경 하여 재 허가를 맡고 공사를 재개하려고 현장에 가니 상부 덮개를 소홀이 하여 물이 들어가 발이 빠지며 물 수렁이다.

시공사는 현장관리도 아니하니 오지도 아니하니 나는 2일 동안 물 빼기 배수로를 내고 일을 하니 삼복더위에 힘도 들고 서운하기도 하였다.

4일 후 시공사에서 터파기를 하려 장비 투입하니 명인건축 정동근 이사가 민원이 또 들어왔다고 통지가 왔다.
왜 시기하는 분들이 많을까 생각에 잠기며 왜 이리도 제약이 많은가? 공사가 순조롭게 진행되지 아니하니 예인공영 현장소장이 윤봉길 부장으로 또 바뀌었다.

8월 7일 기초바닥 콘크리트를 시작으로 진행되어 29일 덕소 주공아파트 담보로 2억3백만 원 대지담보로 1억1천7백만 원 = 3억2천 원을 건축비 확보하여 10월 6일 옥탑콘크리트공사가 진행되며 주위 민원예방을 위하여 오후 5시 이후 국경일, 일요일은 작업을 중지토록 하였다.

월동기 전에 공사를 종료하고 금년 내 입주하려고 추진하였으나 가스공사 진입구간 2m가 사도지역 2인 공동소유(장광일 김문자)로 협조가 늦어지기에 가스공사 예스코 경기지사 지사장 정일권, 예스코 서울본사 경영진단팀 한천균에게 4회 방문 협조요청 하였으나 지연되므로 2015년 1월 14일 가스연결 공사가 완료되었다. 2월초에 설계사무소 방문 준공 요청을 하니 도로 분할 대지 경계에서 1m 경계로 하여 97만원 군청 지적계에 신청을 하였다.

또한 보강토 옹벽도 추가로 하여야 한다기에 220만원에 공사를 하는 중 붕괴되어 재쌓기 110만 원 추가되었으며 인사사고가 나지 않은 것을 다행으로 생각하며 하나님께 감사기도를 드렸다.

이에 돌이켜 보면 관에 행정이 민원과 편의주의를 앞세워 법에도 없는 도로 분할을 시키어 부담을 주고 설계사무소는 관계법규 규정에 따라 설계되었던 것을 설계보완 재허가로 공사일정이 연장되고 미온적 업무관계로 지연되고 시공사는 시공 진행함에 공정관리 민원관리 소홀로 당초 계약대로 잘 이행되지 아니하였다.

작은 것 여러 가지(현장 폐기물처리 동생이 처리, 배수로 토사처리, 내부마감 청소, 설비시설 연결부 처리, 공사 주위 환경정리 청소 등 건축주 처리) 통신공사 및 전기공사 지연으로 2월을 넘기고 3월에서야 준공을 하게 됨으로 건물 신축하는데 고충과 어려움으로 나는 신경성 위염이 재발되어 착공을 하면서 7개월간이나 약을 복용하며 진행하니 건축신축 하시는 분은 참조가 되시기를 바랍니다.

9개월간에 현장업무와 집을 건축하며 46년간 직장생활 기간 중 제일 힘이 들었고 새벽 2~4시 일어나며 새벽기도회 4시 40분에 매일 교회, 국가, 직장, 가정을 위하여 기도하고 하루의 일과가 시작된다.

준공이 되면서 덕소교회 문홍선 담임목사님, 정채란 사모님, 최은성 목사님, 이명선 전도사님이 오셔서 입주예배를 드렸다. 이곳에 이사를 와서 그동안의 어려웠던 것을 다 내려놓고 목사님 축복의 말씀대로 하나님 인도하심에 순종하는 저희들의 삶이 되어야 한다.

이곳에 입주를 축하하며 이영환, 김송교, 이영배 선생님 부부/ 송찬석 부부/ 조한운 큰동서 부부/ 이영백 아저씨 부부/ 김형창 이사, 윤봉길 부장/ 이영수, 양효엽, 김봉연, 김영선 권사/ 황성광 동서부부/ 조감회 9명/ 이정재, 김진윤 집사/ 수영장 친구 9명/ 양수석재 정사장/ 김두기 사장/ 김기봉 매제부부/ 1남전도회(이성주 장로, 감석봉, 배태식, 오문진, 윤강한, 최종대, 최완용 집사)/ 남수연 사장부부/ 구윤회/ 윤종일 배창열 집사/ 새가족부(유춘원, 이영섭, 김순덕, 이미경, 문광숙, 박지영 집사)/ 박시언 조부부/ 유럽여행 기도팀(김유성 장로, 이현규 장로부부, 김형태 장로 부부, 이해석 집사부부, 김석봉 집사, 문광숙 권사)/ 홍희표, 정진용, 권용정, 김유숙/ 국훈회(손영만 부부, 정동기, 배경남, 송향례)/ 목왕회(허광무, 이완규, 구문회 부부, 박현산)/ 양서교, 어경찬 이사장 부부/ 김타환 사돈 사부인/ 최경수, 이영수, 김성교, 신준규, 홍갑표, 김주현, 민기보, 유재석 이외 여러분이 방문 입주 축하하여 주셨다.

이에 보답 우리가족은 이 지역 전도 봉사 이웃사랑으로 최선의 삶으로 다하여 제3의 삶을 설계하며 가족과 6명의 손주들과 희망찬 미래를 준비할 것이다.

> “여호와는 네게 복을 주시고 너를 지키시기를 원하며 여호와는그의 얼굴을 네게 비추사 은혜 베푸시기를 원하며 여호와는 그 얼굴을 네게로 향하여 드사 평강 주시기를 원하노라 할지니라 하라” (민수기 6장 24~26)

이른 아침 (2015.08.13)

새벽 4시 30분 대문을 나서며 그린빌라와 내리막길을 지날 때 새벽 첫 닭소리가 고요한 밤을 '꼬끼오' 하면서 연속 시간을 알린다.

50년대 시계가 없을 때는 닭울음소리에 시간 예측을 하며 기차 시간에 다닌 적이 생각난다.
또한 닭소리 나는 쪽은 초등학교 다닐 적에 오솔길 큰 고목 은행나무가 자리를 지키고 있으며 그 옆 최근에 천주교 양수리 성당이 신축된 것이 새롭다.

양수 전철역 65계단을 지나 내려오니 용담리 노인회관 화단에는 천사의 나팔꽃이 향내를 내며 맞이한다.

큰 길옆에는 4층 건물이 지어졌고 언덕계단을 오르니 옛 좁은 골목길이 그대로 있는데 외등이 없어 핸드폰을 켜 어둠을 밝히며 지날 때 귀뚜라미 소리 요란하게 반겨주며 56년 전 등굣길이 생각난다.

전후 포부대가 아직도 자리를 지키며 국토를 수호한다. 내리막길을 지나면 양수초등학교 정문, 10살 때 학교를 짓고 초가집 학교에서 이곳에 새 학교를 지어 이사를 와서 좋아하며 그 넓은 운동장 대운동회 때면 면에 행사에 남녀노소 함께 즐거워하며 지내던 학생시절이 60년이 지난 지금의 세월이 되었음을 더욱 상기하게 된다.

운동장을 가로질러 옆에 대한예수교 장로회 주사랑 교회 이진현 담임목사님이 새벽 열왕기하 하나님 말씀을 강론하신다.

매일 새벽시간에 교회의 교역자 성도들의 하나님 진리의 말씀대로 행하므로 정의로운 사회가 되도록, 국가를 위하여 평화와 안정을, 가정의 식구들의 신앙생활 충실과 미선이가 아이를 건강하게 출산, 6명의 손자들 지혜와 명철로 하나님 일꾼, 훌륭한 인재가 되며 가정의 평강을 위하여, 회사가 모범된 직장으로 사회에 선도의 역할을 하도록 기도한다.

서종면 문호리에서 10명 이내 장로님, 권사님, 성도님들이 원거리에서도 매일 오신다. 우리나라 목사님, 장로, 권사 등 온 성도들이 깨어 회개하며 간절히 기도할 때이다.

목사님이 하나님 대언의 말씀에 매일아침 은혜를 받고 성도의 본분과 국가관 말씀에 성도들이 정위치에서 하나님 말씀대로 살아갈 때 사회가 변화되고 정치가, 경제인, 교육계가 바로 서고 지식위주 교육보다 먼저 인성교육이 바로 되어 인간다운 인격이 형성되어야 우리의 장래가 보장될 것이다.

예배를 마치고 옛 학교 건물에 가니 후면에는 건물이 추가로 신축, 옆 건물은 1개 층이 증축되어 양서중학교가 되어 있었다.
5학년 때 교실은 3학년 반으로, 6학년 교실은 그대로 6학년 반 표시가 창가에 표기되었다. 화강석 계단을 내려와 운동장에 가니 은행나무는 큰 고목이 되었고 이른 아침 참새 떼들이 모여 새소리 참 아름다웠다.

귀가하여 서재에서 차창 가를 보니 남쪽(두물머리쪽)에 까치가 소리를 내고 뒤쪽산(북한강쪽)은 꾀꼬리 아름다운 소리로 '꾀꼴', 각종 새들이 '짹짹' 즐겨 지져대며 아침공기를 더욱 상쾌하게 하여 준다.

이러한 아름다운 우리나라 땅위에서 선조들의 당파와 비합리적과 오판으로 많은 역경과 시련을 지냈고 다시는 과오를 범하지 말아야 할 터인데 정치가는 국민을 위한다는 호도 하에 정쟁이나 하여서야 되겠는가? 진정 국민을 위하시오. 경제인은 부만 축척하여서야 되겠는가? 직원에게 정당한 대우를, 노사는 명분만을 세우지 말고 올바른 정도로, 교육계는 정상적인 교육에 위치에서 교육을, 전교조 이기적 집단을 탈피 스승의 존엄성 회복, 제자에게 바른 인성교육으로 국사 국가관 바로 세우고, 공무원은 국민을 위하여, 군인은 철통같은 국토방위, 경찰은 사회 안녕질서, 법조계는 공정하고 엄정한 법질서, 외교는 주변국에 슬기로운 외교정책, 각성하여 나, 너 자신부터 깨어 거듭나서 바른 가정, 바른 직장, 바른 사회, 바른 정치, 바른 종교관, 바른 국가로 자라나 후세들이 희망을 갇고 전진할 때 평화적 통일과 우리민족 대한민국이 되리라 확신합니다.

"너희가 내 안에 거하고 내 말이 너희 안에 거하면 무엇이든지 원하는 대로 구하라 그리하면 이루리라"

▶ 태평양을 건너는 여행 (2015.10.20)

국훈회 친구 가족 일행은 오랜 계획을 세웠던 여행을 2015년 10월 4일 새벽 4시 20분 양수리에서 출발, 덕소교회에 차를 주차하여 놓고 본당에서 기도 후 덕소역에서 전철 첫차로 5시 13분 출발하여 공덕역에서 공항철도로 갈아타고 인천공항에 도착하니 아침 7시 30분이었다.

공항에 도착하니 손영만, 최혜숙, 정동기가 와 있고 송향레, 구자억, 송의석은 출국 수속을 준비하였다.

여행일정은 하나투어 미국/캐나다 10월 4일부터 10월 13일로 8박10일로 총 상품가격은 2,590,000원+20,000원=2,610,000원을 2,550,000원/인*6인=15,300,000원에 360,000원 할인하였다.
선택 관광과 가이드 지불, 포함 1인당 45만+255만원=3백만 원 경비로, 여정도시는 뉴욕-나이아가라-토론토-퀘백-워싱톤-투레이-뉴욕-귀국 일정이다.

아시아나 OZ0222로 10시 58분 인천공항을 이륙하여 태평양 상공을 지나니 창밖은 푸른 창공에 햇살을 쪼이며 아래쪽은 흰구름 위로 가는 기분이 상쾌하며 도착, 6시간 비행하여 오후 5시 SCTHEL 상공을 지나고, COLD FORTLIARD 상공 37,000피트로, 8시 LALOCHE 상공을 통과 9시간을 비행하였는데 남은 비행 예정시간 3시간 44분 2,574km나 남았다.
지루한 시간에 국제시장 127분을 영화를 감상하며 지나간 세월을 상기한다.

***국제시장** – 1950년 전쟁 시 적군을 피해 흥남부두에서 미7사단 장비철수 완료시 간곡한 피난민의 요청을 수용하여 장비를 해상에 버리고 많은 피난민을 승선시켜 구원하였다.
피난민 대형함정에 승선 시 소형선박에서 동생을 등에 업고 승선 중 떨어져 잃어버리므로 남매의 이별, 그리고 부산으로 피난 온 가족들, 덕수는 아버지를 대신해서 부산 국제시장 점원 일을 하며 생계를 꾸려 나간다.
동생의 대학 교육을 위해 이억만리 독일 광부로 떠나 갖은 고생을 하며 그곳에서 평생의 동반자를 만나고 가족의 생계를 위해 전쟁이 한창이던 베트남으로 가서 기술근로자로 일하는 어려웠던 50년대, 60년대의 삶을 돌아보며!

나는 50년대 전후 이천으로 피난, 부모를 그리워하던 때 1964년 소사 구산동 국립소년 직업훈련소에서 공부하고 있을 때 이준행 사촌형이 광부로 갈 때 그곳에 와서 나를 찾고 격려하며 독일로 광부로 갔고 그 무렵 간호사들은 타국에 가서 우리 대한민국의 국가와 가족을 위하여 헌신하였던 선배들. 1968년 한창 월남전에 맹호, 청용, 백마부대가 자유를 위해 목숨을 바치는 피의 대가이다. 기술자 해외진출로 민족중흥의 도약의 계기의 산 역사를 돌아보며, 오늘 나는 10시간이 넘는 비행기로 여행하게 됨을 새삼 가슴에 와 닿는다. 장시간 비행 중 첫 번째 식사는 한식, 비빔밥, 신선한 과일. 두 번째 식사는 백반을 곁들인 쇠고기 김치볶음과 오렌지, 사과, 주스, 조식, 중식 기내 식사는 양호하였다.

13시간 7분 비행하여 한국시간 밤 12시 5분(현지시간 아침 10시 54분 온도 15도) 뉴욕 JFK공항에 무사히 착륙하여 입국 세관심사 및 짐을 찾은 후 밖으로 나오니 하나투어 김현태 가이드(1-201-655-2424)가 나와 안내를 하였다. 시차도 바뀌고 하루 동안 잠을 못자고 피곤하였으나 여행 일정대로 진행되었다.

숙소는 COURTYARD PARSIPPANY HOTEL

① **첫째날(4일)**

뉴욕관광 - 대형버스로 뉴욕시내 차창관광으로 플랫아이언 빌딩, 뉴욕대학교, 그리니치 빌리지, 차이나 타운, 월스트리트 청동황소, 센트럴 파크, 엠파이어 스테이트 빌딩.

⊙ **엠파이어 스테이트 빌딩** - 맨해튼의 하늘 높이 우아하게 솟아 있으며 1931년의 준공된 뉴욕을 대표하는 건물로 높이가 381m로(탑의 끝까지는 443m) 1일 관광객이 3천5백 명이 찾아오며 빌딩 전망대 86층과(320m) 102층이며 1분간 초고속 엘리베이터를 타고 올라가면 전망대에서 남쪽으로는 다운타운 금융가의 고층빌딩 숲과 자유의 여신상, 북쪽으로는 록펠러센터, 센트럴파크, 서쪽으로는 허드슨 강과 뉴저지, 동쪽으로는 유엔빌딩과 롱아이스랜드가 보인다. 뉴욕 5개 구역 뿐만 아니라 청명한 날에는 뉴저지 해변, 펜실바니아 포코노스, 코네티컷 호수 메사츄세스까지 볼 수 있는 높은 건물이며 84년 전에 고층건물을 지어 뉴욕의 관광명소 대단하며 건물보호와 안전을 위하여 입구 보안검색도 철저하였다.

"여호와께 감사하라 그는 선하시며 그의 인자하심이 영원함이로다" (역대상 16장 34절)

숙소는 COURTYARD PARSIPPANY HOTEL

② 둘째날(5일)

호텔에서 7시 30분 대형버스로 우리 일행(손영만, 최혜숙, 정동기, 송향례, 구자억, 송의석) 6명과 31명(총인원 37명)은 캐나다 나이아가라로 7시간 30분 장시간 이동하였다. 캐나다 국경 육로를 통해 입국심사도 철저히 하였으며 가는 도중 도로, 터널도 없이 아름다웠다.

⊙ **캐나다 나이아가라 폭포** – 캐나다 나이아가라 폭포는 낙차 54m, 너비 675m모양이 말발굽 같다 하여 말발굽 폭포라고도 하며 고트섬을 끼고 건너편 쪽에는 미국 폭포 낙차 56m, 너비 320m로 캐나다 폭포에 비하면 수량은 6분의 1 정도이고 보수공사 관계로 통제하고 주위에 공사 중이다.

폭포는 하늘높이 솟아오른 물보라와 무지개, 모든 걸 집어 삼킬 듯 엄청난 수량을 쏟아내는 폭포의 광경은 감탄을 넘어 자연에 대한 경외, 하나님의 창조 섭리가 아름다웠다.

⊙ **스카이론 타워 전망대** - 스테이크 95불/1인 특식을 하는 동안 1바퀴를 돌며 주위 야경이 참으로 아름다웠다.

⊙ **나이아가라 크루즈** - 안개 속에 숙녀호를 타고 미국 폭포에서 시작해 편자 폭포까지 이어지는 여정을 통해 나이아가라 폭포의 진면목을 볼 수 있으며, 우비를 입고 나이아가라 폭포 바로 앞까지 가서 흠뻑 젖어보는 것도 하나의 매력이며 추억이다
이곳 주위는 낙차고에 따른 수증기 구름과 내리는 물방울은 항상 흐린 날씨와 내리는 비와 같은 것이 특이하다.

⊙ **나이아가라 꽃시계** - 폭포에서 11km 아담베이크 발전소 옆에 위치 큰 꽃시계가 설치되어 있다.

"지혜를 얻는 것이 금을 얻는 것보다 얼마나 나은고 명철을 얻는 것이 은을 얻는 것보다 더욱 나으니리" (잠언 16장 16절)

숙소는 THE OAKS OVERLOOKING NON-FALLSVIEW ROOM

③ 셋째날(6일)

⊙ **토론토 시청사** - 도시들은 대자연 속에 살아 숨쉬는 가운데 자연스럽게 조화를 이루고 캐나다의 제1의 도시이자 세계에서 가장 살기 좋은 도시 중에 하나, 구 시청사는 1899년 준공된 로마네스크 양식 건물로 법원건물이용.
신 시청사는 1965년 빌리오 레벨의 설계 작품으로 20층, 27층의 높이가 다른 아치형의 건물로 거대한 눈을 연상시키며 나단 필립스 광장에 위치.

⊙ 토론토 대학, 스카이돔, 토론토 웰스트리트, 토론토주의사당, 시내관광을 하였다.

숙소는 INTERNATIONAL PLAZA TORONTO AIRPORT HOTEL

④ 넷째날(7일)

⊙ **토론토 천섬** - 캐나다와 미국을 경계를 이루는 세인트로렌스 강 위에 1,864개 섬이 있다는 의미로 천섬(일년 내내 물밖에 나와 있어야하고 최소

나무 2그루)이라 하며 유람선(40불/1인)은 1시간 소요. 각 섬 위에 많은 아름다운 집과 그림같은 풍경을 감상하며 중식을 하며 자연의 섭리를 생각하여 본다.

⊙ **노틀담 성당** – 몽로얄 공원에 위치한 세계 두 번째 규모의 성당으로 석조건물로 37년간 공사가 진행되었다.

⊙ **자끄까르띠에 광장** – 몬트리올 구시가지 중심자리 몬트리올의 활기찬 모습

⊙ **맥길대학** – 캐나다뿐만 아니라 북미에서도 상위권(토론토대학과 대등)에 유서 깊은 대학교

⊙ **몽로얄공원** – 뉴욕 센트럴파크를 비롯한 수많은 조경을 설계한 Frederik Law Olmste의 작품으로 몬트리올을 대표하는 공원.

"여호와의 교훈은 정직하며 마음을 기쁘게 하고 여호와의 계명은 순결하여 눈을 밝게 하시도다" (시편 19편 8절)

⑤ **다섯째날(8일)**

⊙ **퀘백** – 북미의 유일한 성벽도시로 최초 프랑스계 백인이 만들고 영국과 여러 번 쟁탈이 계속된 끝에 영국령이 되었으나 프랑스계 거주민이 다수를 이루면서 독특한 문화형성한 캐나다 최대의 역사 도시이자 유네스코 세계문화 유산등륵이 되어있음

⊙ **샤또 프롱트낙 호텔** – 1892년 건립 123년 전에 프랑스 르네상스 시대에 샤또 스타일로 지어진 퀘백에서 프랑스 정체성을 나타내는 대표적인 건물

⊙ **쁘띠 샹플랭** – 올드 퀘백 로어타운을 대표하는 아기자기한 프랑스식 건물들

⊙ **화랑가** – 다양한 화랑이 한 곳에 모여 있으면서 독특한 분위기 조성되어

야외 미술전 관람하는 기분

⊙ **왕의 산책로** - 세인트 로랜스 강변을 따라 이어진 길을 왕이 산책할 만큼 아름다운 강변산책

> "지혜를 얻은 자와 명철을 얻은자는 복이 있나니 이는 지혜를 얻는 것이 은을 얻는 것보다 낫고 그 이익이 정금보다 나음이니라" (잠언 3장 13~14절)

숙소는 RELAIS GOUVERNEU-SAINT-JEAN-SUR-RICHELIEU

⑥ 여섯째날(9일)

6시 15분 숙소 출발하여 우드버리 커먼 아울렛에 들려 기념품 48불(24개) 물품을 구입하고 7시 50분 캐나다 국경 입국심사를 받는 중 여행 중 1명이 오메가-3 약이 문제가 되어 사실 이야기를 하고 통과되었다.

⊙ **뉴욕록펠러센터** - 미드타운의 중심으로 5~6번가, 48~51번지로 둘러싸인 지역에 21개의 빌딩이 모인 맘모스 콤플렉스(대복합체)가 록펠로센터이다. 프로메타우스의 황금 조각상이 상징적인 로어플라자는 여름에는 분수 장식, 겨울에는 호화로운 크리스마스 트리와 아이스 스케이트 링크로 유명한 장소다. 센터 중심부라고 할 수 있는 70층의 우아한 건물인 G.E 빌딩 최상층은 '톱 오브 더 록 Top of the Rock' 애칭의 명소이다. 빌딩이 밀집해 있고 센터 내에는 6만6천 명이 층수를 합하면 557층의 규모로 각종시설 기능을 갖춘 맨하튼의 도심이다.

⊙ **유엔(UN)본부** - 유엔 국제연합(國際聯合)은 1945년 10월 24일 제2차 세계대전 이후 출범 45년~46년 사이에 런던에서 1차 총회를 시작으로 뉴욕 이스트 강을 바라보는 맨하튼의 터틀만에 있는 시초의 건물은 1949년~1952년 준공과 다그 함마르셀트 빌딩은 1961년 추가되었고 유엔본부의 건설은 미국 정부가 6,500만 달러가 투자되었다.

39층의 사무국 건물은 사무총장, 법률 정세의 차관, 정치적 정세의 차관 사무실로 회원국과 전체 유엔사무국 직원 1만 2,391명(한국인 111명)이 세계질서와 평화를 위하여 근무하고 있다.

남북은 1991년 유엔에 동시가입 정회원국이 되었으며, 국력신장과 함께 세계대통령이라 할 수 있는 유엔사무총장을 2006년 10월 13일 192회원국 만장일치로 선출 유엔총회 때 반기문 총장(충북 음성, 1944년 6월 13일생) 8대를 임명, 총장직 수행과 재신임으로 2007년 1월 1일 ~ 2016년 12월 31일 임무수행.

193개 정회원국을 세계의 평화와 안녕을 위하여 근무하는 총장님과 한국인 유엔본부 사무국 직원 자부심과 국민으로서 자랑스럽다. 정회원국 국기, 그 중에 우리나라 국기가 중앙에서 펄럭이니 더욱 감회스럽다.

◉ 유엔과 한국의 인연은 1950년 6.25전쟁 3일 후 유엔안전보장 이사회는 무력침공 격퇴결의 83호를 채택, 한 달 후 84호로 유엔사령부 설치, 남한은 유엔의 도움으로 대한민국 국토를 보존.

한국전쟁 전몰자 위령비 Korean War Veterans Memorial(Daniel C French Dr.SW & Independence Ave SW)가 있으며 실물 크기에 청동상과 2,400명의 모습을 새긴 비석은 전쟁의 비참함을 느끼게 한다. 경건한 마음으로 전쟁 희생자들의 명복을 빌자.

*50년 6.25전쟁에 유엔(Untions Nations) 참전국은 미국, 영국, 호주, 캐나다, 네덜란드, 프랑스, 뉴질랜드, 필리핀, 남아프리카공화국, 터키, 그리스, 태국, 벨기에, 룩셈부르크, 에티오피아, 뉴질랜드 등 16개국이 우리나라를 위해 피를 흘리며 전사자와 부상자를 발생시키며 도와주었다.
의무지원국은 인도, 덴마크, 스웨덴, 노르웨이, 이탈리아 5개국이다.
한반도를 북한이 공산화 목적으로 북한이 50년 6월 25일 새벽 남침 1953년 7월 27일 휴전협정 체결 시까지 여러 나라(참전 16개국, 의무지원 5개국, 물자지원국 40개국, 전후복구 지원국 7개국)의 도움으로, 남한의 대한민국의 평화를 소원하며, 이산가족의 아픔을 겪고 있으니 연료하신 국민 한세대가 가기 전에 남북이 한민족의 동질성으로 수시로 면회소식 연락으로 대화가 발전되어 평화적 통일을 기원합니다.

⊙ **자유여신상** - 맨하튼 섬 남쪽 끝에서 약 3Km 떨어진 리버티 섬에 있는 자유의 여신상은 프랑스가 미국 독립 100년을 축하하여 변함없는 우호의 선물로 오른손에 횃불을 높이 치켜들고 자애가 가득한 표정을 하고 왼손에는 1776년 7월 4일 날짜가 들어있는 독립선언서를 들고 있는 세계 최대 여성상이다.

> "바른 길로 행하는 자는 걸음이 평안하려니와 굽은 길로 행하는 자는 드러나리라" (잠언 10장 9절)

숙소는 COURARD BY MARRIOTT HANOVER

⑦ 일곱째날(10일)

숙소에서 7시 27분에 출발하여 뉴저지 마트를 경유 12시에 멘델의 최대도시

볼티모 통과, 존스 오페스 캠퍼스와 베비 캠퍼스를 통과하는 동안 길 좌우에는 갈대숲 자연환경이 아름다웠다.
13시 Mibachi Sushi에서 중식 후 워싱턴을 이동, 워싱턴은 미국의 정치와 행정의 중심지로서 백악관, 국회의사당, 펜타콘 연방정부 기관들이 집중되어 있는 미국의 수도이다.
벚꽃나무가 많은데 벚꽃 필 때면 관광객이 많이 오는데 원산지가 우리나라로써 이것이 일본으로 가서 일본서 재배되어 온 기증수목이라 한다.

⊙ **항공우주 박물관** - 15시 40분 스미스소니언 박물관중 하나인 우주박물관은 라이트 형제 비행기부터 아폴로 우주선, 스페이스 셔틀까지 전시되어 있는 항공역사의 모든 것이 담겨있는 전시장이다.
1969년 7월 20일 아폴로 11호 선장 암스트롱이 우주선 발사 100시간이 지난 달 표면 고요의 바다에 인간 최초로 달 착륙 첫발 내리는 감격의 순간을 TV 생중계 모습을 보았기에 그 자료들이 박물관에 전시됨과 설명 감명이 되었다. 각종 박물관 자료들이 많이 품목별로 많이 전시되었다.

⊙ **백악관** - 미국의 많은 역사적 외교, 정치 결단이 행해지고 세계 각국의 저명인사가 초대되는 백악관은 200년 동안 미국 대통령의 관저이자 집무실이었다. 워싱톤 기념탑에 서 북쪽에 맞서 있는 이 웅대한 건물은 제임스 호번에 의해 1800년 완공되었으며 2대 대통령인 애덤스가 백악관이라는 이름은 1814년 독립 전쟁에 타고 남은 부분을 하얗게 칠한 것에서 유래하며 보수공사를 여러 번하고 132개의 방이 있다.
이곳을 방문하는 동안 우리나라 고등학생들이 많이 있어서 확인하니 전라도에 있는 과학고등학교에서 수학여행을 이곳으로 온 것이다. 나는 27세 결혼하며 제주여행도 못하고 버스로 현충사에 가서 이순신 장군의 얼을 상기하며 여행을 하였으며 70년 만에 이곳에 왔는데 세월의 흐름이 실감난다. 자라나는 학생들 바른 교육관 인성교육이 잘되고 선진국에 좋은 모습을 받아들여 우리 대한민국의 훌륭한 인재들이 되기를 기원한다.
세계 각국에서 관광객들 다양한 피부색과 인파가 질서정연한 모습이 도시다운 아름다운 모습이다.

⊙ **링컨 기념관** - 몰 서쪽 끝부터 워싱턴 기념탑과 국회의사당 정면으로 내려다보고 있는 링컨 기념관은 파르테논 신전을 본뜬 장엄한 건물로 1922년 완성한 제16대 대통령 에이브러햄 링컨의 거대한 좌상(높이 5.8m)이 있다.
36개의 도리아식 원주는 그가 암살(1865년)될 당시의 주(州)의 수, 좌상의 왼쪽벽에 '국민의, 국민에 의한, 국민을 위한 정치'(the government of the people, by the people, for the people)라는 유명한 게티스버그 연설이 우측 벽에는 링컨의 제2회 취임 연설문이 조각되어 있다.

> "여호와는 나의 사랑이시오 나의 요새이시오 나의 산성이시오 나를 건지시는 이시오 나의 방패이시니 내가 그에게 피하였고 그가 내 백성을 내게 복종하게 하셨나이다, 여호와여 사람이 무엇이기에 주께서 그를 알아 주시며 인생이 무엇이기에 그를 생각하시나이까, 사람은 헛것 같고 그의 날은 지나가는 그림자 같으니이다" (시편 144편 2~4절)

⑧ 여덟째날(11일)

숙소에서 8시 식사를 마치고 조지타운대학으로 가는 중 산림수목이 아름다웠다.

⊙ **죠지타운대학교** - 포토(Potomac River)강변 언덕위에 위치한 Washing tom D.C로 1789년 설립 226년 전 역사를 지닌 본관 앞에는 창립자 존케놀 주교 도상이 세워졌다.

대학은 20위권의 명문대학으로 학생수 7,600여 명, 아시아인 250여 명(8%)으로 연간학비는 $46,700여 불 정도로 독특한 건축양식과 주위건물 고목의 조경수 주위와 강 운하 주위 안개의 아름다움이 경이롭다. 유학은 안 왔지만 교실방문 의자에 앉으니 유학생 기분으로 강단에 서니 선생님 기분도 들고 학교 교내 방문 잘 하였다는 생각이 든다.

⊙ **한국전 참전용사 추모공원** - "알지도 못하는 나라, 만나본 적도 없는 사람들을 지켜달라는 부름에 응한 미국의 아들, 딸들을 기리며…" 미국 워싱톤 시내에 있는 한국전 참전기념공원에 새겨진 글귀다. 이 기념공원에는 6.25전쟁의 참상이 적나라하게 묘사되어 있다. 미군병사 19명의 전투장면을 도상으로 새겨 동이 트고 석양이 질 때까지 동상의 그림자가 공원주변을 맴돌면서 그림자를 포함한 38명의 미군병사 모습이 38선을 상징토록 했다. 나는 이곳을 한 바퀴 돌아보며 옛 6.25전쟁을 상기하며 희생된 분들께 머리 숙인다.

대전현충원 설계 감독을 하면서 여기 인근 알린톤 묘역 마스터플랜 참조하여 설계도 진행되었는데 가보고 싶었지만 개인행동을 할 수 없어 생각에 잠긴다.

오늘 워싱턴 여러 곳을 늦게까지 방문하며 바쁜 일정 보람된 하루였다.

> "악인의 팔은 부러지나 의인은 여호와께서 붙드시는도다, 여호와께서 온전한 자의 날을 아시나니 그들의 기업은 영원하리로다" (시편 37편 18~19절)

숙소는 CROWNE PLAZA RPCKVILLE HOTEL

⑨ **아홉째날(12일)**

⊙ **자연사 박물관** - 이 박물관은 1846년 건립한 13개의 박물관과 미술관, 동물원 등이 모인 종합 박물관이다. 자연 그대로의 세트 안에 새와 동물들, 공룡의 화석, 40억 년 전의 화석, 플랑크톤, 각종 곤충도 전시되어 있다.
오전에 뉴욕 방문시 못한 곳인 조지타운 M 스트리트 역사박물관, 워싱턴 하버 여러 곳을 돌아보고 중식 후 뉴욕으로 돌아오며 뉴저지 브릿지 교량, 비행장 인근 경유 한인촌에 가니 국내 광고간판 각종 생활시설이 있어 유용하게 사용토록 시설이 되어 있으며 입에 맞는 한식으로 맛있게 식사를 하였다.
내일 3명은 바쁜 업무일로 귀국을 하고 3명은 애틀랜타로 갈 준비를 하고 8시에 숙소 COURTYARD PARSIPPANY HOTEL로 왔다.

⑩ **열째날(13일)**

숙소에서 9시 출발 뉴욕(JFK)공항에 도착하니 10시가 되었다. 정동기, 손영만, 최혜숙은 귀국길로 아시아나 OZ0221 13시 25분으로, 구자억, 송의석, 송향래는 정연균 친구가 예약한 델타항공(ATL) 15시 40분으로 출국수속을 다

마치고 공항에서 제일 잘한다는 피자와 음료수로 중식을 하고 헤어졌다.

⊙ **애틀랜타** - 델타항공(DELTA AIR LINS INC) DL 0445편으로 16시 52분 이륙하였다. 이곳은 2분 간격으로 미국내·외 항공이 이륙하는데 시간이 지체되었다. 이륙 및 착륙이 자주 한다고 하여 18일 일기가 안 좋으면 이곳에 도착 하루에 한 번 밖에 없는 아시아나를 못타면 어찌하나 생각이 들었다.
10분이 지나 고도에서 보니 우측은 바다를 끼고 맑은 햇살, 아래는 작은 건물 도로와 숲 차량 있는 곳은 보이며 20분을 지나니 호수와 산림 청명한 날씨와 공기 자연의 풍경이 아름다웠다. 40분이 지나니 광활한 산맥만 보인다.
18시 32분(1시간 40분 후)에 애틀랜타 도착하여 지하철 한 역을 타고 가서 여행가방을 2개는 찾았으나 1개(송향례 여행가방)가 없다. 1시간가량 수소문하여 연락처를 남기고 마중 나온 정영균네 집(3532 HARD Creek LN Buford, GA 30519)으로 가니 종관이 어머니를 오래간만에 반갑게 맞이하여 주시며 방 2개를 주시어 사랑하는 친구네 집에서 숙식을 하며 이 지역 여행을 하기로 하였으며 항공예약금 3인분 1,335불 지불하며 감사할 뿐이다.

⑪ **열한번째날(14일)**
어제 소화물 배달이 안 되어 경희모친 여행가방을 택배원이 대문 앞 안 보이는 야외장소에 놓아두어 찾게 되니 고마웠다.

⊙ **스톤마운틴 (Stone Mte Park) 돌산** - 애틀랜타 다운타운에서 동쪽으로 25km 스톤마운틴 돌산은 세계 최대의 화강암 노출광으로 대광원의 숲 한가운데 우뚝 솟아있으며 하나님의 창조하심이 경이롭다.
왼쪽에는 제퍼슨 남군 연방대통령, 롬바르리 총사령관, 스톤잭슨 장군상을 3명의 조각가가 1916년부터 릴레이식으로 1970년 완성한 것도 있다.
동산주변을 도는 기찻길 낭만을 즐기며 기차가 오고 있네!
관광기차가 지나간 뒤 정영균, 구자억, 송의석, 송향례 4명은 등산으로 올라가니 각국에서 많은 관광객이 오르고 있으며 서로의 대화는 통하지 아니하지만 관광 목적이 같으니 외국인과도 사진도 찍고 국적도 물어보았다. 산 정상에 오르니 분재와 같은 소나무가 바위틈에 뿌리를 내리고 생명력이 강하며 이곳에서 저 들판을 바라보며 김밥과 음료수를 마시고 휴식을 취하며 지난날을 회상하며 즐거운 대화를 하였다. 반대쪽으로 케이블카도 설치되어 있으며 공기가 맑으니 멀리보이는 들판이 아름다웠다.

⊙ **이트무르베리 공원** - 공원 내 울창한 수림은 수고가 30m정도 되는 나무가 많으며 도토리나무 도토리 알맹이도 많이 떨어져 있으며 야생 사슴이 내 옆 가까이 오기도 한다. 3시간 코스로 즐거운 등산여행이었다.

> "주 안에서 항상 기뻐하라 내가 다시 말하노니 기뻐히리" (빌립보서 4장 4절)

⑫ 열두번째날(15일)

⊙ **산삼을 캐다** - 우리 일행 4명은 조식을 일찍 마치고 점심 김밥을 준비하여 등산을 갔으며 차량으로 이동하는 동안 도로 주위환경 단풍으로 참 아름다웠다. 12일 동안 여행 중 처음으로 산행을 하게 되었다.
산마루터 도로 옆 수풀공간에 차량을 세워놓고 계곡을 지나 산을 넘고 넘으니 울창한 수목 소나무가 한 아름이 넘으며 하늘이 보기 힘들 정도로 수고가 30m쯤 되는 나무들이 많다. 이곳은 산삼도 있는 곳이라 하여 내 생전에 산삼을 찾을 수 있을까? 1시간 30분을 등산 겸 찾으며 다닐 때 드디어 넝쿨 옆에서 산삼을 이곳에서 난생 처음으로 한 뿌리를 찾는 감격의 순간이었으며 기뻤다. 찾았다고 소리쳤다.
1950년대 우리 아버님께서는 배고픔을 칡뿌리로 양식을 하러 갔을 때 칡뿌리를 많이 캐던 중 이상한 뿌리를 옆에 캐어놓고 집에 와서 옆집분과 대화하던 중 이야기하니 인삼이라 하여 그곳에 가니 없어졌더라 하며, 인삼 캐는 것도 다 주인이 있다고 하신 말씀이 생각이 났다. 한참을 산행하니 계곡 맑은 물도 경치도 청정공기도 좋으며 정글 속 앞으로 가기가 힘들 정도로 수풀이 우거져 있다. 나는 앞장서서 길을 선도하며 다녔다. 토목현장을 감독이나 감리를 하면서 1~2시간 현장을 다니며 일하는 것이 산행에도 도움이 되었다.
숙소에 돌아와 석식을 하며 오늘 산행의 운동과 즐거움을 나눌 때 친구에게 귀한 인삼 설탕재움 특별대접을 받았다.

나는 집에서 과일에 설탕재움 발효되어 먹어본 적이 있어 친구의 권유로 소주잔의 1/3정도를 마시었다. 조금 있으니 어지러움이 있어 내 방으로 먼저와 있으니 속에서 열이 나고 어찌할 바를 모를 정도로 힘들어 식수를 한 대접 마시고 안정시키고 수면을 취하였다.

> "여호와께 감사하라 그는 선하시며 그 인자하심이 영원함이로다" (시편 107편 1편)

⑬ 열세번째날(16일)
아침에 아내가 어제 내가 캐온 산삼이라며 나는 감사한 마음으로 먹고 박효진 장로의 간증을 감명 깊게 들었다.
아울렛 매장 구경을 가니 물건도 많고 고가의 명품도 다양하게 많지만 아내는 구경을 하고 구입은 하지 아니한다. 검소한 가정생활에 습관이 되어서 우리 수준은 아닌 것 같다. 아내 옷 한가지와 손주들에게 줄 약간의 과자류를 구입하고 돌아왔다.
여주 동기네 집을 갔을 때 아울렛 매장 물건을 구입하려고 많이 오는데 이곳 역시 마찬가지였다.

⑭ 열네번째날(17일)

⊙ 조지아 수족관 - 미국에서 가장 크다는 조지아 수족관은 450여 종의 수중생물 10만 마리의 물고기가 헤엄쳐 다니는 가운데 4마리의 고래상어(12m까지 자란다)가 있으며 세계에서 최고라 할 수 있는 시설과 어종 다양하며 관광객도 많이 왔다.

⊙ 마틴 루터킹주니어 목사 기념관 - 조지아 주 애틀랜타에 흑인 인권운동가 마틴 루서 킹 목사는 이곳 애틀랜타에서 태어나고 생가 주변을 보존지역으로, 자유와 평등을 사랑하는 사람에게는 마음의 안식처다. 비지터 센터에서 사진 패널과 비디오를 통해서 킹 목사의 생전의 활동모습 소개하며 건너 왼쪽에는 프리덤 홀에는 킹 목사의 유품과 업적에 대한 자료를 전시한다. 그 건물 앞에 인공연못 중앙에 놓여 있는 관이 킹 목사의 묘이다. 서쪽에 있는

에버니저 침례교회는 그가 목사로 일하기 시작한 곳으로 정영균, 송향례, 송의석, 구자억 4명이 함께 사진도 촬영하였다. 기념관에 2층 건물과 부속 건물로 상세히 기념되었다. 생전에는 인권운동가로 많은 고생을 하였지만 그의 공로는 흑인들의 우상이 될 정도로 많은 관광객이 그의 발자취를 돌아본다.

*__도산 안창호 발자국 동판__ – 마틴 루서 킹 목사 기념관에 우리의 자랑스러운 선조 독립운동가 도산 안창호(1878년~1938년) 선생의 킹 목사 역사 유적지에서 안 선생의 "발자국 동판에 안 선생의 아호 도산은 한글로, 안창호라는 이름을 영어로 새겼다" 헌핵됐다. 킹센터에서 한글로 안 선생을 알릴 수 있어 감개무량함을 느꼈다. 인권 박물관에는 세계인권운동사에 큰 발자취를 남긴 20인의 동판이 들어서 있다.

⊙ **코카콜라 박물관과 CNN본사** – 코카콜라의 발상지인 이곳은 1886년 언더그라운드 애틀랜타에서 팔기를 시작으로 200여 국가에서 애용하는 콜라, 입장료를 내고 들어가니 대형의 콜라병이 전시되어 있으며 이 회사에서 전 세계에 공급하는 탄산 음료수를 시음해 보았는데 각국의 입맛에 따른 색깔 맛이 다르며 계속 개발하는 모습이 보였다. 뒤에는 유명한 미국 암 연구학회가 73층 Westin Peachtree plaza hotel이 있다. 코카콜라에서 올림픽공원을 지나가면 CNN 본사(24시간 내내 전세계 뉴스만 보도하는 유선TV방송국)가 있는데 언론에 유명한곳이라서 CNN 앞에서 사진도 찍었다.

"노하기를 더디 하는 자는 크게 명철하여도 마음이 조급한 자는 어리석음을 나타내느리라" (잠언 14장 29절)

⑮ **열다섯번째날(18일)**

주안침례교회(In Christ Baptist) – 담임 임병오 목사 Rev. Byoung Lim 887 Dean Rd. Lawreenceville, Ca 300043 (404)992-5106

> "오직 성령이 너희에게 임하시면 너희가 권능을 받고 예루살렘과 온 유대와 사마리아와 땅 끝까지 이르러 네 증인이 되리라(사도행전 1장 8절)"

옛사람과 새사람 – 본문 에베소서(4장 17절~24절) 사람은 누구나 새로운 시작을 하고 싶어 한다. 복음을 깨달으면 깨달을수록 더 그렇다. 어떻게 하면 새로운 시작이!! 말씀대로 하면 된다.

성도의 권세 – 전도(전도의 단계에서 말씀이 성취되고, 기도의 응답이 되고, 증거가 일어난다)

제자(성경적으로 지속하면 복음 중심으로, 영적세계 중심으로, 살아 역사하는

말씀으로(히브리서 4장 12절)
1) 이미 우리의 신분이 바뀌었다. 2) 세계복음화의 방향도 주셨다. 3) 삶에 성공하는 방법, 세계복음화 하는 방법도 주셨다. 그러므로 자신만의 성령 충만 받는 방법을 찾아내라,
말씀의 능력이다. 유일성의 응답이 싸우지 않고 이긴다.
오늘은 시내관광과 가족 친지의 줄 기념볼펜과 손자에게 줄 선물을 사고 내일 귀국 준비를 하였다.

⑯ 열여섯번째날(19일)

아침 일찍 5시에 숙소에서 안내자 스티브리(Steve Lee = www Vacatin com/Vacation com Steve Lee)와 출발하여 6시에 공항에 도착하여 안내 수속에 도움을 주어 고마움으로 식사하라며 50불을 사례하였다. 여행가방을 뉴욕에 도착 찾아서 아시아나로 화물을 부치는 것이 이곳에서 한 번에 뉴욕 인천으로 해결되니 뉴욕 도착 인천으로 탑승 여유가 되어서 안심이 되었다.

⊙ 조지아주 - 조지아주의 면적은 한반도의 2/3정도로 인구 900백만(2000년후 6년 사이 인구 100만이 증가) 정도로 인구밀도도 적으며 기후조건도 겨울날씨에 한 번 정도 눈이 올 정도로 춥지도 아니하고 좋은 조건으로 한인타운과 상원의성장 한인이 5만이상이나 되며 국제적 도시로 활발히 진행되고 비전있는 도시라 생각이 들었다. 8시 24분 B757-200(S) SAFETY INFORMATION 이륙하였다.
델타는 1,300대의 항공기를 6대륙 걸쳐 350개의 목적지 출항하며 우리나라는 대한항공이 직항을 하며 우리는 초행으로 경험이 없어서 뉴욕을 경유 델타에서 아시아나를 갈아타는 번거로움이 있다.
뉴욕(JFK공항)에 10시 1분 착륙, 11시 20분 하나투어 예약 귀국 OZO221 수속을 마치고 13시 25분 탑승 14시 15분 이륙하여 출발하니 안심이 되었다.
14시 50분 비행거리 11,699Km, 속도 844k/h, 고도10,058m, 외기온도 -47°c이다. 16시 7분 시부가모 상공을 지날 무렵 육지에는 눈이 하얗게 보인다. 한참을 지나니 좌측은 사니키루아 해상 비행, 밝은 햇살 하얀 뭉게구름 사이로 보이는 산맥이 온통 하얀 눈으로 장식되어 참으로 아름다웠다.

16시 34분 속도 685k/h, 고도 10,668m에서 포스테테라벨 상공 지날 무렵에는 얼음판의 반사가 빛내준다.
사니키루아크 상공을 지나 외기온도 -47°c, 코럴하비 바다상공 속도 696k/h, 외기온도 -58°c에 석양에 날개 옆에서 내뿜는 항공가스가 뿌엿게 보이는 것도 신기해 보였다.
18시 25분 속도 846k/h, 고도 10,668m, 외기온도 -50°c의 이글루릭(북극만)을 지나 10시간이 지났으며 20시 25분, 밖에는 햇빛이 비치며 바다 위 뭉게구름만 보인다. 자쿠추크 상공 02시 10분(한국시간 새벽 3시 10분) 블라고베시첸스코 상공을 속도 870k/h, 02시 45분 하얼빈 상공 속도 827k/h, 고도 10,363m, 외기온도 -55°c로 남은 비행시간은 1,476Km이다. 3시 53분 다렌상공을 지나 비행시간 14시간 28분만에 새벽 5시 54분 인천공항에 안전하게 착륙하였다.

"진리를 알지니 진리가 너희를 자유롭게 하리라" (요한복음 8장 32절)

*미국 캐나다 여행 16일 동안 태평양을 건너 2개국을 방문하는 동안 그 넓은 땅과 경치도 공기도 좋고 다니는 동안 도로나 터널 한 군데도 지나지 않은 광활한 지역이며, 북극을 지나는 동안 밤이 없이 지나온 것, 하나님의 창조하심 상기하며 최선을 다하는 감사의 삶이 되기를 기도한다.

▶ 고희 (2015.11.03)

7월 14일 구리시 인창동 대영빌딩 9층 스칼라티움 그랑팰리스홀에 뷔페 33,250원/1인 계약금을 주고 송월타월 200개를 주문하였다. 10월 31일 오후 6시 30분 덕소교회 문홍선 담임목사님, 정채란 사모님, 장로님, 권사님, 집사님, 가족, 친지 가까운 이웃을 모시고 고희연 예배를 드리며 목사님 말씀, 장로님 기도, 아들의 고마움 인사, 자녀들과 손자들의 꽃다발, 딸이 언제 준비 하였는지 지난날의 동영상과 대학동문회 이영수 교수, 이정형 사장의 밴드, 악기, 성악 등을 하며 보람된 고희연을 지내니 70여 년 동안 희로애락의 시간이 회상된다.

오늘 참여하신 분은 문홍선 담임목사님, 정채란사모님, 이명선전도사, 구주회, 구종회, 김송교 강원대 전 교수님부부, 이영환선생님부부, 구본홍, 구성모, 김은혜, 김타환 사돈부부, 구완분, 박형호, 박시언, 박주언, 시언조부모, 큰아버지부부, 구미선, 윤성빈, 윤동선, 윤동준, 윤동연, 구자준, 구본수, 김영자, 구지혜, 박성철, 박현후, 구교순, 김재호, 김다현, 구자범, 구예본, 구본길, 변정선, 예본조모 삼촌, 큰처형, 송찬석부부, 송장석부부, 구문회, 구윤회, 구인회, 구철회, 이계덕, 이계화, 유덕희, 김충기, 이선행, 황성광부부, 유정자, 조한기, 구정회, 박현산, 김석조상무, 정동기 국소훈 동문, 김서영, 토문엔지니어링건축사사무소(이을재단장, 박인규토문상무, 문경수상무, 정기섭상무), 국방부조달본부(권용정, 이상득, 이학주, 문종태, 김유숙, 박용일), 서울과학기술대학동문(이영수교수, 김성규교수, 이정형사장, 신준규, 김주현단장, 하해창사장, 최경수), 초등학교동창(권병희, 박운근, 홍종태, 이호열), 대한예수교장로회 덕소교회장로(김유성, 이현규, 장명칠, 한상학, 김형태), 안수집사(윤종석, 최종대, 김석봉, 김재철. 유춘원, 오문진, 이정재), 집사(방완덕, 윤주상, 이해석, 윤송인, 최완용, 윤강한, 이미경, 이영심, 김명직), 이지연 등 150여명이 참여하시어 고희를 축하하여 주시었다.

나는 그동안 도와주시고 후원하여 주신 보답으로 축하금은 받지 아니하고 식사대접과 해방둥이의 인생여정 발간 책자 1권과 타월 1매를 드리며 보답하였다.
행사비 식대 5,504,500원, 도서출간(500부) 4,061,030원이 지출되었으나 보람이 있었고 참여 못하신 가까운 지인 이문행, 황효수 CM협회장, 김장수, 권영석, 이순덕, 김영희사모님, 김동숙 방위사업청, 강신목이사, 대전장로교 염동립장로, 신광순 철도협회장, 전국방시설본부장, 박병희 장군, 양서농협 여운구조합장, 양서주사랑교회 이현진목사님, 변종훈장로, 하정윤장로, 이남수장로, 권광섭, 지동환, 신천우, 전덕근, 이의원, 유상근, 이근교, 유옥분, 이석봉, 이순교 덕소교회집사(송태원, 문동근, 서석봉, 명영철, 이영섭, 김순남, 이명숙, 민홍기, 배태식, 김진윤, 정주식, 심재문, 김현식, 이홍영, 김기홍, 김성훈, 이종범, 백석현, 백석현, 김진규, 노강우, 성명철, 이석종, 한장수, 김학모, 박금자, 손대원, 김기선), 국방시설본부(차무길부이사관, 안은석서기관, 남대현사무관), 남수연, 조달본부감리회(김극용, 박영대, 오홍수 까치건축전무, 강창석, 오형선, 이용우, 류정섭, 신현선, 홍희표, 정진용, 김순신, 송금섭, 이명제, 이상목, 이용우, 정승배, 배수진사장), 전광남, 김일동, 이중화, 유완근, 조성일, 이소연, 장인애, 김연희, 김선형목사, 김성열장로, 방태성장로, 구명회(가평), 구자원, 구자성, 구동회, 배경남, 장영숙, 석화경, 지동환, 이충호, 김학운, 구윤회, 유봉근, 전영철, 대전중문교회장 춘만목사님, 김천재목사님, 어병록, 양서고, 옥천보건소, 임병욱, 박덕흠 국회의원(동문), 김영수목사님, 안병수(한국안전기술협회본부장), 서울과학기술대(박성하, 주재식, 정운영, 권영호) 이중화, 김용하, 양석원(롯데), 토문엔지니어링건축사사무소(김순태사장, 정문기부사장, 조상호본부장, 김진양전무, 김시학상무, 이홍섭단장, 강승상무, 천종영이사, 임병욱이사, 구준열이사, 김두원이사, 박종오부장, 서정희차장, 박형근단장, 한상헌상무, 김동명이사), 이관조, 이옥근, 장종출장로, 장명화권사, 이옥희, 김웅수, 이주환, 구자권, 유재석, 이석영, 민기보, 이용식(대전현충원), 이성대(대전과학연구소), 이복순, 박영준, 정영섭, 다우건설(이경희소장, 박영준차장, 송일민과장, 구용회 종중회장, 구철회(천안), 구자만, 구태회, 구웅서, 이교성, 이광재, 손경주, 신수진, 신정애권사, 손영만, 이장용, 배경남 등을 직송과 소포로 배달 하였으며 이 책을 보신 분 가정에 바른 인성교육과 국가관이 바로서는 계기가 되기를 기원합니다.

> "하나님의 말씀은 살아 있고 활력이 있어 좌우에 날선 어떤 검보다도 예리하여 혼과 영과 및 관절과 골수를 찔러 쪼개기까지 하며 또 마음에 생각과 뜻을 판단하나니----한번 죽는 것은 사람에게 정해진 것이요 그 후에는 심판이 있으리니."(히브리서4장12절/9장 27절)

구자억집사 송의석권사 고희연

구자억집사 송의석권사 고희연

구자억집사

▶ 유럽성지순례 (2016.02.16)

덕소교회 둔홍선 담임목사님께서 성지순례 출국기도를 하여 주시었다. 수 천년 전 성경의 위대한 사도바울과 선배들이 자신의 사명을 감당하며 삶의 흔적을 남긴 지구상의 땅 터키, 그리스, 이태리, 스위스, 프랑스, 영국을 성지순례하였다.

순례자 (김유성장로, 이종연권사) (하정운장로, 전찬금권사) (이현규장로, 김순향권사) (김형태장로, 추미자권사) (유춘원집사, 문광숙권사) (이해석집사, 이용순권사) (구자억집사, 송의석권사) (김석봉집사, 박소정집사) (이정재집사, 신명숙권사) (백일선집사, 윤송인 사) 일행 20명은 김포공항에 도착하여 두루투어 여행사 최상만 안내자와 출국 수속을 마치고 대한항공KE955편으로 14시 25분 이륙하였다.

고도 10,972m, 속도 718-859km/h로 인천공항 출발, 서해바다 드높은 창공에는 밝은 태양빛 하단에는 하얀 뭉게구름이 솜방울 마냥 한 폭의 그림처럼 아름답다. 베이징 상공, 비오터우, 우루무찌, 바쿠호스, 앙카라 상공, 비행시간 11시간 50분으로 터키 이스탄불 도착하니 김이보 선교사가 안내를 하였다.

[터 키]

① **돌마바체 궁정** – 궁정은 목재 건물이었으나 1814년 화재로 하압둘마지드 술탄이 1856년부터 칼라프인 압될메지드 1924년까지 살았으며 석조 건물로 준공되었다. 궁전은 285개의 방과 44개 거실, 14,595m²의 부지로 내부 장식이 금 14톤, 은 40톤, 크리스탈과 각종시설 실크 카페로 장식 호화스러움의 극치이다. 입구에는 시계탑 27m, 건물 내는 오스만 제국 시대의 술탄이 사용하였고 건물은 화려하고 내부는 사진촬영이 금지되었다. 돌마바흐체 접견실, 살타낫문 하렘 유리성 시계탑과 앞으로 강과 주위 배경이 아름답고 지하철 교통의 요충지 인근에는 유럽과 아시아를 연결되는 큰 다리 길이가 1,510m 하부에는 대형 선박이 다니는 것이 인상적이며 우리나라도 3면 바다와 큰 강

을 개발하여 해안운송과 관광 개발을 하여 발전의 기회가 되었으면 생각이 든다.

② **갑바도기아** – 터키의 수도 앙카 동북방향 320km 위치한 내륙지역으로 베드로가 택함을 입은 자들에게 안부를 묻고 편지를 보낸 곳으로 당시 많은 기독교인이 숨어 살았던 초대교회의 지역이다. 유대인과 로마제국의 박해를 피해 지하 동굴에 기독교인들이 동굴에 숨어 지낸 곳이다. 토질은 사암으로

형성되어 있으며 유구한 세월이 흐르는 동안 사암은 비나 풍화작용에 의해 깎여 나가고 지금은 마치 버섯 모양과도 같은 바위 형태로 광활한 계곡을 이루어 자연의 신묘한 조각품이다.

③ **성소피아 교회** – 이스탄불이 비잔틴 제국의 수도로 콘스탄티 보불이라고 불렀던 6세기에 건축되었다. 1453년 이후 터키의 지배에 들어가 이슬람교의 모스크가 되고 하기아 소피아 대성당이라 부르던 비잔틴의 걸작으로 모자이크 대리석기둥이 큰 성당이다.

④ **괴뢰메 동굴교회** – 괴뢰메란 '보이지 않는'이라는 뜻으로 기독교인들이 박해자들의 눈을 피해 버섯모양 동굴 입구를 보이지 않는 곳에 만들었다는 데서 붙여진 이름이라고 전해진다. 기독교인들이 바위에 굴을 파고 들어가 숨어 살기 위한 곳으로 데린쿠유는 지하85m(지하 20층 규모)에 주택, 학교, 식량저장소, 우물, 환풍통로, 지하교회 등이 구비되어 있다. 특히 환풍, 환기를 중시하여 수직구조로 공기가 잘 통하도록 설계되고, 그 축을 중심으로 양 옆으로 생활공간을 조성하는 과학적인 원리로 만들어졌다. 실제로 약 3만 명이 사람들이 6개월간 살 수 있었다고 하며 안에 들어가 보니 큰 규모였다.

“나를 보내사 포로 된 자에게 자유를, 눈 먼 자에게 다시 보게 함을 전파하며 눌린 자를 자유롭게 하고 주의 은혜의 해를 전파하게하려 하심이라 하였더라” (누가복음 4장 18~19절)

⑤ **히에라폴리스 고대 유적지, 파묵칼레 노천 온천** – 그리스 로마식 온천 시설 있는 곳으로 온천수 분지와 수영장 등 다양한 온천시설을 통해 활용되었다. 4세기와 6세기 사이에 세워진 히에라폴리스의 기독교 기념물들은 대성당, 세례당, 교회와 북서쪽의 순교자 성 빌립보 기념성당 등 옛 유적이 많이 있다. 히에라폴리스를 기독교로 개종시킨 빌립보(Philip)가 1987년경에 도미티아누스 황제에 의해 이곳에서 십자가형을 당했다고 한다.

평원 위로 솟은 높이 약 200m 절벽에서 샘들에서 나오는 칼슘을 함유한 물로 인해 파묵칼레(‘목화의 성’이라는 뜻)에는 광물의 숲, 석화폭포, 계단 형태의 분지들로 구성 측면에는 온통 하얀 눈과도 같다. 우리 일행은 자연의 뜨거운 물(섭씨 35도)에 발을 담그고 있었으며 무좀치료 효과가 있다고 한다.

기원전 2세기 말에 아탈리드 왕조의 왕들이 이곳에 히에라폴리스의 온천을 만들었으며, 그 당시의 목욕탕, 사원, 기타 그리스 기념물들의 잔해가 지금까지 남아 있다.

⑥ **라오디게아교회** – 수리아 왕 안티오쿠스 2세(B.C.262~246년경)때 건설되어 그의 아내 라오디게아의 이름을 따서 명명된 도시, 사도요한이 라오디게아교회 보낸 편지 사도바울에게 복음을 전해들은 에바브라에 의해 세워진 것으로 추정되는 교회는 영적교류를 나누기도 했다.

"네가 이같이 미지근하여 뜨겁지도 아니하고 차지도 아니하니 내 입에서 너를 토하여 버리리라" (요한계시록 3장 16절)

⑦ **빌라델비아교회** - 헬라문화를 전파하는 교통의 요충지로 적은 능력을 가지고도 주의 말씀을 지킨 교회로 우리는 이곳에서 찬송가 546장 주님 약속하신 말씀 위에 서서 부르고 박소정 집사님의 간증도 하셨다.

⑧ **에베소** - 요한기념교회, 사도누가의 묘, 아고라, 두란노 서원, 원형극장을 답사하였으며 에베소는 소아시아의 중심지로서 파르태논 신전의 4배 크기의 거대한 아데미신전이 있었고 각종 이교와 신비주의가 만연했다. 에베소교회는 사도바울 3차 전도여행 때 3년간 선교하여 세운 유명한 교회였지만 편지에서는 칭찬도 있지만 책망이 준엄하다.

"내가 네 행위와 수고와 네 인내를 알고 또 악한 자들을 용납하지 아니한 것과 자칭 사도라 하되 아닌 자들을 시험하여 그의 거짓된 것을 네가 드러낸 것과...그러나 너를 책망할 것이 있나니 너의 처음 사랑을 버렸느니라" (요한계시록 2장 2절~4절)

[그리스]

① **아크로폴리스** - 아테네의 아크로폴리스는 유럽 건축물 문화유산 목록에서 중요 기념물로 지정되었다. 아크로폴리스는 아테네에서 해발 156m의 높이에 꼭대기가 평평한 바위 언덕 위 면적은 약 3헥타르이다. 야외극장인 디오니소스 극장 유적이 남아있으며, 파르테논 신전은 B.C447~B.C438 페리클래스에 의해 조각가 피아디아스가 감독하고 건축가 익티노스와 깔리크라테스가 완성한 건축물로 현재 UNESCO 고적 1호이고 기둥이 46개이며 도리아양식으로 지어진 세계적인 건물이다.

그리스 고전기에 아테나이는 예술, 교육, 철학의 중심지였으며, 플라톤의 아카데미와 아리스토텔레스 소크라테스 등 철학자 저술가를 배출하였으며 기원전 5, 4세기 문화적 정치적 요람지다.

② **소크라테스 감옥** - 아크로폴리스에 올라가서 서쪽 방향인 입구 쪽을 향해 건너편을 바라보면 삐죽한 기념비를 기원전 116년경에 세웠다고 하며 주위에는 각종 조경 수목이 많이 있다.

*아테나는 현재 그리스 수도 아테네이며 산타그마 광장 뒤편에 위치한 근대 올림픽 1896년에 1회가 개최되었다.

*바울당시 이곳은 플라톤의 이상주의, 에피큐러스의 향락주의, 스토익의 금욕주의가 유행 교회를 세우지 못했다.

"바울이 아덴에서 그들을 기다리다가 그 성에 우상이 가득한 것을 보고 마음에 격분하여 회당에서는 유대인과 경건한 사람… 범사에 종교심이 많도다."

[이태리]

① 로마 원형경기장 콜로세움 - 콜로세움(Colosseum)은 로마 제국 시대에 만들어진 원형 경기장으로 네로황제의 동상에서 유래한다. 70년경 베스파시아누스 황제가 건설. 80년 준공 높이 48m, 둘레 500m, 내부길이 87m, 폭 55m, 기둥 240개로 포로 4만 명 동원 건립되었고 4만 명에서 7만 명이 앉을 수 있으며 4층으로 되어 있다.

콜로세움은 608년까지는 경기장으로 사용되었지만 중세에는 군사적 요새로 그 이후에는 성당이나 궁전 등의 건축에 사용될 제공 터가 되었다. 그 오래 전에 대단한 시설물이었다.

② 콘스탄티누스 개선문 - 로마에서 가장 큰 개선문은 서기312년에 높이가 21m, 폭 25m이며 아치형의 문 3개로 콘스탄티누스 황제가 빌미오 다리에서

라이벌인 막센티우스를 물리친 것을 기념해 세운 것이다. 혼란스러웠던 로마를 수습하고 로마제국을 통일한 황제이기도 합니다.

③ **티토 개선문** - 콜로세움(Colosseum) 옆에 세워진 개선문은 기독교를 인정한 콘트탄티누스 대제가 세운 것으로 박해를 이기고 황제를 변화시킨 상징물이다.
티토 개선문은 포로(아고라) 로마노에 들어서는 언덕에 자리 잡고 있는데 개선문 안쪽에는 예루살렘에서 가져온 촛대와 떡상이 선명하게 조각되어 있다. 포로 로마노에 있는 바울의 감옥은 바울이 재판받기 위해 죄수 신분으로 갇힌 곳으로 후에 베드로도 갇히게 되었다고 한다. 이곳에서 옥중서신이 기록되었다. 로마황제에게 복음을 전할 마음을 가진 바울은 이렇게 선언한다.

"내가 가이사께 상소 하노라" (사도행전 25장11절)

자료 : 〈성경과 함께 읽는 성지답사〉 165~166P 이문범 지음

④ **로마 바울 참수터, 천국의 계단교회** - 로마 성 바깥 거리에 트레 폰타네 산 파울로 입구에서 침묵이라는 표현인 성 베네딕트의 대리석 동상이 이곳에 있는 까닭은 이 성지가 626년부터 베네딕트 수도회 소속으로 되어 있기 때문이다.

⑤ **로마 지하무덤 카타콤베** - 그리스도교 때 로마로부터 박해를 받던 그리스도 교도들의 지하무덤을 뜻하는 말. 대부분이 지하2층, 3층의 미로로 되어 있어 가이드가 없으면 길을 잃기 십상이며 들어가 보니 서로 교차하기 힘든 공간이며 길이만도 500km에 이른다.

[바티칸 시국]

① **바티칸** - 바티칸 시국은 이탈리아의 로마 시내에 위치하고 있으며 국경 역할을 하는 장벽을 영역으로 내륙국이자 도시국가이며 작은 독립 국가이다. 면적은 0.44km^2, 인구 836명(2012년), 로마카톨릭교 교황제이다. 바티칸 언덕은 고대 로마인 신화 숭배하던 곳으로 서기 1세기 초 아그리피나(BC 14년~AD 33) 정원조성, 로마황제 칼리쿨라(37~41년)가 거대한 원형 경기장을 만들었고, 64년 대화재 이후 많은 그리스도인이 순교하는 장소, 베드로는 십자가형에 처해졌다고 한다. 콘스탄티누스가 기독교를 공인한 이후, 326년 성 베드로 무덤 위에 최초의 성당이 지어졌다. 바티칸 시국은 1929년 성좌에 작은 영토와 함께 그 안에서 세속적인 독립과 사법권을 제공한다는 조약으로 건국되었다. 우리나라와 1963년 외교관계를 맺었으며 177여국이 공식 수교이다.

(가톨릭 신문 2009년 1월)

② **성 베드로 대성당** - 1503년 건축가(미켈란젤로, 델라포르타, 베르나니, 브라만테, 마데느로), 양식은(바로크 고전주의), 재료(석재 대리석)로 가톨릭의 총 본산인 베드로 대성당으로 도시 국가이다.

미켈란젤로가 설계한 동은 우아하고 강렬한 인상을 주며 1563년 사망 시까지 그 뒤 1593년에 델라포르타, 도메니코 폰타나에 의해 완공되었다. 성 베드로 성당 바실리카는 엄청난 규모 네이브는 그 길이가 211m로 세계에서 길고 베르니니의 바로크풍으로 실내에는 수많은 신성한 걸작들로 가득하며 제단위에 드리운 빌다친 휘장(1663년)은 정말로 멋지며 광장을 에워싼 열주는 1667경에 세워졌다.

*레오나르도 다빈치는 이탈리아서 출생. 1452~1519년으로 미술가, 기술자로 르네상스 시대에 대표하는 미술가이자 기술자로 조각, 건축, 수학, 과학, 음악, 철학에 이르기까지 다양한 방면에서 활약했다. 예수를 둘러싼 열두 명의 제자를 소재로 한 〈 최후의 만찬 〉은 1459~1497년에 걸쳐 제작되었다.

*미켈란젤로 - 이탈리아의 천재 예술가로 시스티나 성당의 프레스코화가 복원된 후 로마의 교황청이 공식적으로 대중들에게 이 작품을 공개한 날 교황 요한 바오로 2세는 “인간은 몸으로 이루어진 신학의 거룩한 성소” 라고 말했다. 시스티나 성당은 교황 식수투스 4세의 명에 의해 만들어진 성당으로 바티칸 궁정 내부에 건축되었다. 르네상스 시대에 거장들이 참여하여 프레스코화를 그렸고 미켈란젤로는 성당의 천장화와 벽화를 그렸다. 미켈란잴로의〈 다윗 〉〈 피에타 〉과 같은 조작 작품들과 시스티나 성당의 〈 천지창조 〉와〈 최후의 심판 〉과 같은 그림을 보면 비록 그것이 진품이 아니라 화보일지라도 놀라움을 금치 못한다. 그는 1564년 90세의 나이로 생을 마쳤으며 15세기에 레오나드로 다 빈치는 미켈란젤로 보다 20년 연상이다.

“네 마음으로 죄인의 형통을 부러워하지 말고 항상 여호와를 경외하라” (잠언23장 17절)

[스위스]

밀라노에서 알프스 산으로 달리는 관광버스. 암벽 산으로 둘러싸이고 맑은 냇물과 아름다운 뭉게구름과 드높게 보이는 산맥에는 흰 눈이 보이기 시작한다. 계곡 완경지에는 산양이 떼를 지어 다니며 열 번째 터널을 지나니 마을과 교회가 보인다. 주위에 있는 젓나무는 눈으로 가지가 휘어져 있으며 열한 번째 터널을 나오니 앞을 보기 힘들 정도로 시야가 가리며 함박눈이 오고 30cm 정도가 쌓였다. 다시 터널 열두 번을 통과하니 울창한 수목 자작나무, 젓나무가 많이 있으며 240km 3시간 30분 만에 알프스 사모아에 도착하니 관광객을 위한 식당 숙박시설 많이 있다. 열두 개의 터널을 지나오며 산맥 중앙이 이태리와 스위스 국경이란다. 시내로 진입하니 검문소 좌편에는 스위스 우편에는 프랑스 국에 간단하게 검문을 하며 통과된다. 국경 개념이 없는 듯하나 다른 외국에서는 입국 출국이 세밀한 편인데 이곳은 수월하다. 우리나라는 한민족이면서 서로 왕래하기가 힘들고 남북이 합의하에 개성 사업도 여차하면 추방하고 철수하는 사항이 어서 속히 왕래가 자유롭게 되고 평화적인 통일을 기도한다.

① **알프스의 영봉 몽블랑 등정** - 많은 외국인 남녀노소가 스키복과 장비를 가지고 가는데 어린아이가 자기 것은 스스로 가지고 가는데 자립심을 키우기 위함이 좋은 인상이다.
알프스산맥의 초고봉은 4,807m의 앙트레브 사모니 몽블랑은 화강암질의 몽블랑 산군(山群)에 속하며 스위스 마티니에서 사라드 프론티어를 거쳐 사모니에 이르는 산악 열차가 있다. 자연과 함께 거대한 빙하의 장엄하고 웅장한 자태를 감상할 수 있다. 관광객 일행은 곤도라를 타고 내리니 세찬 바람과 펑펑 내리는 눈. 몹시도 추웠으며 외국인들은 옆에서 스키를 즐기며 자연환경 아름다웠다.

“만일 우리가 보지 못하는 것을 바라면 참으로 기다릴지니라” (로마서 8장 25절)

② **제네바 칼빈기념교회** - 성 피에르 대성당(Cathedrale de St-Pierre)은 구시가지의 중심에 있는 생 피에르 성당은 1160년 공사가 시작되어 1172년에 완성되었으나, 그 후 여러 세기에 걸쳐 증·개축되어 현재는 로마네스크, 고딕, 그레코로만 양식 등 여러 건축 양식이 공존된 매우 오래된 성당이다. 생 피에르교회 옆에는 칼빈의 강당과 종교개혁 박물관이 있다. 겉에서 보면 작은 집에 불과했는데 안에는 정말 많은 것들을 보여 주는 박물관이다. 북 프랑스에서 태어난 칼빈은 1541년 제네바에서 종교 개혁의 횃불을 들었다.

칼빈의 개혁운동은 그의 생존 시에 많은 영향을 끼쳤다.

프랑스에서 최초로 위그노 총회를 열고 '프랑스 갈리칸 시조'라는 칼빈주의적, 네델란드에서는 칼빈주의자 브라이에 의해 1561년 벨직 신앙고백, 스코틀랜드에서는 1560년 그의 제자 존 낙스 등에 의해 장로교 신 영국교회는 칼빈주의 영향 하에 '39개 신조'를 채택하고 청교도운동, 스위스에서는 취리히, 바젤, 베른 등이 칼빈주의를 따르게 되었다.

③ 제네바 대학종교개혁기념비 - 제네바 대학 교정 바스티옹 공원에는 제네바를 중심으로 종교개혁을 주장했던 인물의 입상이 세워져 있다. 교정 벽면을 이용하여 4인의 종교 지도자는 요한 칼뱅을 중심으로 카넬과 베즈 녹스이다. 종교개혁을 주장했던 요한 칼뱅의 탄생 400주년을 기념하여 세웠다.

자료 :〈 종교개혁지 30p 이형준, 김한기 지음 〉

[프랑스]

제네바에서 떼제백 고속철도로 3시간 7분 소요. 파리에 도착하니 백인선 가이드 안내를 하였으며 지하철은 100년이 되었다고 하며 대중교통이 발달되었다.

① 몽마르트 언덕 - 기독교의 박해가 심했던 로마시대에 이 산에서 순교한 성 테니스(Saint Denis)를 기려 지어진 이름이다. 석회암으로 지은 하얀 성당은 지금도 순례지로서 신자들이 끊임없이 찾아들고 있으며 아름다운 성당 건물은 마치 왕궁 같기도 한다. 좌측 옆에는 화가들이 초상화를 그려주며 35유로를 받기도 한다.

② **프랑스 파리 성심성당** - 1870년 계획 길베르 대주교와 교황 피9세로부터 축복을 받은 이 성당은 국회가 1873년 성도들의 기부금으로 완공은 1889년에 되었다. 길이 85m, 넓이 35m, 높이 88.3m로 로마 비잔틴 형식으로 중앙은 원형 건물로 되었다.

③ **노트르담대성당** - 프랑스 초기 고딕성당의 센강(江) 시태성에 1163년 주교 M.쉴리의 지휘 아래 내진(內陳) 건축이 시작되었고 서왕 루이 치하인 13(1350년)세기에 완성되었으며 그 후에도 계속되고 18세기 초엽 제실의 증설로 오늘날 모습을 갖추게 되었다. 18세기 프랑스 혁명 때 파손되어 19세기에 보수공사를 하였다. 늑골교차궁륭으로 덮인 길이 약 130m인 3층으로 구성, 최하층에 최후의 심판의 부조로 중앙 출입문 3개의 출입구가 있으며 제왕의상, 지상 6.9m 높이의 직사각형 쌍상탑이 얹혀 있다.

이 대성당은 나폴레옹의 대관식(1804년), 파리 해방을 감사하는 국민예배(1944년) 등 여러 역사적 사건의 무대가 된 곳이기도 하다.

④ **에펠탑** - 1889년 프랑스 혁명 100돌 기념 '파리 만국박람회(EXPO)' 세워진 높이 약 324m의 격자형 철탑(10,000톤), 건축가 에펠의 이름에서 유래하였으며 에펠은 뉴욕의 자유의 여신상 골격을 설계한 바 있다.

이집트의 피라미드 보다 2배 높고 25개월 만에 준공되었으며 1985년 야간 조명시설로 파리의 아름다운 야경과 세계문화 유산으로 등재되었다.

⑤ **루브트 박물관** - 루브르 박물관은 대영 박물관, 바티칸 박물관과 함께 세계 3대 박물관으로 1190년 지어졌을 당시에는 요새에 불과했지만 16세기 중반 왕궁으로 재건축 하면서 규모가 커졌고 1793년 궁전 일부가 중앙 미술관으로 사용되면서 박물관으로 바뀌었다. 오늘날 루브르는 중세로부터 1848년까지 이르는 서구 예술작품을 고대 5세기 동안 수집하여 회화, 조각 등 수많은 예술품이 30만 점 가량 된다.

1층에는 고대 이집트 그리스 로마 미술품〈밀러의 비너스〉. 2층에는 이탈리아, 에스파냐, 영국의 회화, 19세기 프랑스 회화가 전시되어 있는데 앵그루 다비드 들라크라우아 전시와 헬리리즘 조각의 걸작인 〈사모트라케의 니케〉 레오나르도 다 빈치의 〈모나리자〉도 전시되어 있으며 3층 규모로 되어 있다.

*드농관(Denon) - 이슬람 예술 / 로마 제국 영향권의 지중해 / 오리엔탈 미술 / 이태리 및 스페인 회화 / 19세기 프랑스 회화 / 영국 회화 / 아폴로 캘러리, 다이아몬드 왕관 / 이태리, 스페인, 북 유럽 조각 / 그리스, 에스투리아, 로마 / 아프리카, 아시아, 오세아니아, 아메리카 예술

*쉴리관(Sully) - 17~19세기 프랑스 회화 / 17~19세기 데생 및 파스텔 / 17~18 세기 공예품 / 그리스, 에트누리아, 로마, 파라오 시대 이집트 / 고대 이란, 아라비아, 중동 중세 루브르

*리슐리외관(Richelieu) - 14~17 세기 프랑스 회화 / 독일 프랑드르, 네델란드 회화 / 북 유럽 회화 / 중세, 르네상스, 17세기 및 19세기 공예품 / 나폴레옹3세 갤러리 / 프랑스 조각 / 메소포타미아, 고대 이란

"마음을 살피시는 이가 성령의 생각을 아시나니 이는 성령이 하나님의 뜻대로 성도를 위하여 간구하심이니라" (로마서 8장 27절)

[영 국]

그리스, 이태리, 스위스, 프랑스 각 나라는 국경도 모르고 수월하게 다니었는데 영국 입국 전 프랑스 북역에서 서류 여권 확인 후 영국 역무원 서류 여행가방 등 정밀하게 하고 통과되어 북역에서 프랑스 떼제베(TGV)로 2시간 27분 → 연착 3시간 도보해협을 50km 통과 후 9개의 터널을 지나 런던 중앙역에 도착하니 안내하는 이보근 집사님이 기다리고 있었다.

지나오는 동안 프랑스에서는 좌측에는 고속도로로 화물차와 승용차가 많이 다니고 우측에는 군데군데 수십 개의 풍력 발전시설이 여러 곳 보이며 푸른 밀밭과 단층주택이 아름답게 보이며 십자가 교회도 보인다. 해저터널에는 가끔씩 전등이 보이며 달리고 있으며 밖이 환하여 보니 영국 땅으로 입국이 된 것이다. 양쪽 방음벽이 있었으며 조금 지나니 완경사 구능지 수목이 많으며 질서정연하게 빨간 지붕 건물이 보이며 드물게 고층건물이 시야에 들어온다. 중앙역 인근에 오니 차량도 많고 복잡한 도로망 도시이다. 일기예보 상 비가 온다하고 하여 미리 우산을 준비하였다. 영국은 흐린 날씨와 안개가 많다는 이야기를 듣고 왔는데 청명하고 푸른 하늘 맑은 날씨를 맞이하니 더욱 기분이 상쾌하다.

*__영국 해저터널__ - 해저터널(유로터널=Euro Tunnel)은 1994년 도보해협을 육로로 연결하기 위해 영국의 포크스톤과 프랑스의 칼레 구간에 건설된 해저터널이다.

유로터널(Euro Tunnel) 건설공사 준공 후 운영 유지 관리 일체의 권한을 착공부터 55년 동안 위임 관리 후 2042년 양국 정부에 위임하게 된다. 유로터널사는 150억 불을 정부의 지원없이 주식공모와 은행융자로 조달하였다.
터널길이 50km이고 주 터널의 간격은 30m이며, 해저 지층의 평균 45m 깊이로 터널굴착 하였으며 터널직경 7.6m이고 비상시 대비 375m 마다 교차통로 연결되었다. 굴진은 TBM 장비로 1일 최고 75.5m, 1개월 최고 1,191m로 토목기술의 개가를 올렸으며 가까운 미래에 한 · 일간 현해탄 아래로 건설될 경우 건설자료의 참조가 될 것이다.

① 영국 웨슬러 기념교회 – 웨슬러 기념교회(WESLEY'S CHAPEL)는 메서디스트(감리교) 교회의 창시자. 잉글랜드 링컨서 1703년 출생하여 영국 성공회 주교S.웨슬리의 15째 아들로 옥스퍼드 수학, 1735년 미국 조지아주 선교사 활동을 하고 귀국 후 종교적 체험과 성결한 생활을 역설하며 '그리스도교인의 완전'을 설교하는 한편 산업혁명을 배경으로 하여 대규모적인 신앙운동 전개하며 1791년 사망하였다.

- **현관의 로비** - 두 개의 카잘렛의 작품으로 한쪽은 불로 계시된 하나님 표현, 두 번째 창문은 물로 계시된 하나님 표현
- **회심의 창문** – 성전왼쪽 위층 회심의 창은 웨슬리가 올더스 게이트에서 회심한 날 작곡한 회심찬송가인 부르는 장면.
- **설교단과 성전 앞 성찬대 난간** – 설교단은 현재보다 5피드 높았으며 설교단은 1864년 교체, 성찬대 난간은 전 영국수상 마가렛 대처가 기증, 웨슬리 채플에서 결혼.
- **세례반** – 세례반 안에 조각된 돌은 1759년에 나다니엘 길버트가 노예들에게 설교를 하기 시작했던 엔티가 섬에서 옮겨졌다.
- **존 웨슬리의 무덤** - 존 웨슬리는 이 교회에 묻혀있던 843번째이며 묘비명은 그의 제자 클라크에 의해 쓰여 졌으며 6명의 설교자들이 묻혀있다.

*웨슬러 기념교회(감리교 창시자) 본 교회에서는 250~300명이 예배를 드린다고 하는데 국내 금란감리교회 1958년 10여명 예배, 1971년 김홍도 목사 부인(당시 본인도 망우리에 거주 200여명 예배). 현재는 세계최대의 감리교회로 성장 등록교인 13만 명이다. 존 웨슬러 회심 272주년 맞아 금란감리교회에서 3,000여명 참석한 가운데 개최되니 영국 웨슬러 기념교회를 방문하며 감회가 들고 우리나라가 세계 선교에 최선을 다해 세계 선교국 2번째 대한민국, 더욱 열심을 다하여 그동안 다녀본 회교권에도 기독교 전파에 노력하여야겠다.

· **존 웨슬리의 생가** – 존 웨슬리는 이 집에서 생애의 마지막 11년을 보냈으며 국보급 지정된 건물로 18세기 런던 중산층의 생활모습을 보여주는 건물이다.

– 지하(소장품이나 그와 관련된 물건들 전시, 주방 안에 장식장 테이블 생전에 사용한 물품)

– 1층(초상화, 인쇄물, 책상과 의자, 18세기 인테리어 양식, 웨슬러 기념교회 배경)

– 2층(개인 생활공간, 응접실, 서재, 무료 진료소, 벽장시계, 책장, 기도실)

– 3층(설교자의 방, 1784년 성직자 임명서, 1791년 런던 교구 일정, 수송용 상자)

② **버킹검 궁전** – 트리팔가 광장에서 피카딜러 서커스를 지나 더 몰(The Mall)거리를 따라 계속가면 영국 왕실을 상징하는 버킹엄 궁전이며 영국 왕실의 사무실이자 집이며 국빈을 맞이하는 공식장소이다. 빅토리아 여왕의 기념비가 황금빛을 발하며 위풍당당하게 서 있다. 궁전은 버킹엄 공작의 집으로 1762년 조지 3세가 왕비 사를 로테를 위해 구입 건설하였다. 버킹검 왕실의 공식궁전이 된 것은 1837년 빅토리아 여왕의 즉위식 이후 오늘까지 역대 군주들이 상주하면서 공식적인 집무를 수행하고 있어 실질적으로 영국 왕실의 상징하는 장소이다. 궁전은 48,000평 정원이 있고 방도 650개가 넘으며 조지4세 이래 역대 국왕들의 대관식에 사용되었던 명품 마차가 있다. 11시 30분 근위대 교대식이 벌어지는데 많은 관광객이 있어서 보기가 어려울 정도였다.

③ **영국 국회의사당** - 런던 템스 강변에 있으며 상원과 하원이 열리는 곳이다. 네오고딕 양식의 건물로 길이 265m, 방1,000개, 면적 3만3,000m^2, 복도 길이 약 3.2km이다.

1050년부터 약 15년 동안 건설된 웨스트민스터 궁전이었다. 16세기부터 회의가 열리는 곳으로 사용되었으나 1834년 화재로 소실되고 웨스트민스터 홀만 남았다. 현재의 건물은 1840년 착공 20년 동안 공사로 준공되었다.

④ **웨스트민스터 사원** - 영국 왕실의 웅장한 사원 명성만큼이나 오랜 역사를 품고 있는 웨스트민스터 사원은 영국 왕과 위인들이 잠든 곳이다. 11세기 참회왕 에드워드가 세운 세인트 페트로 성당이 지금의 수도원의 모체이다. 13세기에 헨리 3세의 지시로 당시 프랑스에서 유행했던 고딕 양식으로 완성되었다. 1066년 정복자 윌리암을 비롯해 엘리자베스 2세에 이르기까지 역대왕의 대관식을 올렸으며 역대 왕과 문학가 세익스피어 과학자 뉴톤이 이곳에 묻혔다.

⑤ **트라팔가 광장** - 주위에는 웅장한 건물과 분수대에 트라팔가 광장에는 1805년 트라팔가 해전의 승리를 기념하여 만든 광장 중앙에는 56m의 넬슨제독 동상이 세워져 있으며 그 아래에는 4마리 사자상이 있다.
영국이 프랑스와 스페인 함대를 물리친 트라팔가 해전에서 넬슨제독은 전사했으며, 넬슨동상을 지키고 있는 4마리의 사자는 트라팔가 해전당시 프랑스 군함을 녹여 만든 것.

"포악을 의지하지 말며 탈취한 것으로 허망하여지지 말며 재물을 늘어도 거기에 마음을 두지 말지어다" (시편 62편 10절)

⑥ **타워브리지** - 템즈강 위에 도개교와 현수교를 결합한 구조로 지은 다리로 1886년 착공하여 1894년 준공하여 런던을 대표하여 상징 가운데 하나이다. 1

년에 500번 정도 다리가 올려지며 전력을 이용하고 있다. 다리 인근에는 우리나라 6.25전쟁 때와 2차대전 때 참전하였던 해군 함정이 있어서 더욱 관심과 고마움에 생각이 들었다.

⑦ **대영박물관** – 대영박물관(British Museum)은 세계에서 컬렉션의 규모가 가장 큰 박물관으로 인간의 문화와 관련된 인류학적 유물들로 7백 만여 점 정도 된다고 한다. 과학자 한스슬론이 일생동안 작품 수집한 것을 유언을 통해 1753년 국가와 조지 2세는 대영 박물관을 설립한다는 의회법을 동의하고 1772년 박물관 유물들이 강화하기 시작했다.
1851년 박람회를 통해 일반 공개, 1906~1914년 북관 증축, 1939년 존러셀 포프가 디자인한 듀빈 갤러리가 완공, 1846년 남관, 1972년 증축 준공되어 되었다. 건물 입구에는 14m 높이의 그리스식 기둥을 44개나 세워 고전적이고 아름다움을 표현했다.

*주요 전시물로는 1802년 프랑스에서 얻은 이집트의 고고학 자료, 타우네레, 엘긴 대리석 조각, 데메테르 여신상, 소크라테스의 소형상, 페리클러스의 반신상, 로마 제왕들의 흉상, 아시리아의 날개달린 황소, 칼데아의 유물, 헨리 8세의 궁전의 금붙이 세간, 중앙아시아의 옥수스의 유보, 중국의 벽화 도자기 등 각종 전시품은 장시간으로 관람으로 영국은 별도 미술, 예술, 교육과목이 없이 이곳에 와서 문화교육장으로 대치한다고 한다.

성지순례 6개국을 방문하면서 사도 바울의 전도 여정과 옛 선진 기독교인의 고난을 감수 하면서 지켜온 현실을 돌아보며 우리들은 전도에 열심을 다하고 봉사하며 이웃을 돌아보는 생활로 최선을 다하여야겠다.

- 유럽권의 옛 부흥의 모습은 쇠퇴하고 이슬람권으로 변화하는 터키를 볼 때 우리는 후세들에게 정도의 길로 강화시켜야 할 것이다.
- 문화재 보존정책으로 구 도시 보존되어 있으며 도로망이 협소하고 지하 주차장이 없어서 복잡한 도시구조와 표면 배수시설이 빈약하였다.
- 우리나라 강남과 도시계획지역 인천공항시설은 유럽권보다 잘되어 있음을 상기하며 국민이 단합하여 국가발전에 더욱 노력하여야겠다.

[기독교의 흐름]

***나사렛** – 예수님이 탄생하기 전 로마 제국의 명령으로 이 땅에서 인구조사가 실시되었다. 이 때문에 예수님의 부모는 나사렛에서 베들레헴으로 장소를 옮긴다.
요셉은 다윗의 후손이며 베들레헴은 "다윗성읍"이었기 때문이다. 요셉과 마리아는 여관에 방을 구할 수가 없어서 예수님은 마굿간으로 쓰던 동굴에서 태어나셨다.
이 동굴 위에 탄생 교회가 세워졌다. 로마 황제 하드리안은 제2차 유태인 반란을 진압한 후 기독교 말살정책의 일환으로 예수님 탄생 동굴 위에 이도니스 신전을 만들어 세워 놓았다.
그 후 기독교를 공인한 콘스탄티누스 대제는 이 아도니스 신전을 철거하고 이곳에 예수님 탄생교회를 건립한다. 이 교회는 주후 530년 비잔틴 제국에 반란을 일으켰던 사마리아인들의 의하여 크게 손상을 입게 되지만 곧이어 유스티니안 황제에 의하여 복원된다.

***네로때 사건** – 당시의 로마 네로(54~68년 재위)는 화재가 발생할 무렵 로마에서는 53km떨어진 안티움 별장에서 화재발생 소식을 들은 황제는 로마지역에 거주하는 약 3천 명 가량의 그리스도인들 가운데 십분의 일을 재판장에 세웠다. 네로는 그리스도인을 박해하기 시작했다.
네로는 그리스도인들을 살해하기에 앞서 그들을 놀림감으로 사용했다. 일부는 가죽을 걸친 채 개들에게 죽임을 당했다. 나머지 사람들은 십자가에 매달리거나 산채로 불에 타며 밤을 밝혔다.
네로는 자신의 정원을 개방해서 이 모습을 구경할 수 있게 했고, 직접 서커스에 출연하기까지 했었다. 이 모든 일 때문에 사람들은 심지어 본보기로 처벌을 받아 마땅하다고 생각한 이들에 대해서까지 측은한 마음을 품게 되었다.(타키스, 「로마연대기」15.44)

***기독교가 박해를 받는 까닭** – 그리스도인들은 세상의 종말을 맞는 순간에 대재앙이 닥친다고 믿으며 로마의 대화재를 그리스도의 재림을 알리는 상

징으로 간주한 사람들도 있었을 것이다.
우리(그리스도인)를 비난하는 내용의 세 가지는 무신론, 인육을 먹는 만찬, 근친상간으로 그리스도인의 믿고 따르는 신의 진정성을 문제 삼았다.
그리스도인과 유대인의 결정적인 분기점은 즉 메시아로 인정하는가의 여부였다. 유대인들은 예수님을 메시아로 인정하지 않았고, 그래서 로마인들 역시 기독교를 새로운 종교로 간주하게 되었다. 바울은 공개적으로
"너희는 유대인이나 헬라인이나 종이나 자유인이나 남자나 여자나 다 그리스도 예수 안에서 하나이니라"(갈라디아서 3장 28절)
예수그리스도를 믿는 사람끼리는 사회적 지위가 문제되지 않는다는 뜻이다.

***예루살렘의 몰락** – 68년 베스파시아누스는 로마의 황제가 되며 그는 아들 티투스로 하여금 70년 예루살렘을 포위, 로마군에 의하여 함락되었다. 학살은 정해진 수순에 따라 이루어지며 살아남은 사람은 노예로 팔려갔다.
예루살렘 성전은 불에 타서 무너졌고 서쪽 벽만 남아 있으며 오늘날 이스라엘 사람들이 통곡의 벽(헤롯이 주전20년 개축한 벽으로 이 벽을 남겨 놓은 이유는 후세 사람들에게 성전을 파괴시킬 수 있었던 로마군인의 위대한 힘을 보여 주기 위한 것)이라고 부르며 2012년 2월 성지순례 시 우리도 그곳에 가서 기도를 하였으며 남은 성벽이 대단하였다.
4년 동안 반란군의 요새들이 차례차례 로마군에게 접수되었고 사해부근에 우뚝 솟은 맛사다는 최후 항전터로 로마군은 엘레아잘 벤야일 휘하에 열성당원들이 3년 동안 포위하여 더 이상 저항할 수 없음을 깨달은 이들 967명은 노예가 되기보다는 차라리 자유인으로 죽겠다며 모두 자결하고 만다.
이곳은 요새이고 높은 급경사지라 우리 일행은 케이블카로 올라가 보았으나 많은 이스라엘인은 옛 조상의 숭고한 정신을 이어받으며 도보 강행군하는 것을 보았다

***루터의 종교 개혁** – 마르틴 루터는 원래 로마 가톨릭교회 신부였으나 로마 가톨릭교회의 부패에 항거하여 로마 가톨릭교회의 교리를 논박하고 성경이 지니고 있는 기독교 신앙에서의 유일한 권위와 하나님의 은총을 통한 구원을 강조하였다.

이 주장은 "믿음만으로, 은총만으로, 성경만으로!" 라는 말로 함축할 수 있다. 루터는 스스로가 시작한 이 일을 종교개혁으로 생각하지 않았는데, 그 이유는 종교 개혁이 하나님에게 이끌림을 받아 할 수 없이 한 일이기 때문이라고 말하였기 때문이다.

그로 인해 개신교가 태동했을 뿐 아니라 성경번역, 많은 저작활동, 작곡과 설교를 통해 사회와 역사가 크게 변했기 때문이다.

- **95개 논제**(95개조의 반박문 위키 문헌에 이 글과 관련된 자료가 있다) : 중세 로마 가톨릭 교회의 강제적인 면제부 판매는 루터의 신앙의 양심을 근본적으로 흔들게 되었다. '돈으로 구원을 살 수 있다'는 로마 가톨릭교회의 가르침을 순응할 수 없었고 나아가 침묵할 수도 없었다.
- **종교개혁종교** : 개혁운동은 로마 가톨릭의 문제를 논박함으로써 교회개혁을 주장하였다.
- **개혁의 원리** : 하나님 말씀 루터의 종교개혁은 1517년~1520년 사이에 로마 가톨릭교회와의 단절과정을 겪었으나 한편개혁 진영내부 세력과의 차별화 과정도 겪었다.

***근대 신학의 발생** – 계몽주의가 종교개혁을 주도하고 세력을 대신하면서 교회는 급속히 영향력을 상실했다.

이성이 신앙을 압도하는 것으로 간주되는 상황에서 지식인들은 성서와 기독교 교리를 중시하는 정통주의를 노골적으로 경멸했다. 임마누엘 칸트(1724~1804년)는 순수이성 비판을 출판했다. 이성은 공간과 시간에 속한 것은 무엇이든지 파악할 수 있다. 공간과 시간을 넘어서게 되면 이성은 쓸모가 없다.

프레드리히 슐라이에르마허는 '종교를 경멸하는 교양인들'에게 진정한 종교는 하나님과의 즉각적인 관계라고 설명했다. 그가 보기에는 기독교 신앙에 핵심은 예수님의 부활과 같은 역사적인 사건이 아니었다.

오히려 그것은 하나님에 대한 개인의 의존에 대한 인식, 즉 절대 의존의 감정이며 이 인식은 개인으로 하여금 예수님의 선한 행동을 본받도록 인도한다.

이성과 양심은 과학과 도덕성을 유발하지만 종교의 감정은 종교를 낳는다고 주장하였다.

***기독교와 사회 변혁** – 1780년 로버트 레익스(Roberk Rikes 1735~1811년)는 영국에서 공장 노동자로 일하는 어린이를 위하여 처음으로 주일학교를 시작했다. 당시에 영국은 산업혁명이 한창 진행되고 있었기 때문에 부족한 단순 노동력을 메우기 위해서 어린이들까지 공장으로 내몰았다.
글로스터 지방 신문발행인이었던 레익스는 이런 어린이들을 대상으로 교사를 채용해서 읽기를 비롯해서 찬송, 예배, 교리교육, 성서공부 등을 실시했다.
1800년대에 이르러서 주일학교 개념은 영국 전체로 퍼져나갔고, 결국은 신대륙 미국에서 꽃을 피웠다.

[우리나라 기독교 선교역사]

1964년 처음으로 인천시 부평에 미에스캄교회를 다니면서 직장에 근무하며 주거시설을 경기도, 서울 이곳저곳 여러 곳으로 대가족을 부양하며 이사를 다니며 신앙생활을 하며 49년 동안 지켜주심에 감사드리며 우리나라에 처음으로 성경책을 보급 181년과 언더우드 선교목사 파송 129년으로 전국 기독인 1,200만 명의 하나님의 은혜 가운데 역사를 살펴본다.

***우리나라 최초 개신교 선교사 귀츨라프**

귀츨라프(Karl Friedrich August Gutzlaft 1803~1851)는 독일 품에 출생하여 1832년 7월 17일 조선에 도착하여 배질만(지금의 군산) 장산곶에 닻을 내리고 7월 23일 고대도에 도착하여 수군우후 김형수와 홍수목사 이민회를 만나 조선방문 목적을 국왕에게 통상을 정식으로 청원하는 서한과 함께 선물을 전하려는 것임을 밝혔고 갑판 위에 찾아온 사람들에게 성경을 나누어 주었다.
그들은 양이에게 주기도문을 가르쳐주고 번역하도록 하였으며 감자를 성공적으로 재배하는 것과 포도주 만드는 재배법도 가르쳐 주었다.

8월 11일 귀츨라프는 25일 동안 체류하면서 조선에 어둠이 가고 속히 새벽이 와서 밝은 날이 오기를 다 같이 소망한다고 하였다.

***한국교회 첫 순교자 토머스 선교사**

로버트 토마스(Thomas, Robert Jemain 1840~1866) 선교사는 우리나라에 선교사이며 순교자이다. 영국에서 목사의 아들로 태어나 1863년 런던선교회의 파송을 받아 상하이로 갔다.
대원군의 박해를 피해 중국에 와있던 김자평, 최일선 천주교인을 만나 조선 선교를 결심한다.

1865년 9월 서해안에 도착하여 두 달 반 동안 인근 서진포, 석호정, 만경대 등을 돌며 한국말을 배우기도 하고 1백여 권의 성경을 나누어 주기도 하면서 활동을 했다. 그러던 중 해상폭풍으로 1866년 1월 북경으로 돌아간다. 8월에

스코틀랜트 성서공회 지푸지부의 후원을 받아 통역사 자격으로 미국 국적의 무장상선 제너럴 셔먼호에 승선하여 대동강으로 다시 돌아왔다.
당시 조선은 거듭되는 외세 열강들의 침입이 계속되었고 대원군의 쇄국정책에 맞물려서 그 어느 때보다 외국인에 대한 감정이 나쁜 시기였다. 66년 8월 27일 평양의 한 포구에는 감정이 나쁜 시기였다.

정박한 셔먼호는 조선을 향해 강력하게 통상을 요구하며 조선의 군인 이익현을 억류하고 총과 포를 쏘아 사상자를 내며 9월 2일 양각도의 배가 좌초되었을 때 조선 군인들이 배를 공격하여 배에 타고 있던 사람들이 모두 죽었다. 이때 토마스 선교사도 27세 나이로 목숨을 잃었다. 선교사를 죽인 병사 박춘권은 "내가 그를 찌르려고 할 때에 그는 두 손을 마주잡고 무슨 말을 한 후 붉은 베를 입힌 책을 가지고 웃으면서 나에게 받으라고 권하였다. 내가 죽이기는 하였으나 이 책을 받지 않을 수가 없어서 받아왔노라"하며 토마스 선교사에게서 성경을 받은 이들 중에 많은 사람들이 훗날 평양의 유력한 신앙인이 되었다.
그를 죽였던 박춘권은 평양교회 장로가 되었고, 장사포의 홍신길은 서가교회, 석정호 만경대의 최치량은 평양교회를 창립하였고, 받은 성경을 뜯어 벽지로 사용했던 영문주사 박영식은 자기 집을 예배처소로 내놓아 널다리 교회를 세웠다.

토마스 선교사 유해는 '쑥섬'이라고 부르는 대동 강변 봉래도에 묻혔다(1932년 묘지건너편에 T자 모양의 토머스 기념예배당이 건립).
토마스 선교사의 개신교 목사로서 최초의 순교는 한국교회의 보이지 않는 이정표가 되었다.

그의 순교적 신앙은 후대에 수많은 선교사들의 모델이 되었고, 그의 순교 정신은 한국교회 속에 소중히 간직되어 내려와 주기철, 손양원 등 수많은 사람들이 불의와 타협하지 않고 순교를 각오하면서까지 진리를 지킬 수 있게 만든 신앙적 지주가 되었다.
또한 그의 죽음을 통하여 유럽과 미국의 교회들과 선교회들은 한국에 관심을 갖고 본격적으로 선교를 시작하게 되었다.

“내가 진실로 진실로 너희에게 이르노니 한 알의 밀이 땅에 떨어져 죽지 아니하면 한 알 그대로 있고 죽으면 많은 열매를 맺느니라” (요한복음 12장 24절)

***한국의 선교아버지 언더우드**

언더우드는 1859년 영국 런던에서 출생하여 13세 때 아버지를 따라 이민을 가서 1881년 뉴욕대학을 졸업하고 화란 개혁 신학대학 입학 후 1984년 목사 안수를 받고 뉴욕시 협동목사로 있으면서 “왜 너는 조선으로 가지 않느냐” 음성을 듣고 1884년 7월 28일 미국 장로교 선교본부에 의하여 한국 최초에 목회 선교사에 파송되었다.

조선말을 배우기 위해 사람을 찾던 중 이수정이 번역한 마가복음서를 발견하며 감탄한다. 언더우드가 아펜젤로 목사부부와 함께 제물포에 도착한 것은 1885년 4월 5일 부활주일이었다.
언더우드 부인인 홀튼 여사도 당시 광혜원에서 함께 사역했으며 명성왕후에게 예수님 탄생 이야기도 전했다.
부지는 경복궁 비사원으로 명성왕후는 건축비조로 3만 달러를 마련하고 1년 경상비도 따로 마련했다. 그러나 얼마 후 명성왕후는 일본인에게 시해를 당하고 을미사변으로 민족이 능멸당한 사건으로 왕실복음화에 좌절이기도 했다.

1887년 언더우드는 이 우리말 성경을 가지고 새문안교회를 세워 예배를 드렸다. 언더우드는 당시 한국을 위해 이렇게 기도했다.
오, 주여……! 지금은 아무것도 보이지 않습니다. 주님.. 메마르고 가난한 땅에.. 저희들을 옮겨와 앉히셨습니다.
그 넓은 태평양을 어떻게 건너왔는지.. 그 사실이 기적입니다. 주께서 붙잡아 뚝 떨어뜨려 놓으신 듯한 이곳.. 지금은 아무것도 보이지 않습니다.
보이는 것은 고집스럽게 얼룩진 어둠뿐입니다. 그들은 왜 묶여있는지도.. 고통이라는 것도 모르고 있습니다.

고통을 고통인 줄 모르는 자에게 고통을 벗어 주겠다 하면.. 의심부터 하고 화부터 냅니다.
조선남자들의 속셈이 보이질 않습니다.. 가마타고 다니는 여자들을 영영 볼 기회가 없으며.. 어찌하나 싶습니다.. 조선의 마음이 보이질 않습니다.. 겸손하게 순종할 때.. 주께서 일을 시작하시고.. 그 하시는 일을 우리들이 영적인 눈으로 볼 수 있는 날이 있을 줄 믿나이다. "믿음은 바라는 것들의 실상이요.. 보지 못하는 것들의 증거니.."(히브리서 11장 1절)라고 하신 말씀을 따라 조선의 믿음의 앞날을 볼 수 있게 될 것을 믿습니다.
지금은 우리가 황무지 위에 맨손으로 있는 것 같사오니 저들이 우리 영혼과 하나인 것을 깨닫고 하늘나라의 한 백성. 한 자녀임을.. 알고 눈물로 기뻐할 날이 있음을 믿나이다.. 지금은 예배드릴 예배당도 없고.. 학교도 없고 그저 경계와 의심과 멸시와 천대함이 가득한 곳이지만.. 이곳이 머지않아 은총의 땅이 되리라는 것을 믿습니다.. 주여!! 오직 제 믿음을 붙잡아 주소서.

특히 조선의 젊은이들을 일깨워 싶어 YMCA를 창설하고 연희전문대학(지금의 연세대학교)을 창설하였다. 언더우드는 조선의 독립을 적극적으로 도우며 1895년 명성왕후가 일제에 의하여 시해를 당했을 때 언더우드 목사부부는 고종을 보살폈다. 당시 고종은 아무도 믿을 수 없는 처지에서 아버지 대원군도 조정의 각료도 일본과 러시아로 사분오열되어 제 살길만 도모되어 한 끼에 식사도 안심하고 먹을 수 없으며 독살의 위험과 왕실이 불안이 팽배할 때 언더우드는 고종의 식사를 직접 배달했고 불침번을 서며 황제를 지켰다.

고종황제는 위급한 일이 있을 때마다 이렇게 외쳤다 "거기 밖에 기독교인 없느냐?" 1905년 을사조약이 체결되었을 때 언더우드는 맹렬하게 일제의 주권 침해를 반대했다. 언더우드의 정신은 도산 안창호에게 이어진다.
언더우드는 병세가 악화되어 미국으로 건너가 1916년 10월 12일 58세에 한국 선교에 나선지 31년 만에 하나님 부름을 받았다.

언더우드목사의 한국사랑은 그대로 그 자녀에게 이어졌다. 1912년 뉴욕대학을 졸업한 아들 원한경은 그해 9월 미국 장로교 선교사 자격으로 한국으로 돌아와 경신학교와 연희전문학교에서 영어를 가르쳤다.
아들 원한경은 부인과 어머니 홀튼은 한국 생활 중 일제의 탄압으로 41년 연희전문학교 교장직을 사퇴하고 외국인 수용소에 감금되었다가 이듬해 추방되었다.

그는 1945년 해방이 되자 한국으로 돌아왔다. 그런데 1949년 원한경의 부인이 공산당에게 피살당하여 양화진에 묻은 뒤 슬픔을 이기지 못하고 미국으로 건너갔으나 1950년 한국전쟁이 터졌다는 소식을 듣고 세 아들과 함께 다시 한국으로 온다. 언더우드 집안은 한국을 진심으로 사랑한다.
어려울 때 더욱 함께하고 싶은 하나님이 사랑하게 하신 조국과도 같았다. 원한경은 심장병이 악화되어 세상을 떠나고 언더우드 집안은 양화진에 4대가 묻혀있다.

*아펜젤러 선교목사는 1858년 2월 펜실베니아 출생하여 1884년 12월부터 한국 선교사로 지내며 배제학당을 시작, 이화학당, 정동교회 설립. 1897년 조선그리스도인 회보발간, 1902년 6월 성서번역을 위해 참석차 목포에서 선박충돌사고로 소천.

*최초의 한글성경 이야기

로스 목사와 함께 성경을 한글로 번역했던 사람은 서상륜(徐相崙)과 서경조(徐京祚)형제로 1878년 우장이라는 곳에서 로스 선교사를 만났다. 우장에 홍삼을 팔러 왔던 두 사람이 열병에 걸려 사경을 헤매다가 영국 선교부가 운영하는 병원에서 치료를 받았는데, 그때 로스와 맥킨타이어 목사를 만났던 것이다.

이들은 그때부터 영어와 한글을 서로 가르치고 배우는 관계를 통하여 성경을 한글로 번역할 능력을 갖추게 된다. 번역이 끝난 「예수성교전서」 곧 바로 인쇄에 들어가 고구려 옛 수도 집안시 출신 김청송이 인쇄 식자공으로 참여하였고 심양의 문광서원이라는 출판사에서 찍어내기 시작하였다. 1894년 가을 로스 목사는 75명에게 세례를 베풀고 다음해에 25명에게 세례를 주어 집안시 성도가 100명의 성도의 교회가 생기게 된다.
"하늘과 모든 하늘의 하늘과 땅과 그 위에 만물은 본래 네 하나님 여호와께 속한 것이로되 여호와께서 오직 네 조상들을 기뻐하시고 그들을 사랑하사 그들의 후손인 너희를 만민 중에서 택하셨음을 오늘과 같으니라" (신명기 10장 14~15절)

***한글성경이 국내로 들어오는 이야기**

한국교회는 해외에서 외국인 선교사들이 들어오기 이전에 이미 한글 성경이 중국과 일본에서 번역되어 국내로 반입된 역사를 가지고 있다.

1883년 우리나라 최초의 기독교 신자 가운데 한사람인 이성하는 성경을 등에 지고 심양을 떠나 안동(현재의 단동)에 와서 국경을 넘을 계획을 세우며 여관에 투숙하고 있었다. 몰래 그의 짐 보따리를 열어 본 여관 주인이 짐에서 성경책이 나오자 겁을 집어먹고 성경의 일부는 불에 태우고 일부는 압록강 물에 던져 버린다.
낭패를 당한 이성희는 화도 내지 못하고 다시 심양으로 돌아가 로스 목사에게 보고를 하자, 엄하게 책망을 할 줄 알았던 로스 목사는 오히려 담담하게 위로하며 예언의 말을 보태는 것이었다.
"하나님의 말씀이 던져진 그 강물을 마시고 조선 사람들은 생명수를 얻게 될 것이오, 또한 불태운 성경책의 재는 조선 땅에서 교회를 자라게 할 비료가 될 것이요!" 당시 로스 선교사가 확신을 가지고 이야기한 예언의 결과 우리가 오늘 이 땅에서 확인하듯 눈으로 보고 있는 셈이다.

이번에는 백홍준(白鴻俊)이 다시 등에 지고 우장을 출발하여 10여일 만에 의주의 건너편 싸하지 마을에 도착하여 성경을 국내 반입하기 위한 기상천외한 계책을 세운다.
백홍준은 성경책을 한 장씩 뜯어 노끈을 꼰 다음 그것을 망태기를 만들어 가지고 들어오다.
그는 이렇게 반입한 성경을 다시 펴고 다리미질로 원상 복구하여 전도에 사용하였다 한다.

이것이 당시의 선교작업이 얼마나 힘든 일이었는지 보여 주는 사례이며 한글 성경을 우리나라에 반입하는데 성공한 백홍준은 수개월 만에 10여 명의 성도를 얻어 자기 집에서 예배를 드리기로 시작한다.

이렇게 첫걸음이 내디뎠던 의주에 평신도 교회가 우리나라 최초의 개척교회인 셈이다. 1892년 국법을 무시하고 외국인과 내통한다는 혐의로 평양감찰사 민병석에게 붙들려 2년 동안 옥고를 치르면서 순교하고 우리나라 최초 순교자가 된 것이다.

"그런즉 너는 알라 오직 네 하나님 여호와는 하나님이시오 시실하신 하나님이시라 그를 사랑하고 그의 계명을 지키는 자에게는 천 대까지 그의 언약을 이행 하시며 인애를 베푸시되"(신명기 7장 9절)

*미국과 하와이로 이주했던 초초의 이민자 한인이 1903년 5월에 102명이 갤릭호를 타고 하와이에 도착했던 것이 미국 이민의 시작이다.

1893년 5월 1일 고종 황제는 시카고에서 열린 세계박람회에 정경원(1841~1898) 등 관리 두 명과 악사 10여 명을 우리나라 대표로 참가시켰다.

이때의 관리 두 명이 6개월 동안의 전시안내를 마치고 미국에 정착하였고 한인 미국의 이민 역사가 시작되었다.

그리고 정부 차원에서 우리나라와 미국이 공식적인 교류가 시작된 것은 1882년 5월 22일 제물포에서 한미통상조약이 체결되고 이듬해 민영익을 비롯한 사절단 일행이 미국을 공식 방문했던 것을 기점으로 보고 있다.

***우리민족이 해외에 세운 최초교회(그리스도 연합감리교회와 하와이 사탕수수 농장).**

1902년 인천에서는 동도개발회사에서 우리 노동자를 모집하여 12월 22일에 떠나 다른 지역에서 선발된 사람들과 같이 일본의 나가사키에서 신체검사를 마치고 이주가 확정된 인원은 102명, 남자 56명, 여자 21명, 어린이 13명, 유아 12명이었다. 캘릭호를 타고 항해 끝에 1903년 1월 12일 호놀룰루 항구에 도착한다.

하와이 감리교회 선교부의 피어슨목사의 안내로 오하우 섬 북쪽 해변에 위치한 와이알루아의 사탕수수 농장에 배치되며 3월 3일 64명의 두 번째 이민자들이 들어와 카후크 농장으로 갔고 1905년까지 건너간 한인은 7,300명이 넘었다. 1,000여 명은 귀국하였고 1,000여 명은 미국 본토로 5,300명은 20개 농장에서 분산하여 하류계층의 고달픈 생활을 감수해야 했다.

1903년 11월 10일 안정수와 윤병구를 중심으로 피어슨의 도움으로 한인감리교선교회를 조직하고 주일예배를 드린다. 호놀룰루에 처음 세워진 교회에서는 목회자 없이 예배를 드리다가 1904년 2월 조선에서 홍승하 전도사가 도착하여 초대 목회자가 되며 1905년 4월 한인감리교회선교회는 호놀룰루 한인감리교회라는 정식 교회로 승격하여 비로소 교회다운 교회가 된다.
"여호와께서 아브람에게 이르시되 너는 너희 고향과 친척과 아버지의 집을 떠나 내가 네게 보여 줄 땅으로 가라 내가 너로 큰 민족을 이루고 네게 복을 주어 네 이름을 창대하게 하리니 너는 복이 될지라"(창세기 12장 1~2절)

***해외 독립운동의 본산 한국독립 문화원**

우리나라가 일제의 강점을 당했던 20세기 초만 해도 일본 군국주의의 힘과 위세가 대단하여 우리 민족이 일제로부터 독립한다는 것은 꿈도 못 꿀 일이었다.

대국으로 일컬어지던 청나라와 러시아를 연파한 일본의 군사력이었다. 해외로 망명한 인사들의 독립운동 범주별로 나누어 볼 수 있다.

첫째, 무장 독립 투쟁으로 해외에 독립운동의 기지를 설치하고 군사력을 키워 무력으로 독립을 쟁취하자는 경우로 만주와 간도지방은 신흥무관 학교를 세웠고, 러시아 연해주로 망명했던 분들 이상설과 이동휘 주도로 블라디보스토크에 대한광복군회를 설립, 박용만은 109년 미국의 한인소년병 학교를 세워 활약하였다.

둘째, 외교활동을 통한 독립운동으로 미국을 중심으로 이승만과 안창호는 1909년 2월 1일 대한인 국민회를 조직하여 국제외교활동을 전개하여 안창호는 해산당한 신민회의 후신으로 홍사단을 조직하여 세계 각지에 국제 여론에 한국의 독립을 호소하는 외교 활동을 하였다.

1912년 11월 20일 미주, 하와이, 시베리아, 만주 총연합회를 합쳐서 '대한인 국회 중앙조직'을 설치한다. 박용만과 이승만 박사(우남 이승만, 1918년 12월 23일 한인기독교회 설립된 교회)는 1904년 한성의 감옥에 수감되어 있던 시절, 의형제가 되고 똑같은 기독인이 되었지만 독립운동 노선은 달랐다.

도산 안창호는 1906년 구내에서 일제 강점기 최대의 독립단체였던 '신민회'를 조직하셨고 1913년에는 로스앤젤레스에서 홍사단을 만들며, 3.1절 운동 후에 상해로 건너가 임시정부의 국무총리 대리를 맡아 민족계몽운동을 하였다.
"하나님은 우리에게 은혜를 베푸사 복을 주시고 그의 얼굴빛을 우리에게 비추사 주의 도를 땅 위에, 주의 구원을 모든 나라에게 알리소서" (시편 68편 1~2장)

***지구촌의 한인교회 4,449개**
역사학자들은 제2차 세계대전 후에 독립했던 수많은 국가 중에서 민주화와 경제발전을 동시에 성공으로 이끈 나라로 핀란드, 싱가폴, 한국이며 우리는 인터넷 중심의 디지털산업과 한류 열풍이라는 문화 키워드로 아시아 지역의 널리 나가 문화산업에 두각을 나타나고 있다.

미국의 한인 기독신문인 「크리스천 투데이」에 따르면 2004년 12월 현재 세계의 한인교회는 124국에 4,449개로 조사되었다고 한다. 미국의 경우를 보면 교회가 3,323개, 기독교 기관은 346개, 언론방송사가 48개, 기도원 등 58개, 교육기관 115개라고 하니 대단한 발전이라고 할 수 있다. 해외에 한인교회들은 우리 한국인이 세계에 복음을 전하는 전초기지의 역할을 할 것이 분명하다.

특히 한인 2세, 3세들은 현지 언어에 능통하기 때문에 이들의 역할을 통하여

'땅끝'까지 전해질 수 있을 것이다. 한국이 해외에 파송된 선교사는 160여 개국에 13,000명(2012년 기준은 169개국으로 선교사 23,331명 파송)으로 미국 다음 두 번째 선교 파송하는 우리나라가 되었다.

"나는 여호와요 모든 육체의 하나님이라 내게 할 수 없는 일이 있겠느냐" (예레미야 32장 27절)

[기도의 영을 받는 법]

***성령을 받는 기도** (기도는 우리가 성령을 받을 수 있도록 하나님께서 정하신 방법이다. 성경은 이를 분명히 가르친다. 예수님은 "너희가 악할지라도 좋은 것을 자식에게 줄 줄 알거든 하물며 너희 하늘 아버지께서 구하는 자에게 성령을 주시지 않겠느냐 하시니라"(눅11장13절)라고 말씀하셨다. 나는 기도하면 성령을 받을 수 있다는 것을 확신한다. 물을 마시면 나의 갈증이 사라진다고 확신하듯이 말이다. 우리가 더 많은 시간을 기도에 투자한다면 우리가 하는 사역에서 성령의 능력이 더 많이 나타날 것이다.)

***기도는 우리에게 어떤 유익을 주나**

1. 현재 살아 역사하시는 그리스도와 영적 교제를 나누게 한다 – 부활하신 예수 그리스도는 어제의 주님이 아니요 오늘 나의 주님이시다. 기도를 통해 그분과 살아 있는 역동적인 교제를 누릴 수 있다.
2. 하나님의 긍휼과 은혜와 기쁨을 누린다 – 기도는 하나님의 긍휼과 은혜를 받을 수 있는 방법이다.
3. 걱정과 근심에서 해방시킨다 – 기도는 모든 걱정과 근심에서 벗어나고 지각을 초월하는 하나님의 평안을 얻도록 그분이 정하신 방법이다. 고통이 닥칠 때마다 하나님께 부르짖으라.
4. 성령을 받는다 – 기도는 우리가 성령을 받을 수 있도록 하나님께서 정하신 방법이다. 성령의 능력으로 일하려고 한다면 하나님 앞에서 무릎 꿇는 시간이 늘어나야 한다. "지금까지는 너희가 내 이름으로 아무 것도 구하지 아니하였으나 구하라 그리하면 받으리니 너희기쁨이 충만하리라"(요한복음 16장 24절) "아무 것도 염려하지 말고 다만 모든 일에 기도와 간구로 너희 구할 것을 감사함으로 하나님께 아뢰라 그리하면 모든 지각에 뛰어난 하나님의 평강이 그리스도 예수 안에서 너희 마음과 생각을 지키리라"(빌립보서 4장 6~7절)

***기도에는 어떤 능력이 있는가**

1. 우리 자신을 알게 한다 – 우리가 기도할 때 우리 자신과 우리가 필요

로 하는 것에 대한 참된 인식에 도달할 수 있다.

2. 우리의 죄를 씻어준다 – 기도는 죄로부터, 즉 은밀한 죄와 알려진 죄로부터 우리 마음을 깨끗케 하는 능력이 잇다.
3. 유혹을 이기게 한다 – 기도는 우리가 무슨 일을 하든지 우리에게 힘을 주며 유혹에서 승리하게 해준다.
4. 혀를 절제하게 한다 – 기도에는 혀를 다스리는 능력이 있다.
5. 지혜를 만든다 – 하나님은 우리가 지혜를 구할 때에 지혜를 주신다.
6. 말씀의 의미를 깨닫게 한다 – 하나님의 말씀에서 놀라운 것들을 볼 수 있도록 우리의 눈을 열어주는 능력이 기도에 있다.
7. 성령 충만하게 한다 – 성령 충만의 비결은 바로 기도이다.
8. 그리스도를 닮게 한다 – 영적으로 성장하고 그리스도를 닮아가도록 돕는 것이 기도이다.
9. 충만한 능력을 받게 한다 – 하나님의 충만한 능력이 우리 사역에 임하게 하는 것이 기도이다. 하나님을 찾고 구하라.

"너희 중에 누구든지 지혜가 부족하거든 모든 사람에게 후히 주시고 꾸짖지 아니하시는 하나님께 구하라 그리하면 주시리라"(야고보서 1장 5절)

***어떤 기도가 응답을 받는가**

1. 하나님의 계명에 순종할 때에 기도의 응답을 받는다 – 하나님께 무엇을 구하여 얻으려는 사람은 하나님의 명령대로 살아야 한다.
   우리가 하나님의 모든 명령에 귀를 기울인다면 하나님도 우리의 모든 간구에 귀를 기울이실 것이다.
   우리의 기도가 존중을 받으려면 하나님의 말씀을 존중해야 한다.
2. 진실하게 구할 때에 기도 응답을 받는다 – 하나님께서 응답하시는 기도는 진심으로 드리는 기도, 곧 충심(衷心)으로 원하는 것을 구하는 기도이다. 진실하게 원하고 진실하게 구할 때에 하나님께서 그 기도에 응답하신다.
3. 그리스도의 이름으로 구할 때에 응답을 받는다 – 하나님께서는 그리스도의 이름으로 드리는 기도에 응답하신다.

하나님은 자신의 아들 예수 그리스도를 지극히 기뻐하신다. 그 아들의 이름으로 드려지는 기도에도 항상 귀를 기울이신다.
그리스도의 이름으로 기도하는 것은 그리스도의 보혈의 공로로 기도하는 것이다.

"마음이 청결한 자는 복이 있나니 그들이 하나님을 볼 것임이요"(마5장8절)
"너희가 내 이름으로 무엇을 구하든지 내가 행하리니 이는 아버지로 하여금 아들로 말미암아 영광을 받으시게 하려 함이라 내 이름으로 무엇이든지 내게 구하면 내가 행하리라"(요한복음 14장 13~14절)

*어떤 기도가 성령을 따라서 드리는 기도인가(성령 안에서 드리는 기도가 올바르다) - 기도의 영인 성령님은 우리에게 기도하는 법을 가르쳐 주신다.
성령님이 감동을 주고 인도하시는 기도로 하나님 앞에 나아갈 때 우리의 연약함을 인정해야 한다. 무엇을 위해 기도할지 어떻게 기도해야 할지 모른다는 것을 인정하며 성령님을 의지해야 한다.

"그러므로 내가 너희에게 말하노니 무엇이든지 기도하고 구하는 것을 받은 줄로 믿으라 그리하면 너희에게 그대로 되리라"(마태복음 12장 24절)

***어떤 기도가 온전한 기도인가**

1. 그리스도 안에 거하면서 기도해야 한다 – 그리스도 안에 거한다는 것은 우리 자신의 뜻을 따라 독립적으로 살기를 거부하는 것을 뜻한다.
   우리는 우리 마음대로 생각하거나 우리 뜻대로 결심하거나 우리 기분대로 느껴서는 안 된다.
   우리는 그리스도의 생각을 품고 그분의 뜻대로 결심하고 그분의 감정과 느낌을 갖기 위해 일심으로 그분을 바라보면서 기도해야 한다. 그리스도 안에 거하는 것은 그분의 생명이 우리 안에 흘러들고 그분의 생명이 우리를 통해 나타나도록 늘 그분을 의지 하는 것이다.
2. 성령과 말씀, 말씀과 성령이 함께하는 기도를 드려야 한다 – 말씀 없는 성령, 성령 없는 말씀만의 기도 생활은 온전치 못하다. 성령님은 말

씀을 도구로 사용해서 일하신다. 하나님의 말씀은 성령의 검(劍)이다. 성령 안에서 기도하기를 원하는 사람은 성령께서 사용하실 도구를 취하시도록 말씀을 묵상해야 한다. 말씀 중심의 기도에는 성령의 기름 부으심이 있어야 한다. 성령의 감동이 있는 기도에는 역사하는 힘이 있다.

"보혜사 곧 아버지께서 내 이름으로 보내실 성령 그가 너희에게 모든 것을 가르치고 내가 너희에게 말한 모든 것을 생각나게 하리라" (요한복음 14장 26절)

자료 : R.A토레스 지음, 이용복 옮김 36p, 58p, 80p, 122p

▶ 장위동 아파트현장 (2016.03.03)

1월 4일부로 성북구 장위동 290-9번지에 장위2구역 주택조합재개발아파트 신축공사에 부지면적 25,194㎡, 지상 30층 5개동 513세대 건축연면적 83,257㎡ 규모이다.

시공사는 코오롱글로벌주식회사이며 감리단은 토문엔지니어링 건축사사무소(건축상무 이홍섭단장, 강승상무, 천종영이사, 토목 구자억상무, 기계 임병욱이사), 한솔이엔씨(전기감리 한영구), 유원이엔씨(소방감리 김기원)로 편성되었다.

재개발 조합(이종학 조합장, 양태영 관리이사, 조성자 총무이사), 코오롱글로벌주식회사(이종원 현장대리인, 박희원부장, 서광범차장, 장용기과장, 이태용과장, 이승준과장) 현장조직 편성되어 양질의 공사 품질을 위하여 전력을 다하고 있다.

준공기간 일정에 따라 동기공사, 암반절취, 지하수 배수처리, 가설공사, 안전을 위한 계측관리, 주위아파트 소음 민원 제거를 위한 엄격한 측정관리를 하며 콘크리트 타설부위는 규정에 따른 난방시설 온도관리를 법규정에 준수 품질관리를 철저히 하고 있다.
일부 설계도면이 미흡하여 설계변경 보완토록 조치하며 건축기초 되메우기를 2월 29일까지 마치었다.

▶ 가족여행 (2016.03.16)

2016년 3월 10일부터 13일 동안 사랑하는 가족(아내 송의석, 큰딸 구완분, 외손주 박시언, 박주언)은 대한항공편으로 10시 55분 김포공항을 이륙하여 제주도로 휴가를 갔다.

외손주들은 비행기를 처음 타고 고공으로 바다를 경유 여행을 하니 좋아하였다. 중문관광 단지 옆 서귀포시 대포동 827번지 풍림아파트에 우리 회사 휴양소 1동이 있어 그곳에 여장을 풀고 3박4일 동안 제주도를 여행하며 제주에서 즐거운 휴가를 보냈다.

***아열대 식물원** – 한림공원은 세계 각국에서 수집한 3천여 종의 아름답고 희한한 식물의 왕국이며 아열대식물원 내에는 야자수 정원, 열대과수원, 관엽식물원, 선인장 정원, 허브가든, 용설란이 있으며, 열대식물 유리온실에서는 열대지방의 이국적인 식물들이 살아 숨쉬고 있습니다. 또한 열대지방에 서식하는 희귀한 도마뱀, 거북이 등 다양한 파충류와 아름다운 앵무새도 있습니다.

***재암민속마을** – 민속촌인 재암민속마을은 현대문명의 발전과 함께 점점 사라져가는 제주 전통초가의 보존을 위해서 중산간지역에 있던 실제 초가를 원형 그대로 이설 복원하고, 옛 제주인들이 사용하던 민구류를 함께 전시함으로서 제주의 옛 모습을 재현해 내고 있다.

***제주 석 · 분재원** – 분재와 돌을 소재로 하여 구성된 테마공원으로 다양한 분재작품과 휘귀한 자연석을 함께 감상할 수 있다.

***우도** – 신비의 섬 우도는 신생대 제4기 홍적세(약 200만년~1만년 전) 동안에 화산활동의 결과로 이루어진 화산도이다. 조선조 숙종 23년(1697) 국유목장이 설치되면서부터 국마(國馬)를 관리, 사육하기 위해 사람들의 왕래가 있었고 헌종 8년(1842)에 입경허가 김석란 진사 입도하여 정착하였다.
해양도립공원으로 제정하여 주간명월, 동안경굴(길이150m, 높이 20m, 넓이 15m), 전포망도, 지두청사, 후해석벽(높이 20m, 폭 30m의 우도봉 기암절벽), 서빈백사(하얀모래사장), 천진관산으로 아름다운 자연이 묻어나는 섬

***천지연(天地淵)** – 하늘과 땅이 만나는 곳의 연못이라는 천지연은 천연기념물

제163호로 지정된 담팔수의 자생지이자 구실잣밤나무, 천성과 나무 등의 난대식물지대로서 계곡 전체가 천연보호 구역으로 지정 보호되고 있으며 맑은 물 주위조경 아름다운 경치이다.

***한라산 백록담 등정 도전** - 날씨가 선선하여 옷도 우비도 챙겨 우리 일행 5명은 영실쪽으로 아침 일찍 출발하였다. 많은 등산객과 함께 입구에 들어서니 도로가 일부 빙판길이었으며 손주들과 조심스럽게 선발대 등산객을 따라 올라갔다. 반쯤 올라갔는데 등산로가 미끄러워 가족의 안전을 위하여 되돌아오기로 하였다. 저번에도 10월 등정에 90%에서 폭설로 되돌아갔고 이번에도 실패하니 다음번 3차에는 반드시 갈 것이다 아쉬움을 뒤로하고 다른 여행지로 관광을 하였다.
이번여행은 아들 며느리 사위들이 직장관계로 함께 오지 못하였지만 올 수 있는 시간을 조율하여 기회를 만들어야겠으며 손주들과 즐거운 여행 추억이 되길 바란다.

> "인내는 연단을, 연단은 소망을 이루는 줄 앎이로다. 소망이 우리를 부끄럽게 하지 아니함은 우리에게 주신 성령으로 말미암아 하나님의 사랑이 우리 마음에 부은 바 됨이니."(로마서 5장 4절-5절)

▶ 국훈회 제주여행 (2016.10.10)

52년간에 우정을 쌓아온 국훈회 친구들이 오랜만에 제주도 여행을 계획하고 2016년 10월 1일부터 10월 6일까지 여행을 하게 되었다. 각자의 집과 직장 일 때문에 (정동기, 최수정) (구자억, 송의석) 부부 2가정은 김포공항에서 아시아나 항공으로 10월 2일에 (손영만, 최혜숙) 부부는 청주공항에서 (배경남, 김순복) 부부는 목포에서 여객선으로 출발하여 제주도에서 합류하였다.

숙소는 제주특별자치도 제주시 서해안로216 아모렉스 리조트(Amoureux Resort) 별관 제일 큰 호실로 2개를 한솔여행사에서 예약되어 있었다.

1일은 용두암(용연구름다리), 신비의 도로, 수목원테마파크 지역을 돌아보았다.

둘째 날에는 생각하는 정원 점보 빌리지, 서부작 테마파크 관광하며 사회생활, 직장생활을 잠시 내려놓고 다른 여행객과 합류하여 즐거운 시간을 보냈다.

하루의 여헝을 즐겁게 다니고 저녁에는 4가정(8명)이 시장구경도 하고 횟집으로 가서 오랜만에 저녁식사를 하며 옛이야기로 담소하고 제주의 해산물 맛있게 먹고 주위 야경을 돌아오는 중 동기 형님이 운명하셨다는 연락이 왔다.

셋째 날에는 동기 부부는 아침 첫 비행기로 서울로 출발하고 경남, 영만, 자억 부부가정 6명은 아침 일찍 여행사 버스 편으로 다른 호텔에서 여행객과 합류하여 서귀포 중문단지 쪽으로 이동하여 수목원을 가니 각종 조경수가 많고 참으로 아름다운 곳이다.

인삼재배 하는 곳으로 가니 땅에다 심은 것이 아니라 하우스에 특수공법으로 재배하는 광경이 신기하다. 제주도에서 감귤로써 농업 투자 가치성이 떨어져 과학적인 방법과 고부가 가치성 연구 농업인 증대사업의 일환이었다. 가공된 인삼가루를 우리도 함께 간 분들도 다 구입하였다.

배경남 부부는 다음날 직장 관계로 여객선에 승선하여 목포로 출발하였으며 우리와 영만 부부 4명은 토문 제주휴양소 숙소로 여장을 풀고 3일 동안 있기로 하였다.

넷째 날에는 아침 일찍 시외버스 터미널 가서 7시 14분, 781번 버스(2,600원)를 타고 성판악 휴게소 8시에 도착하여 한라산 등정을 하여 이번에는 백록담을 꼭 탐방하리라. 제주도에 3번 오면서 백록담을 가려고 시도하였으나 90%에서 50%에 일기 관계로 하산한 경우가 있어서 이번에는 반드시 가려 하는데 일기예보에 강한 태풍이 온다는 기상예보가 있다.

＊백록담(百鹿潭-Baengnokdam) 한라산에는 2,000여 종의 식물과 5,000여 종의 동물이 서식하고 있다. 흐린 날씨에도 많은 관광객이 등산하고 있으며 오후에는 태풍의 소식과 일기가 좋지 아니할 것을 감안해서 강행하기로 결심하고 50명을 앞지르고 중간에 휴식도 없이 70명을 추월, 많은 계단이 보인다. 399개의 계단에 올라서니 해발 1,300m의 표고에서는 땀방울이 오랜만에 떨어지며 112명을 앞지르고 강행하는 동안에 좌우를 살펴보니 빨간 단풍이 맞아주며 감초나무 붉은 열매가 많이 보이고 상부로 올라갈수록 강한 바람에 고사목도 눈에 보인다.

중간⅕ 지점에서는 몰려오는 검은 먹구름으로 정상을 또 못 가나 생각이 들어 강행을 하여 ⅗ 지점에 도착했을 무렵에는 동측에는 청명하게 맑은 날씨, 서귀포 쪽에는 뭉게구름 보이지 아니 하다가 저 멀리 바다가 보이며 초분마다 변하는 모습이 장관이다. 성판악관리사무소 - 속밭대피소 4.1Km - 사리오름입구 1.7Km - 진달래대피소1.5Km - 백록담 2.3Km로 해발 1,950m 정상에 11시에, 3시간 만에 도착(정상등정시간 9.6Km, 4시간 30분 소요)하여 정상에서 내려다보니 하나님의 창조 섭리가 경이롭다.

백록담 사진을 촬영하고 3분 후에 검은 구름이 덮이며 10m 앞이 보이지 아니하며 바람이 강하게 불며 추워서 잠바를 입고 일회용 우비로 바람막이와 마스크를 쓰며 대비하였다. 안전을 위하여 하산하라는 안내방송이 나온다. 3

시간 안에 몇 분 사이 여름 땀방울, 가을의 아름다운 단풍풍경, 한겨울의 한랭을 체험하며 강행군의 보람도 하나님 창조하심과 돌보주심과 인도하심이 감사기도를 할 뿐이다. 하산하면서 중간 간이휴게소에서 뜨거운 라면국물이 일품이며 성판악관리사무소 15시 30분에 하산하며 보람된 날이었다.

다섯째 날 새벽 강한 태풍을 맞이한 것은 처음이며 요란한 비바람에 앞 베란다로 가니 배수로처럼 물이 흐르고 강한 바람소리에 각방 거실 문잠금을 재확인하였다. 아침에 밖에 나오니 각동 여러 곳 옥상층 나무판재와 철판재가 날아가고 수목가지가 부러지는 등 도로 주차장이 온통 쓰레기로 차량운행이 어려울 정도로 쌓여있고 150m 떨어진 인근 4층 신축 건물에 외부 철재 동바리가 모두 휘어지고 30도 정도 누인 상태로 태풍의 위력이 대단함을 실감하였다. 영만 부부는 직장일 관계로 청주공항을 경유하여 돌아갔다.

여섯째 날에는 우리 회사 휴양시설 외부에 태풍으로 인한 부유물질 제거 청소와 관리사무소에 종합적인 보수를 요청하고 제주공항 이륙하여 청주공항에 도착하여 대전현장으로 갔다.
태풍으로 현장에 이상유무를 확인하고 대전숙소에서 1박하고 명일 토요일 넷째동생 교순이 아들 김재호의 결혼식에 참여하기 위해 귀가하였으며 보람된 여행이었다.

> "여호와는 너를 지키시는 이시라 여호와께서 네 오른쪽에서 네 그늘이 되시나니 낮의 해가 너를 상하게 하지 아니하며 밤에 달도 너를 해치지 아니하리로다(시편 121편 5절~6절)

▶ 대전공동주택현장 (2017.02.03)

다우갤러리휴리움 아파트 현장은 대전광역시 서구 갈마동 315번지에 감리를 2016년 5월 2일에 토목이 시작되었다.

현장은 2016.02.24일 주택건설사업계획니 승인되었고 사업비 71,471천원으로 아파트 301세대, 건축연면적 43,740㎡, 지하3층, 지상9~27층 규모로 시공사 다우건설(주), 2018년 10월 준공목표로 ㈜토문엔지니어링 건축사사무소 감리로 박형근 총괄감리원 / 건축 한상헌 상무 / 토목 구자억 상무 / 기계 김동명 이사 상주근무와 오광주 상무 비상주 감리원과 ㈜동화이엔씨 권석관 이사가 감리 중이다.

토목공사 터파기는 본격적으로 7월에 착수 12월까지 진행되었고 지하 3층으로 암반이 다량 발생되어 9월에 TR 테라ENG기술사사무소 시험발파 및 암반 발파공법을 사전 검토 인근 민원 피해를 최소화로 화약 조정, 10월 27일부터 발파시작 11월 9일 종료되는 날까지 민원문제 안전 환경 등 긴장하며 토목공사는 무사히 141,162㎥ 터파기 사토를 하였다.

가설공사 H-Pile 띠장, 토류판 모두 안전하게 시공과 주간마다 계측관리 현장관리를 하며 토목 상반기 감리를 2017년 1월 31일까지 무사히 마치게 됨을 감사드린다. 공사기간 중 많은 장비와 발파 사토를 하면서 한 건의 안전관리에 문제점 없이 순조롭게 진행되었다.

> "너희 건축자들의 버린 돌로서 집 모퉁이의 머릿돌이 되었느니라. 다른 이로써는 구원을 받을 수 없나니 천하 사람 중에 구원을 받을 만한 다른 이름을 우리에게 주신 일이 없음이라 하였더라."(사도행전 34장 11-12절)

대전 중문교회 (2017.02.06)

다우갤러리휴리움 아파트 현장감리가 착수되면서 양평 양서면에서 출퇴근하기가 어려워 대전 갈마동 290-16 금성빌라 b01호 원룸을 일백만 원에 보증금에 월25만 원으로 2017년 5월 22일 임차 출퇴근하며 새벽 기도회를 다녔다.

2017년 덕소교회에 장경동 목사님이 부흥집회를 하였는데 전라, 광주지역 근무로 참여를 못하여 이곳 현장을 오면서 교회 옆으로 방을 구하였다. 방을 구하러 다니는데 단기간이라 지상은 못 얻고 지하방을 처음 구하여 생활을 하였는데 삼복더위도 지하방이라 습기가 차서 벽에 곰팡이 생겨 도배지 색깔이 변하고 냄새가 난다. 가끔씩 더운 날씨지만 습기제거를 위해 난방을 하여 제거를 하며 금요일 집에 다녀와 월요일에 돌아오면 더욱 심하다. 생활이 어려워 지하방에서 생활하시는 분들의 고충이 이해가 간다.

8월 29일 주인댁(김희열)의 배려로 지상 301호에 보증금 이백만 원에 월30만 원에 임차 2017년 1월 말까지 기거하며 편안한 생활을 하였으며 대전에 근무하는 동안 화요일부터 금요일까지는 매일 대전광역시 서구 계룡로 30(갈마동) 기독교한국침례회 중문교회에 다니며 하나님 말씀에 은혜를 받고 기도생활을 하였다. 교파는 다르지만 예배형식은 비슷하였는데 여자 목사님이 계시는 것이 다르다.

장경동 담임목사님은 부흥성회를 국내 · 외에 다니시어 금요일 아침에만 설교를 하시고 장충만(담임목사 자제)목사님, 강한길목사님, 조성욱목사님, 김천재목사님, 노성우목사님, 오세광목사님, 이형원목사님, 양선숙목사님, 김재현목사님, 진용식목사님, 유시현목사님, 박상운목사님, 조효훈목사님이 윤번제로 새벽기도회를 인도하시며 시간마다 하나님 말씀 선포에 최선을 다하시는 목사님들이시다. 부흥집회 때는 기독교 방송에 말씀을 전파하시는 저명한 목사님들이 하루씩 돌아가며 말씀을 강론하시어 많은 은혜의 시간이 되었다.
이곳에 신축되는 아파트가 갈마동의 명품아파트가 준동되어 이 지역과 중문교회 믿음의 성도들이 중심지가 되기를 기도한다.

"주 외에는 자기를 앙망하는 자를 위하여 이런 일을 행한 신을 예부터 들을 자도 없고 귀로 들은 자도 없고 눈으로 본 자도 없나이다."(이사야 64장 4절)

▶ 남태평양의 환상의 괌 (2017.02.25)

2017년 2월 22일 아내, 사위 윤성빈, 구미선, 손자(윤동선, 윤동준, 윤동연) 7명은 인천공항에서 7시에 도착하여 출국수속을 마치고 JIN AIR 641편으로 10시 5분에 이륙하였다.
1시 10분 창문으로 내다보니 맑은 날씨에 뭉게구름위로 보이는 풍경 아름다우며 1시 50분 구름이 없어지니 검푸른 바다가 보이며 수 백미터 떨어진 곳에서 반대편으로 비행기는 젯트기와 같은 속도로 휙 지나간다. 2시 50분(현지시간 3시 50분) 4시간 45분 남태평양을 비행하여 무사히 착륙하여 입국수속을 마치고 5시 42분 숙소인 PACIFIC ISLANDS CLUB(피어스 호텔)로 934호와 946호실 예약이 되어 있었다.

• 괌은 인구 18만 명 정도로 한국인 6천 명 거주하며 모계사회로 3차산업로 90%을 수입에 의존하고 1521년부터 300년간 스페인의 지배를 받았고 원주민(차무르족)이 관공서에 근무

① 23일 아침 일찍 7시에 조식을 하고 마리나나 해구와 파세오 수사나 공원(자유의 여신상)으로 스페인광장(스페인 300년 동안 통치)관람

② 24일 초등학교의 각종시설, 축구장, 야구장 등은 넓은 푸른 초원시설과 인근 도로에는 상하 좌우 모든 차량이 정차를 하고 어린 학생위주로 정차,

준법정신이 어린이가 우선으로 하는 어린이 천국이다.
웨스틴 헐리데이스호텔 여행객 합류하여 1번 해병대도로로 경유하여 아름다운 남부마을 남태평양 바다로 향하였다.

⊙ **콤보팩** - 남태평양의 환상적인 바다를 만끽하며 즐기는 스노크링, 돌고래 구경, 광열한 태양의 내리쬐이는 바다물빛은 눈 부시는 거울과 같이 빛났다. 안내자의 교육에 따라 스노크링으로 바닷물 속에 들어가 바다고기와 함께하는 재미가 흥미롭다. 바다에서 낚시를 하여 큰 물고기도 잡았다. 일생의 좋은 추억이며 선택관광비 성인 $95, 아동$60이 소요되었고 길가에는 열대 수목이 많이 있으며 한여름 날씨이다.

③ 25일 괌공항에서 4시 35분 이륙하여 11Km 고도에서 810Km/시속으로 20시 20분에 인천공항에 안착하였다. 괌에 3일 동안 기거하며 온화한 날씨와 어린이 천국, 맑은 바닷물 휴양시설 등은 좋은 추억이다.

"그런즉 누구든지 사람을 자랑하지 말라 만물이 다 너희 것임이라."(고린도전서 3장 21절)

PIC 괌은 아름다운 투몬만에서 사랑의 절벽이 한 눈에 보이는 최고의 위치에 자리하고 있습니다.
총 면적 87,000㎡의 광대한 부지에 777개의 객실, 6개의 레스토랑, 투숙객 모두가 무료로 즐길 수 있는 워터파크와 액티비티를 갖춘 괌 최대의 리조트 호텔로 세계에서 손꼽히는 인공수족관에서의 스노클링, 윈드서핑, 양궁 등 70여가지의 워터 액티비티와 강습을 즐기실 수 있습니다.

▶ 친구와 국내여행 (2017.05.30)

2017년 05월 11일 정연균이 미국에서 생활하다 귀국하여 고향친구 홍순국, 정영균, 구자억, 송의석 4명은 아침 일찍 양수리를 출발하여 오랜만에 국내여행을 하게 되었다.

① **평화의댐** - 경춘 고속도로를 경유 강원도 지방도를 따라 화천군 화천읍 평화로 3481-18(동촌로 2921)에 도착하여 물문화관에서 댐 현황을 관람하니 북한의 금강산 발전소 계획에서부터 임남댐 건설, 평화의 댐에 이르기까지의 모든 과정이 요약되었다.
평화의 댐은 1986년 11월 26일 댐 건설계획 발표, 87.02.28에 1단계 공사 착공하여 89.05.27에 완료(댐높이 80m), 2002.09.30에 2단계 착공하여 2006.06.15에 준공(해발 270m 위치에 댐높이 125m, 길이 601m, 저수용량 26.3억3천㎥)되었다. 24km 전방 북한의 임남댐은(해발 315m 위치에 댐높이 125.5m, 길이 710m, 저수용량 26.2억2천㎥)으로 2003년 12월에 준공되었다. 댐은 상류지역에 급격한 홍수사태 발생시 북한강 하류지역에 있는 댐의 안정성 확보와 홍수 피해 방지목적이며 콘크리트 표면차수벽형 석괴댐의 형식으로 국토이용 계획으로 발전에 기여되기를 바란다.

② **두타연** - 휴전선에서 발원한 수입천 지류의 민간인 출입통제선 북방에 위치하고 있으며, 금강산으로 가는 길목(금강산까지 32km)이기도 하다. 천혜의 비경을 가진 국내 최대의 서식지이고, 1천 년 전 두타사라는 절이 있었다는 데서 연유한 이름이며 휴전이후 50년간 민간인 출입이 통제되어 오다가 개방되어 민통선 내 자연의 아름다움과 신비를 느낄 수 있는 생태계의 보고이다.
양구군 방산면 고방산리 이목정 안내소에 출입 신청한 차량으로 주차장까지 이동하여 양구 전투위령비, 조각공원, 두타사 옛터 두타정, 두타연, 관찰데크, 지뢰체험장, 출렁다리, 징검다리, 두타교, 숲속길로 12km 거리에 3시간이 소요된다.

***양구 전투위령비 조각공원**에(수도사단 순국장병, 제3여단, 3사단, 7사단,

8사단, 20사단, 21사단. 해병1여단, 미2여단, 불란서 순국장병, 화란 순국장병, 경찰주민결사 순국자, 무명영령) 새겨진 다국적 젊은이들이 참혹했던 민족상잔의 아픔 속에서 젊은이들이 청춘을 초개같이 던져 많은 희생자가 난 곳이다.

안내자가 설명을 하고 시 한 수

"길 가소서"
배고픔으로 삼백예순날
사무친 그리움으로 삼백예순날
님의 그 삼백예순날이
반 백번 되도록
어리석어 몰랐습니다

마디마디 피로 물든 능손
토막토막 끊어진 단장(斷腸)의 대지(大地)
백석산 도솔산 가칠봉 펀지볼……

누군가는 치루었어야 할 능욕을
님께서 온몸으로 치루신 터
이제 그 터우에 님의 소망따라
새싹 움트고 여명이 밝아옵니다

님 이시여!
지금은 피맺힌 원한도
사무친 그리움도 모두 풀 때
이승에서 못다 이룬 민족(民族)의 화합(和合)
혼계(魂界)에서 하나되어
밝고 고운 한 빛으로
부디 길 가소서

그리하여 새로운 날
이 땅에 다시 오시어
새 아침 기쁨
땅 끝까지 누리소서

고운 님이시여 길 가소서

참배하는데 가슴이 메어지며 눈물이 난다. 어서 속히 평화적인 통일이 되어 그들의 영혼을 위로하는 날이 오기를 기도한다.

＊제4땅굴 - 1990년 3월에 땅굴이 발견되었으며, 땅굴 출입구에는 발견당시 땅굴을 수색하던 중 산화한 군견을 위로하는 군견비가 세워져있고, 땅굴 내부에는 투명유리 덮개로 덮힌 20인승 전동차가 운행되고 있어 다른 땅굴에 비해 편리하게 관찰할 수 있다.
펀치볼 서화리를 지나니 이곳 병영시설 감리하던 곳이 생각이 나며 원통을 경유 한계 미시령 울산바위 휴게소를 지나면서 아름다운 자연환경의 산 정상 인근 약수터에서 배 속이 시원하도록 물 한 대접 마시고 큰 물통에 물을 받아 여행 중 식수로 이용하기로 하며 속초에서 1박하기로 하였다.

＊경포대 - 관동팔경 중 으뜸인 경포대(강원도유형문화재 제6호)는 고려충숙왕 13년(1326년)에 인월사 옛터에 창건하였고 조선 중종3년(1508년)에 현 위치로 옮겨지었으며 하늘, 호수, 바다, 술잔, 님의 눈동자의 다섯 개의 달을 볼 수 있는 낭만적인 곳이다.

＊경포호 - 호수둘레는 4.3km로 새바위와 애틋한 사랑의 전설이 깃든 홍장암이 있으며, 현재 예술가들의 시비와 조각품이 전시되어 있고 야생화와 휴식 공간 산책로 조깅코스도 마련되어 있다.

＊정동진 - 서울 광화문역에서 정(正) 동쪽에 위치하여 붙여진 이름이다. 세계에서 가장 가까운 정동진역으로 드라마 모래시계공원(세계최대의 모래시계로 상부의 모래는 미래의 시간, 흐르는 모래는 현재의 시간을, 황금 빛 원형

의 모습은 정동의 동해의 떠오르는 태양을, 평행선의 기차레일은 시간의 영원성을 의미). 정동진 타임스토리(인간과 시간을 주재로 한 시계테마 박물관으로 시간과 과학, 시간과 예술, 시간과 열정으로 구성되어 있으며, 타이타닉 회중시계 100여점) 전시되어 있다.
정동진 해수욕장은 길이 250m, 면적은 13,000㎡이며 썬크루즈리조트(해발 60m 절벽위에 세워진 유람선 모양의 관광숙박업소, 한 시간에 한 바퀴씩 도는 회전식 스카이라운지와 전망대)가 있으며 정동진의 경치를 한눈에 볼 수 있다.

＊무궁화원(SHARON GARDEN) - 경상북도 수목원 무궁화원은 아름다운 꽃을 100여 일이나 피우는 나무로 온갖 수난과 역경 속에서도 5천년 역사를 이어온 배달민족을 상징하는 나라꽃 국화를 전시한 곳.
입구에 들어서니 만남의 광장, 관목원, 진달래원, 들국화원, 목련원, 망개나무원, 침상원, 유실수원, 희귀식물원, 철죽원, 어린이 체험정원, 숲문화 시설, 전시온실, 삼미담, 창포원, 지피식물원, 울릉도 독도식물원 등 분야별, 수목별, 희귀수종 등 각종 다양한 수목들이 많이 있고 고원지대로 최고봉 능선에 전망대에 오르니 사방이 보이는 광활한 지역에 자연환경, 하나님 창조하심에 감사기도 드릴뿐이다.
속초를 출발하여 동해안선 바다를 접하여 양양, 주문왕진, 강릉, 삼척, 원덕, 울진, 평해, 홍해, 포항, 영일을 경유 경주에서 2박을 한다.
아침 일찍 세계문화유산도시 경주를 7시에 조식을 하고 탐방으로 석굴암으로 출발한다.

＊불국사 · 석굴암 - 불국사는 통일신라시대 751년(경덕왕 10년) 당시 재상이었던 김대성이 창건한 사찰로 1973년 지금의 모습으로 복원하였다.
다보탑, 석가탑, 청운교, 백운교 및 연화교, 칠보교 등 경내의 조형물 하나하나가 신라 불교미술의 뛰어난 조형미를 보여주고 있으며 법당과 탑이 서있는 기단 위에 가람 자체가 불국을 상징하고 있다.
석굴암은 우리나라의 대표적인 석굴사원으로 김대성이 현생의 부모를 위해서 불국사를 전생의 부모를 위하여 석불사(석굴암)을 창건하였다. 거친 화강암으로 아름다운 부처님의 모습을 표현한 것은 통일신라 불교미술의 백미라 할 수 있다. 석굴의 평면 구조는 앞쪽이 네모나고 뒤쪽은 둥글다. 석굴에는 본존불(本尊佛)을 중심으로 천부상(天部像), 보살상(菩薩像), 나한상(羅漢像), 거사상(居士像), 사천왕상(四天王像), 인왕상(仁王像), 팔부신중싱(八部神衆像) 등이 조각되어 있다.
1995년 유네스코 세계문화유산 목록에 등재되었다.

＊첨성대 – 천문관측과 관련한 건축물로 2중 기단 위에 30cm높이의 돌 27단을 쌓아 올렸고, 꼭대기에 우물 정(井)자 모양의 사각형 돌을 짜 올렸다. 구조와 구성은 물론 돌 하나에도 상징적 의미가 담겨있다. 맨 위 정자석의 길이가 기단부 길이의 꼭 절반인 정 등 여러가지 과학적이면서도 신비함이 가득하다.

＊대릉원 – "미추왕은 재위 23년 만에 돌아가니 대능에 장사지냈다."라는 삼국사기 기록에서 대릉원이라는 이름이 유래했다. 미추왕릉, 황남대총, 천마총 등 23여 기의 고분이 밀집해 있으며 특히 자작나무 껍질로 만든 말다래의 그려진 천마도와 함께 금관과 금제허리띠 등 국보급 유물 수십 점이 발굴되었다. 천마총은 유물과 함께 내부를 공개하고 있어 신라인의 무덤 형식과 문화를 살펴 볼 수 있는 곳이다.

＊동궁과 월지(안압지) – 나라의 경사를 맞아 축하연을 거행했던 동궁(東宮)으로서 문무왕 19년(679년)에 세웠다. 월지는 "궁안에 못을 파고 가산을 만들고 화초를 심고 기이한 짐승들을 길렀다"고 삼국사기 문무왕 14년(476년)에 기록하고 있으며, 군신들이 연회나 귀빈접대 장소로도 이용되었다. 월지는 동서남북 약 190m 규모의 인공 연못으로 조선시대에는 안압지로도 불리었다. (사적18호)

＊불국사 삼층석탑(국보21호) – 경상북도 경주시 진헌동 15-1
이 탑은 통일신라시대의 전형적인 3층 석탑으로 높이 8.2m이다. 동쪽탑인 다보탑과 마주보고 있으며 석가탑 또는 무영탑(그림자가 비치지 않는 탑)이

라고 한다. "석가여래상주설법탑"으로 법화경의 다보여래와 석가여래가 나란히 앉아 설법하고 증명한다는 데서 연유한다.
기단 주위에는 팔방금강좌라고 부르는 연꽃 8개를 연결한 구역이 있는데 부처님의 사리를 두는 깨끗한 곳으로 해석하기도 한다. 구역 안쪽 기단 아래에는 자연석으로 인고 암반을 만들었다. 2단의 기단 위에 3층으로 몸통과 지붕돌을 올렸다.
이 탑은 통일신라 경덕왕 10년(751)에 세워진 것으로 추정된다. 도굴범에 훼손된 것을 1966년 12월에 수리하였다. 이때 2층 몸돌의 윗면 가운데 있는 네모 사리공 안에서 세계에서 가장 오래된 목판 인쇄물인 '무구정광대다니경'이 사리장엄구와 함께 발견되었다.

＊국립대전현충원 - 대전광역시 유성구 현충원로 251 위치한 보훈의 성지 민족의 성역은 1977년 본인이 설계 감독을 하였고 40여년이 지난 현재 와서 참배를 하니 더욱 감회가 깊다.
1979.08 국립묘지 대전분소 창설, 82년 초초안장, 85.11.13에 1단계 1차 준공, 96.06.01에 국립대전현충원으로 개칭되어 국가와 사회를 위해 희생하신 순국선열과 호국영령 12만 위가 영면(永眠)해 계시는 곳으로, 연간 2백50만 명이 방문하는 곳이다.
미국에서 귀국한 정연균 고향친구, 홍순국, 송의석 4명은 홍살문, 현충광장, 현충문 담당직원의 안내를 받아 참배하고 현충탑 무명용사들께 감사기도를 드렸다. 현충관, 봉안관, 현충지, 사병묘역, 경찰묘역, 애국지사묘역, 장군묘역, 국가원수묘역(최규하 대통령묘 참배), 장교1묘역(홍순국 친구묘 참배), 보훈장비 전시장, 보훈미래관(각종자료 전시)을 돌아보고 준공탑에 가니 참여자에 내 이름도 있고 친구들의 격려도 있었으며 개발당시 연속 30여일을 야근을 하며 업무에 최선을 다하였던 기억이 회상된다.

＊청남대(靑南臺) - 청주시 상당구 청남대길 646, 대청호 주변에 아름다운 자연환경과 대통령을 상징하는 '봉황'이 조화롭게 어우러진 살아 숨 쉬는 신비감이 넘치는 곳.
본관 대통령 기념관, 별관, 초가정 대통령기념관은 청와대 본관건물을 60%

축소한 형태로 지하층은 대통령 체험장(대통령 24시 대국민연설, 의장대 사열, 정상회담, 역상의 현장 속으로 국무회의장 등)이 있고, 1층은 역대 대통령 기록화 20점이 전시되어 있으며, 2층은 200석 규모의 세미나실이 있다.
오각정 그늘집 대통령길(전두환, 노태우, 김영삼, 김대중, 노무현, 이명박)로 청남대를 이용·방문하신 대통령의 이름을 붙인 총 13.5km의 산책로로 황톳길, 마사토길, 목교 등이 있으며, 산철죽, 금낭화, 춘란, 할미꽃 등 다양한 야생화가 식재되어 있다.

"사랑하는 자들아 우리가 서로 사랑하자 사랑은 하나님께 속한 것이니 사랑하는 자마다 하나님으로부터 나서 하나님을 알고. 사랑하지 아니하는 자는 하나님을 알지 못하나니 이는 하나님은 사랑이심이라."(요한1서 4장 7-8절)

열린 현충원, 밝은 현충원
국립대전현충원은 명산 계룡산의 맥을 이어 받은 이상적인 명당(明堂)으로 알려져 있으며, 330만㎡(100만평) 대지 위에 국가와 사회를 위해 희생하신 순국선열과 호국영령이 영면(永眠)해 계시는 보훈의 성지이며 나라사랑교육의 장입니다.
2018년 5월 초록길 준공예정
3 양성평등화장실
여성, 남성 화장실 면적을 7:3으로 건립하여 실질적인 양성평등을 구현
주황길 1.2km
빨강길 1.2km
노랑길 1.4km
초록길 1.2km
파랑길 1.0km
쪽빛길 1.2km
보라길 1.0km
현충탑
현충광장
4 보훈샘터 (2015. 06. 10. 준공)
예전 이곳 지역의 식수원을 찾아 샘터 조성
샘터의 물은 365일 자연적으로 샘솟는 암반수임

축복 속에 손자출생 (2017.09.13)

구씨네 29대손 구현모(具賢謨)가 하나님의 축복 속에 2017년 9월 출생한 날이다. 큰 손자(성모)를 본 후 5년 6개월 후 둘째 손자를 수지 에스더산부인과에서 순산, 7명의 손주를 주시니 감사드립니다. 며느리에게 격려하여 주며 병원비 일부도 전하여 주며 손주들 영육 간에 강건하게 성장하여 훌륭한 하나님의 일꾼 인재가 되도록 기도한다.

요즈음 4시 20분이면 일어나서 1.5km 걸어서 주사랑교회에서 새벽예배를 드리며

1) 국가를 위하여 --- 위정자들이 국가관으로 바른 정치를 하여 하나님 말씀 안에서 평화를 누리며 국방이 안정으로 경제가 발전하는 부강한 나라를 위하여 기도.
2) 교회와 전도를 위하여 --- 전국의 목회자와 중직자들이 올바른 신앙관으로 사회를 선도하고 전도하여 정의로운 사명의 역할.
3) 가족과 이웃 친지를 위하여 --- 하나님의 말씀 안에서 올바른 신앙생활로 최선을 다하며 믿음과 생활이 일치되는 삶이 되도록

매일 새벽기도를 드린다.

> "여호와를 경외하는 것이 지혜의 근본이요 거룩하신 자를 아는 것이 명철이니라." (잠언 9장 10절)

요즈음 비상주근무로 서울지역 신사동 공공도서관 신축, 원지동 다목적 체육관, 광명시 역세 3초교 교사 신축공사 현장에 토목기술지원 기술자로 업무와 기성검사 준공검사를 담당하고 있다.

8월 25일 광명시 광명역 근교 역세 3초교 교사 신축공사 예비준공검사를 하였는데 여름철 계속되는 장마로 공사가 지연되어(우수맨홀, 원형수로관, 집수정, 선홈통마감, 운동장 구배, 자바래 대문, 차선도색) 미비로 준공 잔여일정에 맞추어 인원을 현재의 3배로 투입 마감처리를 독려하였다.

8월 28일 역세 3초교 교사 신축공사 준공검사 재검 확인하였다.

9월 5일 신사동 공공도서관신축 1차분 준공검사를 하고 잔여 공사분을 추진토록 협의 양질의 공사가 되도록 독려하였다.

▶ 중국여행 (2017.11.07)

2001년 ㈜서홍에서 보내주어 중국 만리장성, 자금성, 천안문 여행을 4일 동안 해외여행을 처음 다녀온 후 16년이 지난 2017년 10월 30일부터 11월 4일까지 장사 - 장가계를 윤주상집사, 이점단권사, 구자억집사, 송의석권사 이외 16명이(한팀으로) 투어, 2000여행사에 여행비 1인당 699,000원 지불하고 OZ321편으로 21시 30분에 이륙하였다.

군산인근 상공 고도 8,839m, 외기온도 영하43도, 930마일 속도로 제주인근을 지나 난징상공을 경유 3시간 30분 비행하여 장사 황화공항에 착륙하였다.
윤희영 가이드가 25인승 리무진으로 안내, 카미톤호텔(KA EMI DUN HOTEL)에 투숙하였다.

＊장가계 - 중국 호남성 서북부에 자리를 잡고 있으며 중아열대산, 원형 계절풍 조습기후에 속하고 년 평균 기온이 16도이다.
총면적은 9,563평방킬로미터이며 산하에 영정구 '무릉원구', '자리현' 상식현이 있고 인구는 154만명, 72%는 토가족, 백족, 묘족 소수민족이다.
장가계는 20세기 1980년대부터 발견되고 개발된 유명한 풍경구로서 그 유람자원은 세계일류라고 할 만하며 성급 국가급 명승지나 자연보호구 면적이 500평방킬로미터에 달하고, 그 중 세상에서 드문 석영사암봉람을 주체로 한 무릉원 핵심 풍경구의 면적은 264평방킬로미터이다.
무능원은 장가계 국가삼립공원, 천지산 자연보호구, 삭계곡 자연보호구 등 세

개 부분으로 조성되었다.

풍경구 내에는 삼천 기봉이 땅에서 솟구쳐 오르고, 팔백 계류가 완연곡절하여, 삼림 면적은 97%에 달해 '동식물 왕국'이라 불리고 있으며, 산봉우리 수림, 동굴, 호수, 폭포는 한 눈에 지니고, 기이하고 수려하고 조용하고 야생적이고 험준함을 한데 모아 '5보 일경, 10보 일중천'이라 할 수 있어, 국내외 유람객들은 '확대된 풍경화분 축소된 선경', '중국의 산수화의 원본', '지구 기념물' 등의 찬사를 받고 있다.

첫째 날은 호텔에서 6시 30분에 조식을 하고 7시 30분 고속도로로 경유 12시 30분에 장가계에 도착하여 중식 후 천문산으로 이동하였다.

> "그런즉 누구든지 사람을 지랑하지 말라 만물이 다 너희 것임이라. 너희는 그리스도의 것이요 그리스도는 하나님의 것이니라."(고리도전서 3장 21-23절)

＊천문산 풍경 – 천문산은 장가계시 남쪽 3km인 곳에 자리를 잡고 있는데 장가계 경내의 최고봉이고 도시구역의 표지산으로서 해발1,528.6m이다. 천문산의 기묘한 곳은 천 미터가 되는 벼랑에 세상에 드문 거형의 산굴(남북으로 뚫린 산굴은 천문동 '천문안'이라 부르며, 천문산은 이로 인해 얻었다)의 형성이다.

세상이 주목한 '99장가계 세계 특기비행경기(천문 지나기)'가 바로 여기서 열려 세계 특기비행 명수들이 처음으로 비행기로 천문동을 날아 지나감으로 또 하나의 인간적으로 창조함과 동시에 천문산도 천하에 이름을 날렸다.

14시 10분 케이블카 6인 동승하여 운행 중에 사방을 보니 모두 절벽이며 10분 동안 가는 중 석회암으로 자연풍경이 아름다웠다.

봉우리는 하늘을 찌르는 듯 장대하며 험한 지세에 계단을 오르고 내리며 많은 관광객과 함께 즐거운 시간을 보내며 하나님 창조 질서에 감탄할 뿐이다.

천문산에는 약 10만 개의 봉우리와 천문계단이 999개라 한다. 17시 46분 하산하여 26분 동안 중형버스로 S자 급경사 도로를 가슴조이며 내려왔다. 주차장에 버스 승차장 상부를 보니 어떻게 저런 급경사 도로, 올려다 보이는 높이 현기증이 날 정도였다. 주차장 주위에는 많은 고건축물이 지어져 있는데 이곳에서 공연을 한다고 하여, 시내에 들어와서 하루 종일 도보 강행으로 저녁을 맛있게 먹고 천문산 넓은 주차장에 도착하니 많은 버스와 관광객이 운집하여 있었다.
고건축물에는 찬란한 조명 등으로 무대가 설치되었으며 지정된 좌석에 가니 8시 30분부터 공연이 시작되어 9시 30분에 끝나고 연출 인원만도 582명이라고 한다.
중국인구가 13억7천9백 만명으로 제일 많고 야간공연 규모도 세계 제일 큰 곳이라 한다. 장가계 통달호텔로 10시 30분에 여장을 풀고 여행을 마칠 때까지 이곳에 투숙하기로 하였다.

> "형제들아 나는 너희가 알지 못하기를 원하지 아니하노니 우리 조상들이 다 구름 아래에 있고 바다 가운데로 지나며."(고린도전서 10장 1절)

***대협곡 유리다리** - 아침 일찍 7시에 호텔에서 출발하여 터널을 8시 4분에 통과하여 계곡에 들어서니 맑은 청정 냇물과 절벽의 아름다움이 시야에 들어오고 8시 30분에 다리입구에 도착하였다.
우리 일행은 빨리 온다고 왔는데 많은 관광객이 이미 와 있었으며, 유리에 흠집이 날까봐 신발주머니를 착용하고 8시 49분부터 10분 동안 다리를 건넜다.
후난성 장가계 대협곡을 지상 300m 높이에서 가로지르는 유리다리는 길이 430m에 폭이 6m, 두께가 4.856cm인 대형유리 99장이 사용됐고 한 번에 최대 800명을 수용할 수 있다. 유리다리는 세계 최고, 세계 최장 길이를 자랑한다.
다리를 건너면서 밑을 내려 보니 현기증이 날 정도이고 전후를 보니 풍경이 아름다웠다. 폭풍, 폭우 등의 날씨일 때는 진행되지 않으니 일기예보 참조와 하이힐 신발 고객은 관광 금지되니 참고하시기 바란다.
300m 하단까지 계단으로 내려와 사방의 아름다움을 감상하며 내려오는 중 10시 30분에는 산적들이 사용하던 대포도 있고 굽이굽이 맑은 냇물과 자연폭포, 이곳에서만 느낄 수 있는 풍경이다.
도보로 강행군 내려오다 54분에 배에 승선하여 5분 동안 내려오니 많은 관광버스와 우리 차도 이곳에 대기하여 다음 일정으로 출발하였다.

"너희는 마음에 근심하지 말라 하나님을 믿으니 또 나를 믿으라."(요한복음 13장 38절)

＊천자산 자연보호구 – 천자산은 무릉원 서북쪽에 자리 잡고 있는데 장가계공원, 삭계곡과 더불어 삼족적립 태세를 이루고, 더욱이 산세가 높아 주위의 산봉우리를 내려다보고 있다
천자산은 명나라 홍무년 간의 향왕천자가 이곳에서 의병을 모아 명나라를 반대한 것으로 하여 이름을 얻었다. 이곳엔 백 개의 가까운 관람대 2,000여개의 돌 봉우리, 여러 개의 폭포와 샘물이 있다. 그 중에도 운해, 돌파도 동설 노을이 제일 장관이다.
천지산에서 내려다보면 기이한 산봉우리들이 천군만마인 듯 기세당당한 감을 준다. 주요 경치로는 어필봉, 서해 천자각, 신당만, 대관대 선인교, 장군암 등이 있다. 천지산은 천자산 삭도를 타고 오를 수도 있고 남천문으로 오를 수도 있다.

"내가 진실로 진실로 너희에게 이르노니 내 말을 듣고 또 나 보내신 이를 믿는 자는 영생을 얻었고 심판에 이르지 아니하나니 사망에서 생명으로 옮겼느니라."(요한복음 5장 24절)

＊금편제 – 금편제는 표지적인 경치인 금편암에 따라 이름 지었는데 로마만에서 수요사문까지 총 7킬로미터에 달하며 량안에 돌기둥과 험한 산봉우리들이 어깨 나란히 하늘을 받히고 있고 출랑이는 시냇물은 줄기의 못과 폭포를 이루고 기화고옥 진귀하고 괴상한 날 새들이 동생 공영하는 극히 수려하고 으슥한 생태환경을 구성하였기에 "세계에서 제일 아름다운 협곡"으로 불리고 있다.
주요 경치로는 영빈암, 금편암, 자초못, 천리상회, 수요사문 등이다.
백룡관광 엘리베이터는 초고속으로 이동하여 많은 관광객들과 자연의 아름다움을 감상하며 즐거운 사간을 보냈다.

＊황룡동 – 황룡동은 모두 4층으로 면적은 약 20헥타르, 수직 고도는 100미

터로서 동굴 속에는 하나의 창고, 2갈래 강물, 3개 폭포, 4개 못, 13개 홀 46개를 자랑하고 있고 무수한 석순, 석주, 돌장막, 석화, 돌 폭포가 있다.
종유석 가운데는 정해신침과 용왕보좌가 제일 기이한데 정해신침은 높이가 19.2미터, 직경이 10센치인 투명한 침이 천정까지 닿아있다. 1998년 정해신침을 위하여 인민화폐 1억 원의 보험을 샀다.
15시 55분에 동굴에 들어가 오묘한 많은 석주를 돌아보며 동굴 안에서 배도 타고 한참동안이나 갔다. 정해신침은 높이가 19.2미터인데 석주가 100년에 1cm 자란다고 하는데 높이가 22미터이니 약 280년이면 천청에 닿을 수 있겠네요. 아름다움에 매료되어 이곳에서 5,000원을 사진도 촬영하였으며 17시 20분에 관람을 마치고 나왔다.

"우리 중에 누구든지 자기를 위하여 사는 자가 없고 자기를 위하여 죽는 자도 없도다. 우리가 살아도 주를 위하여 살고 죽어도 주를 위하여 죽나니 그러므로 사나 죽으나 우리가 주의 것이로다."(로마서 14장 7-8)

▶ 평창동계올림픽 (2018.02.26)

2018년 2월 9일부터 25일까지 17일간 동계올림픽이 우리나라 강원도 평창에서 92개국 선수 2,925명이 참가하고 경기종목은 15종목(102개 메달)으로 23회 동계올림픽이 진행되었다.

2014년 소치올림픽은 88개국 2,858명으로 역사상 가장 규모가 큰 대회로 치러졌다.

종합순위는 1위 노르웨이 금메달 14개 은메달 14개, 2위 독일 금메달 14개 은메달 10개, 3위 캐나다 금 11개, 4위 미국 금 9개, 5위 네덜란드 금 8개, 6위 스웨덴 금 7개, 7위 대한민국 금 5개 은 8개 동 4개(17개), 8위 스위스 금 5개 은 6개, 9위 프랑스 금 5개 은 4개, 10위 오스트리아 금 5개 은 3개로 선수들이 최선을 다하였다.

우리나라를 선수 금메달로 세계의 1위 선수는 임효준, 윤성빈, 최민정, 이승훈과 쇼트트랙 여자대표팀 3,000m(최정민, 심석희, 김아랑, 김예진, 이유빈) 선수, 국위를 빛낸 분들 축하와 그동안 노고에 경의를 표합니다

"사람이 마음으로 자기의 길을 계획할지라도 그 걸음을 안도하는자는 여호와시니라(잠언 16장 9절)

신사동 공공도서관 준공 (2018.04.21)

신사동 공공도서관은 신사동 산80-58일부에 부지 1,200㎡에 지하 1층, 지상 2층으로 연면적 1,982㎡ 시설을 2016년 12월 27일 착공하여 2018년 4월에 준공함으로 도서관 옆 초등학교와 인근주민에 편리한 시설이다.

서울지역 토목기술지원 기술자로서 2017년부터 기술지원으로 품질관리를 하며 사전 예비준공검사 후 미비사항을 완료하고 준공검사를 하였다

감리는 ㈜토문엔지니어링 건축사무소 노정동 단장 / 건축 백광민 / 토목 백승수 / 기계 김영래 / 전기 이창규, 시공사는 승지토건(주) 이상훈 소장이 공사를 위하여 수고한 분들이다.

중구 동화동 지하5층 18.19m 터파기 공영주차장 확충공사(2019.11.10.─2019.06.09.) 감리와 서초구 원지동에 다목적 체육관 건립공사 현장을 돌아보며 기술지원과 품질관리와 공사독려를 하며 시청 발주부서의 공기 내에 준공되도록 독려한다.

> "그가 우리에게 약속하신 약속이 이것이니 곧 영원한 생명이니라."
> (요한1서 2장 25절)

원지동 다목적 체육관 준공 (2018.08.10)

원지동 다목적체육관 건립공사는 서울특별시 서초구청 지역으로 고속도로 만남의 광장 건너편에 위치로 원지동 28번지 일원.

사업수행기간은 2016년 12월 - 2018년 07월 20개월로 건축면적 3,167.39㎡.

철근콘크리트조 철골조 지하2층, 지상 2층으로 건립되었다.

설계사(다인건축그룹). 건축사업관리자(토문엔지니어링 건축사사무소 책임기술지 김성환단장 / 건축 배준석 송기환 이건우 / 기계 조관호 / 토목 노희상 / 조경 김종기 / 전기 유상철 / 통신 이규찬 / 기술지원기술자 건축 홍윤호, 남궁진 / 안전 이재진 / 토목 구자억 / 조경 유선희 / 기계 김병두 / 전기 서만선 / 통신 김경훈 / 소방 박진용), ((주)세움이엔씨 이준영)

시공사(부명엔지니어링주 강용철 현장대리인 / 안전 박상기 / 토목 김문식 류진호 / 장기원), (코원이엔씨 기계 김성수), (성우계전 전기 송재복), (지티일렉콘 통신 박영학), (보령전력 소방 유창수), 기술진 설계 시공 감리(설계도서, 시방서 ,현장설명서 등에 의한 품질 안전 시험 검측)을 철저히 하여 관련 여러 부서의 전문가들이 준공 검사와 강평을 하며 사용자가 편리하도록 준공하였다.

*명예롭게 근무하며(신사동 / 중구 동화동 /서초구 원지동) 감리 준공을 하는 보람이 있다.

셋째 자녀 구미선은 2001년 11월 26일 공채로 하나은행에 입사하여 2017년 7월 31일 (16년)까지 근무하며 윤동선 5학년, 윤동준 1학년, 윤동연 유치원 3남을 양육하며 직장을 다니다가 자녀를 위하여 명예퇴직을 하게 됨을 축하하여 준다.

▶ 일본 후쿠오카여행 (2019.01.21)

1월 16일 양수역에서 5시 33분 전철로 덕소역 하차하여 6가정 부부 12명이 합류하여 인천공항 2터미널에 도착하니 8시 50분이었다.
9시 30분 출국수속을 마치고 10시 30분 탑승하였다.

일본국은 임진왜란과 근세 식민통치로 인식이 별로 좋지 아니하지만 74세인 나는 변화하는 국제정세에 처음 방문한다. (이현규장로, 김순향권사) (김석봉장로, 박소정집사) (구자억집사, 송의석권사) 3가정 6명 일행 7명은 ㈜노랑풍선 가이드 초소영 등 19명은 대한항공 KE745편으로 청주. 대구. 부산상공을 후쿠오카 거리 583Km, 고도 3,290~8,540m로 속도 516~800km/시로 12시 48분에 착륙하였다.

*나카츠 이동하여 유형문화재 야바케이다리르르 경유, 끌과 망치만 사용하여 30년간 만든 아오노도폰 터널과 일본식 정원을 관광 후 벳부 하나마츠미 호텔로 왔다.

① 17일 벳부로 이동하여 온천의 꽃 재배지 유노하나에 많은 관광객이 와 있었다. 40도가 넘는 땅 속에서 솟아오르는 물이 약이 된다하여 물을 받아먹으려 하니 뜨거워서 식혀서 먹어도 보고 수증기는 비염에 좋다하여 마셔보기도 한다. 가마도온천 순례, 솟아오르는 온천수 자연의 오묘함이 신비롭다.
유후인으로 이동 온천호수 긴린코의 아기자기한 공방거리, 민예촌 거리는 우리나라의 민속촌과 유사한 사설로 많은 관광객이 와 있었다. 아소의 외륜산의 초고봉인 대관봉(표고 935.9m) 정상에는 서리꽃이 희게 보이니 감미롭다.

② 18일 물의 도시 히타는 규스의 작은 교토라 불리는 히타 마에다 마치거리 산책하니 규모있게 잘 정리된 도시였으며, 에도시대의 히타 마메다마치는 300년 전통의 부호들이 거주하는 마을로 문화재로 지정된 곳이며, 양조장 쿤쵸 주조장은 대를 이어가며 오래된 곳이었다.
야나기와로 이동하여 수로를 따라 뱃놀이 하니 동심으로 생각되며 양수리 용늪지역 호수를 개발하여 두물머리 세미원을 연결하여 관광지로 개발하면 이곳보다 더 좋은 곳이 되리라 생각된다.
나는 평소 천연적 자연조건이 좋은 양수리 지역 개발을 위하여 2018년 10월 8일 용구18-03호로 "지방균형발전을 위한 제언"을 국토교통부에 제출, 수도권의 지하철을 이용한 가족 1일 여행지와 외국인 관광할 수 있는 시설 개발도 연구하여 볼 필요성이 있어 요청(2018년 10월 24일 양평군 건설과-25127호로 경기도와 국토교통부에서 양평군으로 이첩, 두물머리 생태관광자원화 기본계획수립 용역 추진에 있으며, 두물머리 및 양수리에 대한 생태환경 및 수자원 보호, 생태자원을 활용한 생태관광 연계, 지역경제 활성화, 주말교통체증 개선, 두물머리와 전통시장 연계 등을 목표로 계획 수립 중으로 향후 용역준공 후 연차별 추진할 계획임을 문서로 접수)으로 관망 향후 진행사항을 기다려 본다.
휠튼 후크오카 씨호크호텔(35층 건물) 1341호에 여장 투숙하였다. 주위 관광을 둘러보니 야구징과 바다와 도로, 가로등이 질서정연하게 잘된 도시였다.

③ 19일 조식을 하고 해변가와 시내관광 면세점을 돌아본 후 후쿠오카 공항 13시 47분 이륙하여 인천공항 15시에 안착하였다.
3박4일 동안 경비 1,578,000원(2인)으로 지진이 많아 위험성이 많아 지진발생 지역은 인근은 벌개제근하여 산불 피해예방을 하면서 관광수입을 최대의 효과로 하며, 경제 2대국이면서 근검절약하는 정신과 국방의 안전지대이면서도 포격훈련을 하는 모습을 우리는 상기하여야 한다.
관광지를 가는 국도에서 곡선부분에 차량교행이 안되어 관광버스는 후진을 하고 화물차를 먼저 보내고 우리 차가 운행을 하였다. 도로 운행선도 우리와는 정반대 운전석도 반대 오른쪽이기에 가까운 일본이면서 다르다
우리의 현실은 어떠한가? 국가안보는 정치이념이 다른 남북대치, 중국, 러시아, 일본 3면이 해상이며 주변국들 온 국민이 각성하여 국가관, 경제관, 가족관, 신앙관이 정도의 길로 재점검하여야 한다고 생각한다. 이번 여행에서 별도 지출금액은 전혀 없었다.

かまど地獄
가마도지옥
別府 地獄巡り

▶ 춘계향사 (2019.04.08)

능성구씨 2019년 춘계향사에 구자억, 송의석, 구주회, 구자원은 호양공 서종을 대표로 덕소에서 구태회 회장님, 구명서 감사님, 구용회 총무님 등 일행 40명은 덕소 도심역 옆에서 관광버스로 6시에 출발하여 전남 화순군 능주 1세조 존유(存裕) 고려의 공신으로 벽상삼한상중대광, 검교상장군 1224년으로 795년 전 시조 조부이시다. 2세조 민첨(民瞻)전주목사록참군, 동평장사곤. 전북 고창군 아산면 3세조 구연(具琠) 안동면도갑판관중문하좌정승공, 충남 당진시 송악읍 가교리 4세조 구예(具藝) 면성부원군공, 5세조 영검(榮儉) 면성군공, 6세조 구위(具緯) 좌정승대제학 문정공이시다. 이곳은 4세조를 모시면서 사찰도 함께 있어 관리하며 주위에는 오래된 노송으로 둘러있어 좋은 위치에 있었다.

경기도 광주시 목동 219에는 7세조 성로(成老) 도원수좌찬성, 8세 앙(昻) 전서공 양(揚) 목사공, 9세 치홍(致洪) 호양공, 경기도 금곡에 10세조 수영(壽永) 좌찬성 한성판윤까지 성묘를 다녀와 훌륭하신 선조님들의 생각하며 최선을 다하는 삶이 되어야 한다고 되돌아본다. 후손 주요인물(구영검, 종지, 치관, 인문, 치홍 겸 사안, 수영, 봉령, 사맹, 의강광, 인현왕후, 인후, 인기, 익균, 천서, 학사, 욱사, 인히, 태회, 평회, 두회, 용상, 논회, 충곤, 자옥, 자경, 자춘, 자열, 자철, 자옥, 본무, 본능, 본영, 본준, 은수, 본환, 광모, 정모) 조선시대 때 562명의 과거 급제자를 배출하였는데 진사 144명, 문과 55명, 무과 363명을 배출하였다.

현재 55,540가구 174,161명(2015년 기준)의 전국 각지에 후손이 거주하며 대한민국 국민의 일원으로 국방, 경제, 학계, 언론계, 각 분야에서 중추적 역할을 하고 있다.

춘향행사에는 전국 각지에서 관광버스와 승용차를 이용하여 650여 명의 많은 종인들이 참여하였다. 조상님들의 훌륭하심을 이어받아 후손들은 잘 모시고 우리민족의 얼을 길이 보존하며 국토를 지키고 세계를 선도하는 후손들이 되어야 한다고 생각한다.

성묘단 일행은 경기도 김포시 장릉로79 장릉으로 향하였다

***김포장릉** – 능의 조성은 1626년(인조4~5년/인조10년)에 원종과 인헌왕후 구씨의 능이다.

진입로 입구로 제향공간에는 홍살문, 판위, 향로와 어로, 수복방, 정자각, 비각이 배치되어 있다. 원종은 임진왜란이 일어나자 아버지 선조를 전쟁이 끝날 때까지 잘 모셨다고 한다.

發行人 : 具滋信 / 編輯人 : 具光會 / 發行處 : 綾城具氏大宗會 / 02866 서울 성북구 삼선교로 4 (삼선동 1가)

2019년도 춘계향사 엄숙히 봉행

4월 5일~6일 능주·고창·당진에서

2019년도 춘계향사가 4월 5일(금)부터 6일(토)까지 이틀간 능주·고창·당진에서 엄숙하게 봉행되었다. 능주에서 봉행된 시조공 향사에는 대종회 자신(滋信) 회장과 대종회 임원들을 비롯하여 전국 각지에서 650여 명의 많은 종인이 참석하였다. 시제 봉행에 앞서 대종회 신임 이사인 연종 경기도종회장, 자춘 대구경북종회장에 대한 소개가 있었고, 자신 회장은 향사를 통해 선조님들의 위업과 정신을 기리는 소중한 시간이 되기를 바란다고 말하고, 앞으로 2년간 대종회장직을 또 맡게 되었다며 종인 여러분의 힘과 지혜를 모아 최선의 노력을 다하겠다고 인사를 하고 많은 성원을 당부했다.

인헌왕후는 1578년(선조11년) 능성인 능안부안군 구사맹의 딸로 태어났다. 1590년(선조23년)에 선조의 아들 정원군(원종)과 가례를 올렸고 1626년(인조4

년) 49세에 사망, 1632년(인조10년)에 원종이 왕으로 추존되자 인헌왕으로 추존되었다.

▶ 설렘으로 가득했던 일상탈출 (2019.05.03)

지난 4월 29일부터 5월 2일까지 약 3박4일의 일정으로 조합원 해외연수를 떠나게 되었다. 약 2시간 45분의 비행 후 우리는 대만에 도착했다.

투어버스에서 바라 본 대만은 모내기가 끝나고 옥수수 잎이 조금씩 자라고 있는 한국의 시골 느낌과 비슷했다.

장개석 총통을 기념하는 기념관은 용신사의 군인 행렬, 모든 것들이 어색하고 낯설었지만 나도 모르는 설렘이 여행 내내 가득했다.

101층 건물은 2010년까지 세계에서 가장 높은 건물로 대만의 랜드마크를 자처하고 있다. 88층까지 30초에 도달하는 엘리베이터는 울렁거리는 느낌이 조금 있었지만 그래도 안정적으로 느껴졌다. 대만은 지진이 많은 지역으로 타이페이 101층 건물을 지으면서 많은 안전장치가 설계되었다고 한다. 87층에 있는 지름 5.5m 원형추는 웬만한 지진의 진동도 흡수해버릴 수 있을 정도라고 하니 건설 기술자들의 노력에 찬사를 보내고 싶다.

세계 4대 박물관 중 하나인 국립고궁 박물관 - 호텔에서 조식을 마친 후 기차역으로 이동하였다. 이동 중 바라본 도로 풍경 중 인상 깊었던 것은 수많은 오토바이어들의 행렬이었다.
많은 오토바이어에 비해 도로교통은 일사분란하면서 차분했다. 웅장한 대리석 절벽으로 이루어진 아시아의 그랜드캐니언 '태로각협곡'은 그야말로 절경이었다. 절벽 사이로 흐르는 석회수는 석회암 영향으로 다소 뿌연 색상을 띄고 있었지만 절벽과 조화를 이룬 모습은 또 하나의 멋진 풍경이었다. 이 태로각 협곡에 길을 뚫는 과정에서 많은 사상자가 발생했고, 이 분들을 추모하기 위해 장춘사를 지었다고 하니 씁쓸한 마음이 들었다.
자주 오는 우기로 습한 기온 때문이다.
세계 4대 박물관으로 꼽히는 국립고궁박물관에는 약 69만점의 유물이 소장되어 있다고 한다. 많은 유물이 중국 송나라, 원나라, 명나라, 청나라의 유물로 국민당 정부가 1948년 대만으로 이전해오면서 옮겨져 온 것들이다. 세계에서 꼽히는 박물관인 만큼 세계 각지에서 온 관광객들이 줄을 선 모습은 쉽게 볼 수 있었다. 3박4일의 짧은 일정으로 대만의 모든 것을 관람하기에는 부족할 것이다. 하지만 질서정연한 도심의 모습에서 국민들의 근검한 모습과 단합된 힘을 느낄 수 있었다.

자료 :〈 양서농협 내일 2019년 3호 〉 38P 양서농협협동조합

송나라, 원나라, 명나라,
청나라시대의 유물 약 69만점이
소장된 국립고궁박물관 전경

시간을 돌아보며 (2019.06.29)

1970년대 초 24세에 7급 월 급여가 2만원 미만인 때 어렵게 생활을 하였지만 국가관, 가족관, 경제관을 생각하며 최선을 다하던 때 책장정리를 하던 중 몽땅 연필이 나온다.

당시에 설계도를 작성 시 제도기와 측량기기는 서독제와 일본제가 정교하고 좋은 편이었다. 연필로 깎아서 설계도를 작성하는데 몽당연필로 사용하면서 볼펜대에 이용하여 최대한으로 사용하며 절약하여 근검생활을 하였다.
직계기족 15인 형제들, 가족 13인 모임 때 대화를 나누며 연필을 보여 주었더니 신기하다는 것이다. 과거의 생활상을 이야기하며 근면하고 검소한 생활 경제교육을 시킨다.

30여 년 세월이 지난 1998년 54세 때 설계, 원가계산 감독업무를 잘 마치고 명예롭게 대통령 표창을 수상하며 명예퇴직을 하고, 감리회사에 입사를 한다. 20여 년 감리회사를 출퇴근하며 강원도, 수도권, 충청도, 전라도 전국 각지를 돌며 건기법 주택법에 따라 업무 수행을 하고 있다.

98년도에 ㈜서홍엔지니어리종합건축사사무소 입사 후 인수합병으로 ㈜토문엔지니어링건축사사무소 500여 명의 직원과 함께 근무하며 각 현장을 감리함을 국방부 조달본부, ㈜토문 2개 기관에서 50여 평생(반세기) 지켜 인도하여 주심에 하나님께 감사기도 드립니다.

▶ 동화동 공영주차장공사 (2019.08.10)

동화동 공영주차장확충공사 건설사업관리용역(감독권한대행)는 서울특별시 중구청 계약금액 15억4천5십 만원으로 2017년 11월 10일부터 공사착수, 우리회사가 건설사업 관리를 하면서 책임감리원(박종혁), 상주기술자(건축 오상철 / 토목 김영환 / 기계 조재규 / 전기 신문수), 기술지원기술자(건축 김길문 / 구조 남궁진 / 안전관리 이재진 / 토목 구자억 / 기계 이강래 /전기 이강욱 / 통신 김경훈 / 소방 노영철). 도급계약자 한국건설(주) 정철준 / ㈜성림이엔씨 윤란순, 대영방재시스템(주) 허혁과 2019년 10월 13일 준공목표로 최선을 다하고 있다.

지하 5층 토공사에서 H-PILE 25.3m 전후를 사방 전 구간 설치하고 후속 공정 안전관리에 만전을 기하여 공사를 진행하였다.
공사장을 주위로 동측은 박정희전대통령 가옥, 서측은 문화교회, 남측은 청구성당, 북측은 신당6동 어린이집 등 사방이 기존 건물로 둘러있어 세심한 한전관리와 계측관리로 추진하고 있다.

***박정희 가옥** - 박정희대통령이 육군 제7사단장이던 1958년 5월부터 1961년 8월 장충동의 국가재건최고회의 의장공관으로 이주할 때까지 가족과 함께 거주하던 집이다. 박정희대통령은 1961년 이곳에서 우리나라 현대사의 큰 전환점이 된 5.16을 계획하였다. 이 가옥은 1930년대 후반 조선도시경영주식회사에서 신당동 문화주택개발로 조성한 가옥 중 하나로서 한국주거사의 중요한 자료이다. (재)육영수여사 기념사업회 소유로 128.98㎡로 중구 다산로 36가길 25 위치하여 등록 문화재 제412호(2008년 10월 10일)에 지정되어 있다.
대통령 가족 박정희(1919-1979), 육영수(1925-1974), 큰딸 박근혜(1952-) 18대 대통령, 둘째딸 박근영(1954-), 아들 박지만(1958-) 1남 2녀를 두었다.

"주의 말씀은 내 발에 등이요 내 길의 빛이니이다. 주의 의로운 규례를 지키기로 맹세하고 굳게 정하였나이다(시편 119편 105~106절)

▶ 미래를 생각하며 (2019.09.12)

국내외적으로 정치적 경제적으로 어려운 여건에 연구하고 생각을 바꾸어 발전적 지향으로 미래를 생각하여 봅니다.

1. 정책 제안서

정치 혁신으로 국가재정 지출 축소로 후세들이 살기 좋은 우리나라 계승. 용구17-02호(2017.02.08.) → 행정자치부 자치제도과 - 694(2017.2.23.)

2. 지방 균형발전을 위한 제언

국도 교통체증 해결방안과 자연조건을 개발 조건이 좋은 남한강 북한강 합류점인 곳을 개발 장거리 차량운행을 줄이고 대중교통 지하철을 유용하여 공해를 축소시키고 수원의 중요성을 교육장소로 하여 낭비요인 제거. 용구17-03호(2017.02.08.) 경기도 / 용구17-04호(2017.02.08.) 국토교통부 → 양평군 건설과 25127(2018.10.24.)

3. 양서면 균형발전을 위한송부

내륙 고속도로 준공과 연계 도로연결 교통체증 해결방안과 환경오염 수질개선 용구17-05호(2018.11.22.) / 용구17-06호(2019.4.25.) 양평군 → 양서면 -7660 (2019.6.4.)

***붙임내용 참조**

교통난 해소하고 수도권 상수도 보호에 따른 환경관리에 철저에 수고하심 감사드리며, 법규 개정사항은 규제보다는 국민편의 위주로 개선 예산을 절감하여 후세에 발전사항이 있기를 기원합니다.

인쇄 : 속행 / 자치제도과 (2017-02-23 17:25:40)

국민행복 대한민국, 정부3.0

행 정 자 치 부

정부3.0

수신자 구자억 귀하
(경유)
제목 정책제안에 대한 회신

1. 우리 부 정책에 많은 관심을 보여주심에 감사드립니다.

2. 귀하께서 제출하신 정책제안은 헌법 개정 사항으로 국민적 공감대 형성과 국회 또는 범 정부적 논의가 필요하다고 판단됩니다.

3. 다만, 우리부 관련 제안에 대해서는 향후 국회 또는 범 정부적 논의시 충분히 검토하도록 하겠습니다. 끝.

2017. 2. 23.

제 안 서

수신자 : 행정안전부장관
참 조 : 기획조정실장
제 목 : 정책제안서제출

---

1. 귀 부에 무궁한 발전을 기원 합니다.

2. 국내외적 정치적 경제적 어려운 여건에서 시대흐름에 복지여건 지출은 늘어나고 국가 부채는 점점 증가하고 지역적 이기적 사고방식으로 여건을 직시할 때 지출을 줄이는 방안제시.

3.국가정책을 혁신적으로 개혁하여 선거를 줄이고 안정적 국정운영의 틀을 마련하고 주변국가와 국제정세에 대응하여 국가안위 와 희망찬 후손들의 번영의 길로 인도하며, 단합된 국민의 대처로 평화적인 민족통일 전진하기 위하여 국민의 일인으로 정책대안을 제시 합니다.

붙 임 : 1) 자유제안서 1부
2) 제안 설명서 1부
3) 헌법개정 및 예산 절약 1부(2매)
4) 정책제안 1부(2매). 끝.

위원인
주 소 경기도 양평군 양서면 용늪언덕길28번길5, 용구주택 101호
성 명 구 자 억 (인)

시행 용구 17-02호 2017. 02 . 08
우편 12584 경기도 양평군 양서면 용늪언덕길28번길5, 용구주택 101호

양 평 군

수신 구자억 귀하(우12584 양평군 양서면 용늪언덕길28번길5, 용구주택 101호)
(경유)
제목 민원회신(구*억 외 96명)

1. 항상 군정 발전에 적극 협조하여 주시는 귀하를 비롯한 마을 주민분들께 감사를 드립니다.

2. 귀 마을에서 제출하신 양서면 양수리, 용담리 일대 개발관련 제언서가 국토교통부 및 경기도에서 우리군으로 이첩되어 다음과 같이 답변 드리오니 이해 있으시길 바랍니다.

3. 양수역 앞 도로 외곽도로 신설은 사업추진에 많은 비용이 소요될 것으로 판단되어 인근 도로 통행여건 변화 등에 따른 교통량 추이를 면밀히 분석하여 장기적으로 검토할 사안임을 알려 드리며,

4. 양수리, 용담리 지역 용도지역 변경 및 도로망 확충과 관련하여는 해당지역 일대가 특별대책지역 1권역으로 관리되고 있고, 상수원보호구역으로 지정되어 있어 용도지역을 변경하는 신규오염원 입지를 엄격히 제한하고 있는 실정으로, 우리군에서는 제한된 범위내에서 양수리 도시지역 내 건축입지 관련 합리적인 도시 관리방안을 마련하고자 검토중에 있음을 알려 드립니다.

5. 아울러, 두물머리 개발과 관련하여는 금년도 두물머리 생태관광자원화 기본계획수립 용역 추진에 있으며, 두물머리 및 양수리에 대한 생태환경 및 수자원보호, 생태자원을 활용한 생태관광 연계, 지역경제활성화, 주말교통체증개선, 두물머리와 전통시장 연계 등을 목표로 계획 수립 중으로 향후 용역준공 후 연차별로 추진할 계획임을 알려 드립니다.

6. 상기 답변과 관련하여 기타 문의사항이 있을 경우, 양평군청 건설과 도로시설팀

양 평 군 [양평군수의인]

정의 사랑 행복한 사회

용 담 리

수 신 : 경기도지사

참 조 : 건설국장/도시계획상임기획단

제 목 : 지방 균형발전을 위한 제언

---

1. 우리도의 무궁한 발전을 기원 합니다.

2. 양평군 양서면 지역의 국도 교통체증 해결방안과, 계획된 주거시설을 개선, 자연조건을 개발하여 지역을 발전시켜 국가발전의 소견을 제언 하오니 검토 하시어 조치하여 주시면 감사 하겠습니다.

붙 임 : 1. 주거시설현황 1부.

2. 제출참여주민(73명) 4부

3. 발전계획안 1부.

4. 지도 및 약사도 3부. 끝.

위원인

주 소 경기도 양평군 양서면 용늪언덕길28번길5, 용구주택 101호

성 명 구 자 억 (인)

시행 용구 18-04호 2018. 10 . 8

우편 1 2 5 8 4 경기도 양평군 양서면 용늪언덕길28번길5, 용구주택 101호

바르고 공정한, 행복한 양평

양 서 면

보다나은양평군

수신 구자억 귀하
(경유)
제목 국민신문고 답변

1. 관련근거
국민신문고1CA-1904-485291, 양서면-6380(2019.5.9.)
환경사업소-11439(2019.5.14.).교통과-40851(2019.5.16),도시과-15561(2019.6.3.)
2. 우리면으로 접수 된 민원사항에 대하여 다음과 같이 답변드립니다.

귀 가정의 무궁한 발전과 가족의 행복을 진심으로 기원드리며, 우리 군정 및 면행정에 깊은 애정과 감사을 갖고 계심에 아울러 감사를 드립니다.
귀하께서 국민신문고에 제안하신 "양서면 균형 발전을 위한 제언"에 관련하여 제출하신 내용에 대하여는 다음과 같이 답변 드리며 많은 이해를 부탁드립니다.

다 음

가. 귀하의 제안 내용은 양서면의 도시계획과 관광, 건설, 환경등 어느 일부분이 아닌 여러 분야에 대해 광범히 하게 제안한 사항으로 일건서류 검토한바 많은 예산이 소요됨은 물론 우리군 여러 관련부서에서 장기적으로 검토하여할 대형 사업으로 민원기간 동안 답변하기는 사실상 어려운 사항임을 알려드립니다.
나. 본 제안에 대한 내용은 해당부서로 진달하여 검토할 내용으로 해당부서에서 검토내용이 회신되는 대로 귀하께 통지하여 드릴 것을 알려드리며, 이에 대한 궁금하신 내용이 있을 경우에는 우리면에 연락주시거나 방문해 주시면 자세하게 안내해 드리도록 하겠습니다.
다. 끝으로 귀하께서 주신 고견(양서면 발전에 대한 제안)에 대하여는 적극적으로 군정 및 면정에 반영하여 양서면이 발전하는데 밑거름이 될수 있도록 적극적으로 노력 하겠습니다.

붙임. 관련부서 회신1부.

끝.

양 서 면

[도시과회신]

주민건의내용			검토결과	반영 여부
번호	제목	내용		
1	양수1리	도로확장	- 양수역 뒤편 도로로 양수리 마을 진입로 개설공사 구간으로 실시 설계용역 완료	반영
4	양수역앞 도로	도로확장	〃	반영
5	도로폭 확장	도로확장	〃	반영

[환경사업소회신]

2. 귀 면으로 접수된 국민신문고 민원(2CA-1904-562538)과 관련하여 목왕1리, 목왕2리 하수관로 정비계획을 아래와 같이 회신합니다.
   가. 양서면 목왕1리, 목왕2리 지역은 2015년 3월 『양평군 하수도정비 기본계획 승인』으로 편입된 3단계 하수처리구역으로 2025년까지 단계적으로 국고보조사업 신청하여 하수관로 정비를 추진할 계획이나 국고지원 여부에 따라 정비 시기는 다소 지연될 수 있음을 알려드립니다. 끝.

[교통과 회신]

2. 위 국민신문고 제안에 대한 우리과 검토결과를 아래와 같이 회신합니다.
   가. 횡단보도 위치 조정 : 현재 버스승강장 밑 고원식 횡단보도가 설치되어 있으며, 횡단보도를 승강장 앞으로 이전시 회전교차로 영향권으로 인한 사고 위험 증가로 이전 불가
   나. 버스승강장 보도 협소 : 버스승강장 앞 교통안전표지판 지주 2개 제거 및 표지판 이전설치를 통한 보행로 확보 예정. 끝.

정의 사랑 행복한 사회

용 담 리

수 신 : 양평군수

참 조 : 균형발전국장/민원바로센터장

제 목 : 양서면 균형발전을 위한 제언 재송부

---

1. 우리군의 무궁한 발전을 기원 합니다.

2. 관련근거:용구18-05(2018.11.22) 양서면 균형발전을 위한제언

3. 위"2항과 관련 현재까지 진행사항 소식이 없어 검토 하시어 진행여부를 알려주시기 바라오며,

4. 양평군 양서면 지역의 국도 교통체증 해결방안과, 환경오염 수질개선, 계획된 주거시설을 개선, 자연조건을 개발하여 지역을 발전시켜 국가발전의 소견을 제언을 재송부 하오니 검토 하시어 조치하여 주시면 감사 하겠습니다.

붙 임 : 1. 양서면 발전계획안 3부.
2. 제출참여주민(170명) 9부
3. 양서면 용담리 인근 주거시설 현황 1부.
4. 지도 및 약사도 3부.
5. 사진 및 자료 5부.끝.

위원인 주 소 경기도 양평군 양서면 용늪언덕길28번길5, 용구주택 101호
성 명 구 자 억 (인)

시행 용구 19-06호 2019. 04 . 25

우편 1 2 5 8 4 경기도 양평군 양서면 용늪언덕길28번길5, 용구주택 101호

▶ 동생의 다국적 민간외교활동 (2019.10.30)

ICBA Korea(국제적 엘라이이언스)다국적기업의 신용리스크를 해결해주는 전문그룹으로 작년에 폴란드 바르샤바 총회에 이어 올해는 대한민국을 대표하여 5번째 동생 구자범이 주관으로 서울에서 2박3일 동안 행사를 잘 마치며 대한민국의 민간외교를 성공리에 마침을 축하와 격려를 보낸다.

2019년 10월에 3일간 참여국가 30여 나라 50여 명의 각국 대표를 한국에 초대해서 'ICBA 2019 SEOUL CONFERENEC'를 성황리에 마치며, ICBA는 주요국가 70개 도시에 사무소를 운영하고 있는 세계최대의 신용리스크솔루션 전문가로써 국가당 한 개의 배타적인 회원사 형태로 있는 얼라이언스다.

ICBA는 주요 도시를 순회하면서 매년 3차례씩의 정례 세일즈 컨퍼런스와 한 번의 연말 총회를 갖는다.
이러한 행사를 통해 자국 홍보와 국익을 도모하며 긴밀한 국가간의 민간 협약으로 업무의 효율성과 상호신뢰성을 극대화 시키고 있다.
올해 2019년 서울총회에서도 2일간의 컨퍼런스와 1일간의 이벤트를 가졌다.

매년 총회 주최 국가는 자국의 명예를 걸고 컨퍼런스 준비에 최선을 다함은 물론 자국의 문화와 콘텐츠를 알리는 민간홍보대사로서도 만전을 기한다.
주행사장인 호텔의 시설과 비용, 참가국 회원에 대한 기념품 제작, 식사 메뉴 선정과 식당, 투어장소와 동선, 가이드 섭외, 관광버스 대절에 이르기까지 꽤나 많은 것들에 대해 섬세하게 준비하는 것은 기본이다.

우리 대한민국의 자랑인 한복입어보기 체험을 하면서 어린아이들처럼 즐거워하는 모습과 김치만들기 체험에서 외국인 파트너들이 보인 집중력과 만족도는 한국인으로서의 자긍심을 느끼게 해줬다.
김치는 비빔밥과 더불어 가장 한국다운 문화 콘텐츠다. 배추와 무 그리고 고춧가루, 생강, 파, 여러 가지 양념 등의 구성요소가 자기 본연의 실체를 유지하면서도 상호 간에 완벽한 균형과 조화를 이루어서 최상의 맛을 창출해 낸다.

이러한 행사를 통해 30여 개국 회사 대표자들에게 한국을 홍보하는 민간 외교관 역할을 함은 물론 전통적인 한국문화사 세계화되기를 소망한다.

Exporting to South Korea

From James Gu, ICBA South Korea

James advises any organization looking to export to South Korea to be mindful of the country's customs and etiquette saying: "The new generation is very individualistic. They prefer horizontal relationships and culture. This is becoming the new culture. The Korean corporate culture is heavily influenced by the 'Chaebol' (Korean Conglomerates). The Chaebols have followed three generations, from founder to grandchildren. They rely heavily on decisions based on specific relationships."

"Since the IMF in 1997, the corporate culture of Korea has changed significantly. It is like the corporate culture of global multinationals. Koreans place great importance on 'faith and credit'. One of the characteristic features of Korean trading is bargaining. This is expressed as 'dum' which means 'a throw-in' and 'eunri' which means 'discount'. Thus, Koreans like to get more for the same price or get a discount. This is very different from the Western's 'fixed price', so it is unfamiliar to foreign businesspeople."

"Since the IMF in 1997, the corporate culture of Korea has changed significantly"

James recommends that any business looking to export to South Korea should deliver a great product with a great service "Koreans value reputation so the after service must be good."

24

▶ 조감회 창덕궁 관람 (2019.12.16)

국방부 조달본부에서 30~40여 년 동안 함께 동고동락하며 근무하던 토목, 건축, 기계, 전기 동료들이 퇴직을 하고 우리나라 설계 감리회사에 근무를 하며 14일 토요일 휴무날에 창덕궁을 방문하여 옛날을 회상하였다.

창덕궁은 아름답고 넓은 후원 때문에 자연 지형을 그대로 살리면서 골짜기마다 정원을 만들었는데, 부용지, 애련지, 관람지, 존덕지와 같은 연못을 만들고 옥류천 주변에는 소요정, 청의정, 태극정 등 아담한 규모의 정자들을 세워 자연을 더 아름답게 완성하였다.

후원은 왕과 왕실 가족의 휴식을 위한 공간이었지만, 왕이 주관하는 여러 가지 야외행사가 열리는 장소이기도 했다.

인정전은 창덕궁의 정전으로서 왕의 즉위식이나 외국사신 접견 등 나라의 공식 행사를 치르던 곳이다.

우리 일행은 여러 곳을 살피며 현재의 각 분야를 대표하여 설계도, 감독도를 경유 전문감리회사에서 전공기술을 발휘하여 업무를 시행하지만, 옛 선조들의 정교하고 섬세한 문화재 건축물을 관찰한다. 자연과 조화를 이룬 궁궐은 대한민국의 아름다운 참모습이다. 동료들과 하루의 일과는 보람이며 자기 업무에 더욱 충실이 하여야 한다고 각오를 한다.

2010 10 3

▶ 명상의 시간으로 하루시작 (2019.12.20)

푸른 창공의 한강이 시작되는 서쪽 하늘에는 초승달이 비추며 별의 보이는 숫자는 7개 정도 보이며 반짝 없어지는 빛은 아마도 비행기가 지나가는구나.

1년 전 20Kg 정도의 밭일을 위해 퇴비 거름을 상차하던 중 허리에 이상이 있어 1차로 연세통증의학과 통증치료 주사로, 2차로 양병원 MR검사, 3차로 강남 논현동 자생한방병원(15층)의 신준식 박사님 외(원장 30여명) 진료결과 협착 2개월 디스코 3개월 진단되어 12병동 1호에 20여 일 입원하여 집중 치료를 받으며 병원비 공단 1백8십만 원, 보험사 실비보험 2백4십만 원, 자비부담 2백8십만 원 합계 7백여만 원이 납부되었으며, 이로 인하여 한방 통증의학과 자연요법과 운동 보강으로 이곳 양수 체육공원에서 체력단련과 명상의 시간과 공학적, 의학적 상식으로 갖게 되었다.

4시 10분에 일어나 양치질(숙면시 박테리아 세균제거), 미지근한 물 3대접(위장, 대장검사 시 속 비움과 대비), 5시 새벽기도회(국가, 교회, 가정), 체육공원의 체력단련 명상의 시간이다. 신경성 위염도 없어지고 3대접의 물은 2시간에 걸쳐 혈관 순환강화로 소변배출로 건강이 좋아지는 역할인 것이다

여름 - 옛날 보릿고개 어려운 시절에 멍석을 깔아놓고 옥수수 가루를 기니로 하며 하늘을 보았을 때는 반작이는 별이 많이 있었는데 요즈음 공기오염으로 들보이나 상기하며...
체육시설 협착에 누워 하늘을 보고 있을 때 5m 상공에는 잠자리가 유유히 오고간다. 100여m 상공에는 질서정연하게 떼를 지어가는 기러기, 양수리는 청정지역이라 200여m 상공에는 제비 떼가 제 갈 길을 오고간다. 어느 정도 시간이 지났을 때 모기들이 와 손과 얼굴에 침입에 쫓아내기가 바쁘다.

가을 - 덥던 여름이 지나고 체육시설 많은 분들이 와서 운동을 하며 정담을 나누기도 하며 옆 인조구장에서는 게이트볼도 열심히 하며 동료들이 회원 가입하라고 한다. 세미원 앞쪽으로는 양평군 양서면과 남양주시 조안면 가로

지르는 신양수대교, 21년 전에 1998년에 준공된 길이 2,189m(4차선 너비 19.5m), 길거리에 분주한 차량이 통행한다.

체육시설 옆 조경수목이 아름다운 단풍이 손짓을 하며 세월의 지나감을 알린다. 새벽예배를 드리고 체육공원 30여 분 운동으로 아침 도보하여 4Km 집에 도착하면 7시 조식을 하고 출근하여 서울시 관할 양천도서관 신축, 서울의료원 권역응급의료센타, 동화동 공공시설, 세운상가군 공공간 조성공사 감리를 하며 일과는 분주하게 지나간다.

겨울 - 새벽기도회를 드리고 체육공원 명상의 시간. 한 해를 돌아보니 힘든 2019년이다. 아내 송의석은 3월에 아침 새벽에 아산병원 응급실에 진료 뇌경색으로 5일 동안 입원하여 약을 복용 중에 있으며 이비인후과 검사, MRI조직검사 결과 수술일자를 받아놓고 재확인차 서울대학병원 검진결과 같은 내용, 둘째 동생 자준이는 운행 중 측면에서 돌진하는 차에 받혀 치료 중이고, 다섯째 동생 자범이는 차에 받혀 차가 폐차되고 충격으로 치료 중이면서 이만하기 다행이며 하나님께 기도할 뿐이며 명상의 시간이 길어진다.

지하철 양수역에 오니 주사랑교회에 전도차 계시는 이진현 담임목사님이 매일 새벽기도회를 인도하시며 6개월 후면 은퇴하실 터인데 전도에 열정을 다하고 계신다. 강선희사모님, 김용자권사님, 윤정임권사님이 함께 지하철 오고 가는 분께 전도지와 선물을 드렸다.

이진현 담임목사님은 "영적 부흥으로 민족의 동반자 되게 하소서" 주제로 지역복음화 민족복음화 헌신을 다하시며 힘쓰시고 계십니다.
함께 전도하고 집에 돌아오니 7시 30분 겨울날씨 영하 5도, 좋은 하루일과의 시작이다.

> "그런즉 너희는 먼저 그의 나라와 그의 의를 구하라 그리하면 이 모든 것을 너희에게 더하시라 그러므로 내일(來日) 일을 위하여 염려(念慮) 하지 말라 내알 일은 내일 염려할 것이요 한 날의 괴로움은 그 날로 족(足)하니라"(마태복음 6장33-34절)

*두물머리 - 태백 검룡소에서 시작된 남한강과 금강산에서 시작된 북한강이 합쳐지는(두물) 한강의 시작점이며 한강 제1경으로 꼽힙니다. 물레길 7.2Km 세미원 관람(6월부터 10월), 연꽃과 수련, 역사생태(한강물생태관 견학 및 생태학습선 타고 팔당호 보기), 열수주교(배다리).

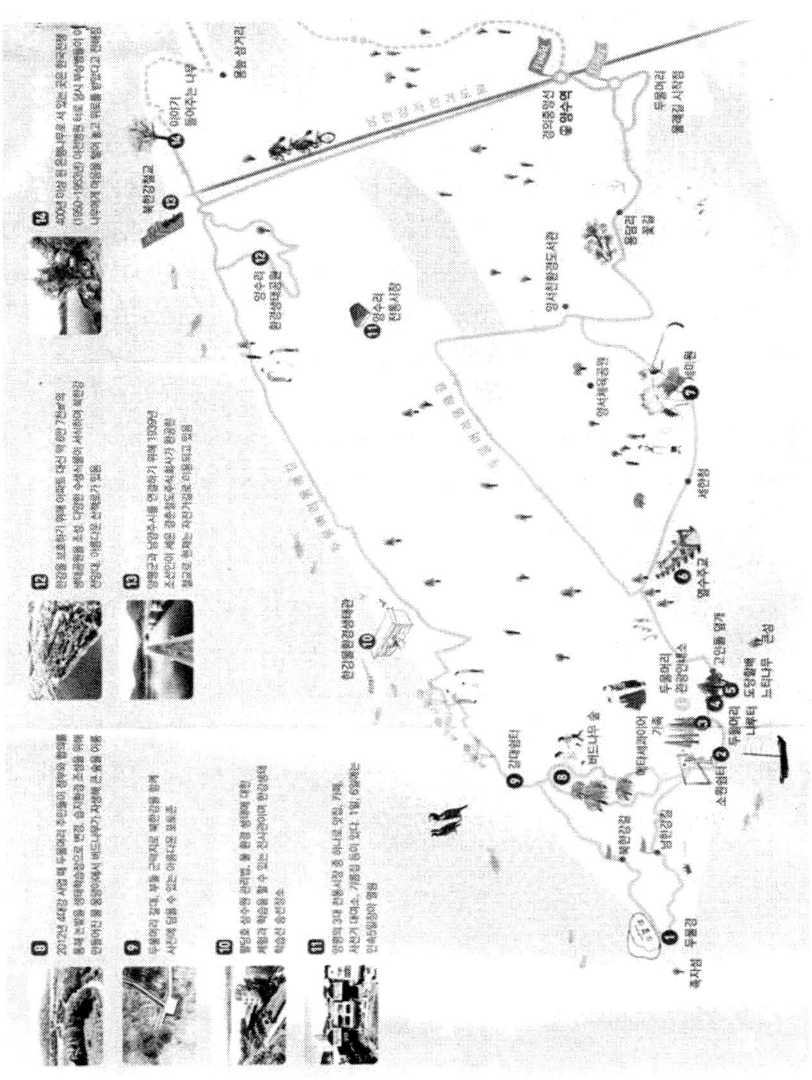

▶ 목포해상케이블카 (2020.01.06)

56년간 우정의 친구들이 양수리에서 1월 4일 6시 출발, 7시 여주 도착. 정동기 부부, 송향례, 구자억, 송의석이 합승하여 목포 에메랄드 예식장 11시 50분 도착, 충남 예산읍에서 손영만, 채혜숙 포함 7명은 배경남, 기순복의 3남(승진)과 며느리의 부부공무원의 결혼을 축하하여 주었다.

20대 전에 학우의 친구들 오랜 우정으로 정기적 회합으로 격려를 한다. 북항에 특산해산물도, 목포대교는 2012년에 준공된 공사비 2천740억 원, 길이 4,129m(폭35-40m, 높이53m)의 왕복 4차선 도로로 북항과 고하도를 잇는 해상교량으로 비상하는 학의 날개처럼 아름다운 모습. 목포성복교회 박병연 담임목사님 새 포도주는 새 부대에(20년도 새해는 계획된 새 계획으로 실천하라는 말씀의 은혜 받고), 오미경(여) 장로님의 간구하는 기도가 은혜롭다.

목포해상케이블카는 북항Station으로 유달산Station 경유 육지를 넘어 바다 고하도 Station에서 내려서 둘레길을 돌아보고 되돌아오며 하단을 보니 선박도 지나가며 주위 배경이 아름다웠다.

국내 최고 해상 파노라마 길이 3,230m로 타워높이가 155m이며 55대의 10인승 광폭도어 캐빈(바닥이 투명한 크리스턴 캐빈)으로 봄, 여름, 가을, 겨울 다도해를 배경으로 40분 소요되며 4계절 아름다운 추억을 선사한다.

1월 5일 목포에서 2시 출발하여 정동기의 차량운행으로 9시에 집에 도착, 보람된 1박2일이었다.

▶ 동문들의 꿈과 비전의 완성 (2020.11.08)

안녕하십니까. 양서고등학교 동문 여러분!

1954년. 제가 양수초등학교에 입학할 당시 학교 건물은 초가지붕이었고, 우리는 책상도 없는 교실 맨바닥 흙에 가마니를 깔고 공부를 하였습니다.
양수초등학교 건물은 현재 식당 자리에 있었는데 여름에는 재래식 화장실에서 구더기가 교실 안으로 기어 들어올 정도로 열악한 환경이었습니다.

학교 뒷산에서 야외수업이 있는 날이면 높은 창공에서 굉음을 내며 정찰하는 비행기들이 너무 신기하기도 하였습니다.

당시는 6.25전쟁 직후인지라 모두 가난과 굶주림으로 허기져 있었습니다. UN국제기구와 미국의 구호물자로 받은 우유를 끓여서 학생들에게 배급하였는데 무척이나 맛이 있었습니다.

현재의 양서고 매점 건물과 제1기숙사 자리인 양서농예기술학교에서 열심히 공부한 5회 동문들은 1964년도에 졸업을 하였는데, 어려운 여건에서 최선을 다한 우리 급우들은 훗날 종교인, 교사, 군인, 공무원 등이 되어 국가와 사회에 기여를 하였습니다.

저의 경우에도 토목공무원으로 재직 시에는 국방 시설물을 설계하고 감독을 하면서 16개국 참전비도 설립하였는데, 이는 오늘날 선진 국가 대열에 합류한 대한민국의 근현대사에서 선열들의 고귀한 희생과 헌신에 대한 고마움을 상기시켜 줄 뿐만 아니라, 우리 양서고등학교의 초기 동문들의 치열한 삶에 대한 자긍심과 보람이기도 합니다.

어언 66년이 지난 현재 양서고등학교는 전국에서 부러워하는 명문고로 자리잡았고 우리 고장 자랑거리가 되었습니다.

이는 어경찬 이사장님의 헌신적인 교육이념과 철학, 그리고 모든 교직원님들의 투철한 사명의식과 사제지간의 각별한 사랑에 기인한 인성교육의 결실입니다.

앞으로 양서고 동문들은 대한민국을 넘어서 세계에서 인정을 받아 노벨상 수상자도 배출하는 국제적인 명문으로 계속해서 발전하기를 기원합니다.

지난 시절 고단했던 양서고 동문들의 꿈과 비전이 이제는 탄탄한 미래가 되어 다음 세대의 동문들에게 계승될 것입니다. 모쪼록 자랑스러운 양서고 동문 모두의 건강과 건승을 빕니다. 감사합니다 .

"양서고 동문들의 꿈과 비전이 이제는 탄탄한 미래가 되어 다음 세대의 동문들에게 계승될 것입니다"

자료 : 〈 양서고등학교 40연사 52P 〉 양서고등학교

개교 당시 본관 건물

별관

달라진 교내 풍경

▶ 하루는 기도부터 (2020.11.18)

새벽을 깨우시는 하나님 매주 월요일부터 토요일 5시 새벽기도회, 오늘도 양서면 주사랑교회 정성렬 담임목사님의 하나님 말씀을 대언, 다니엘(타협하지 않는 다니엘/해석되는 꿈/불가마에서 살아난 사드락 메삭 아벳느고/벽에 쓰인 손글씨/하나님이 사자의 입을 봉하심으로 사자 굴에서 살아나온 다니엘) 증거의 말씀에 많은 은혜를 받고 인생사에서 옛날이나 현재도 모든 것을 주관하시는 하나님! 국가, 교회, 가정을 위하여 쉬지 말고 기도하여야겠다.

집에서 4시 30분 출발하여 예배를 드리고 양서체육공원에서 각종기구 11가지 운동을 하고 둘레길로 경유 집에 도착하면 7시이며 계속되는 생활로 협착 디스크도 많이 나아졌다.

주사랑교회는 11월 8일 이진현 목사님은 1985년 목사안수를 받고 2008년 주사랑교회 담임목사로 부임 헌신적인 목회를 하시며 월요일부터 토요일 새벽예배인도, 영적으로 인도하시어 은혜를 받게 하여 주셨는데 정년이 되시어 은퇴식을 드리며 은퇴목사 및 공로목사님으로 추대되었다. 남은 여생 하나님이 항상 인도하시기를 기도드립니다.

***제1부예배**

고읍교회 우태욱목사 인도 / 찬송 : 나의갈길 다가도록

기도 : 서울노회 전노회장 최대준목사 / 성경봉독 : 고린도전서 3장4~9 (강하중앙교회 김재욱목사) / 설교 : 하나님의 동역자(홍익교회 김태복목사) / 기도 : 설교자

***제2부 장로,권사 은퇴식**

예식사 : 당회장 이진현목사 / 은퇴자 소개 : 당회서기 강완희장로 장로은퇴(한기원, 채희완) 은퇴권사(김옥순, 이남순, 조경옥, 최영자, 박외자) / 선포, 기도, 은퇴패 증정 : 집례자 이진현목사

*제3부 은퇴 및 공로목사 추대식

예식사 : 우태욱목사 / 은퇴목사 소개 : 이기욱장로 / 선포, 기도, 은퇴패 증정 : 집례자 우태욱목사 / 기념품 증정 : 문창성장로 / 공로목사 소개 : 중곡동교회 장철수목사 / 선포 : 연동교회 오세정장로 / 담임목사 소개 : 정성렬목사 / 축사 : 원일교회 이양덕목사 / 축가 : 안길함, 이하은, 박민우, 이예은 / 답사 : 이진현목사 / 찬송 : 눈을 들어 산을 보니 / 축도 : 강하중앙교회 장창덕목사 / 광고 : 담임목사 정성렬목사 순으로 은혜롭게 은퇴식이 있었으며 축하드립니다.

▶ 코로나바이러스 (2021.04.02)

급성 바이러스성 호흡기 질환인 코로나바이러스 감염증의 코로나19(COVID-19)는 2019년 12월 중국 후베이성 우한시에서 처음 발견된 사람 코로나바이러스 변종이다.

2020년 2월 12일 세계보건기구(WHO)에서 공식명칭 COVID-19로 발표했다. 바이러스 외피가 돌기로 둘러싸인 왕관모양이라 코로나바이러스라는 이름이 붙였다.

사람 코로나바이러스(HCoV)는 계절에 따라 호흡기 바이러스 감염의 15~30% 정도를 차지한다. 대부분 감기와 같은 경미한 증상을 일으키지만, 일부는 폐렴이나 기관지염 등으로 발전하기도 한다. 메르스, 코로나바이러스(MERS-CoV)나 사스 코로나바이러스(SARS-CoV)처럼 치명적안 호흡기 질환을 유발하는 경유도 있다.

2019년 12월 31일 중국 정부가 원인 불명의 집단 폐렴환자 발생을 발표했다. 2020년 1월 9일 첫 사망자가 발생했으며, 중국 국가위생건강위원회는 집단 폐렴의원인 병원체가 새로운 변종인 '신종 코로나바이러스'라고 발표했다. 2월 12일 국제보건기구는 공식 명칭을 COVID-19로 정해 발표했다.

중국내 확진 자가 500명을 넘어서자 우한지역을 한시적으로 봉쇄령을 내렸으나, 2월 11일까지 중국내에서만 4만 명을 넘어서는 등 빠르게 전파되는 양상을 나타냈다.

우리나라에서는 1월 20일 첫 환자가 확진 판정을 받았고, 2월 20일 경북 청도에 소재한 대남병원에서 코로나로 인한 첫 사망 사례가 접수되었다.
2월 19일 이후부터 대구 청도지역을 중심으로 확진자가 빠르게 늘면서 19일 51명이던 확진자 수가 23일 602명으로 폭증하였다.

확진자 대부분이 신천지 대구교회를 매개로 감염되었고, 그 전파 속도가 매우 높았다. 보건복지부는 감염병 위기경보 수준을 '주의'에서 '경계'로 확진환자가 급격히 증가하자 '심각' 단계로 격상하고 총리를 본부장으로 발표하고 감염을 차단하기 위해 2월 26일부터 전국에 국민안심병원을 지정 개시하였다.

2개월이 지난 2020년 2월 29일 세계 56여 개국에서 확진자 82,179여 명으로 사망자 2,907여 명입니다.

5개월이 지난 2020년 7월 30일 급속도로 확산되어 세계 170여 개국에서 확진자 17,500,975여 명으로 사망자 577,146여 명입니다.

5개월이 지난 2020년 12월 31일 빠른 속도로 확산되어 세계 220여 개국에서 확진자 81,414,309명으로 사망자 1,797,151명입니다.

3개월이 지난 2011년 3월 31일 현재 200여 국의 확진자 127,773,000여 명으로 사망자 2,794,823명으로 더욱 확장추세에 있다.

***인류 역사의 최악의 전염병**

1. **천연두** - 전염병은 서기 165년부터 180년 사이 로마 제국에 유행한 천연두는 아우렐리우스황제를 비롯해 500만 명 이상의 사람들을 죽게 하였습니다. 1위로 꼽히는 천연두는 18세기에는 매년 40만여 명이 사망했고 20세기 전 세계적으로 3~5억여 명이 사망했습니다. 세계보건구는 1967년부터 천연두를 멸살시키기 시작했고 1980년 5월 8일에 천연두 완전박멸을 선포했습니다.
2. **흑사병** - 14세기 유럽의 인구 30%에 달하는 2억 명이 사망하였다 하고, 중국에서도 인구의 30% 이상이 사망한 것으로 추정됩니다.
3. **스페인 독감** - 제1차 세계대전이 끝나가던 무렵, '인플루엔자'라고 부르는 이 바이러스가 순식간에 전 세계로 퍼져 세계인구의 40% 감소하였습니다. 에이즈 감염률 1%인데, 스페인 독감이 감염률이 50%에 달할 만큼 위엄한 전염병이었습니다.

한국에도 740만 명이 감염되었고, 14만 명이 사망한 것으로 기록되어 있다.

4. **후천성 면역결핍증후군** - 20세기에 가장 무서운 전염병(에이즈)로 연간 200만 명 이상으로 죽는다.
5. **결핵** - 19세기에 대표적인 전염병으로 1800년대 유럽인구의1/4이 사망했고 1812년 러시아 정벌에 나선 나폴레옹의 50만 대군도 멈추게 한 것이 결핵이다.

근대사회에서 인류는 하나님 창조 질서를 역행하는 많은 사건과 자연파괴는 지구를 환경 오염시켜 재앙의 원인이 되므로 모두는 각성해야 할 것이다. 코로나 확산은 자국의 안전에 따라 국경을 봉쇄하여 수송항로, 항공기, 인적교류, 물류교역 중단으로 경제적 측면에서는 소비심리의 위축과 대면 접촉에 필요한 서비스는 큰 타격을 받을 것이다.

세계 저명인사 확진자 중에는 도널드트럼프 미국대통령, 보리스 존슨 영국총리, 영국 찰스왕세자, 알베르2세 모나코국왕, 알렉산드르 루카센코대통령, 미하일미슈스틴 러시아총리, 자이르 보우소나루 브라질대통령, 자네니 아녜스 볼리비아대통령, 피에르 운쿠룬지자 부룬디대통령 등 다수가 코로나19 확진을 받으며 치료를 하였다.

세계 경제는 산업생산 둔화 수출액 감소예상 계층간의 변화로 신용불량자 양산 부동산 시장의 타격, 코로나 확진자 확산과 사망자 증가로 국제적으로 자국의 보호 조치로 소비행위가 위축되어질 것이 명확한 사실이다. 온 국민이나 자신이 국가를 가정을 직장을 위하여 깨어 기도할 때이다.

"감사(感謝)로 하나님께 제사를 드리며 지존(至尊)하신 이에게 네 서원(誓願)을 갚으며 환난(患難) 날에 나를 부르라 내가 너를 건지리니 네가 나를 영화(榮華)롭게 하리로다" (시편 50편 14절~15절)
Sacrifice thank offerings to God, fulfill your vows to the MostHigh, and call upon me in the day of trouble; I will deliver you, and you will honor me.(ps 50:14~15

전세계 코로나19 확진자 현황

(단위 : 명)

구 분	2020년2월29일		2020.07.30		2020.12.31		2021.03.31		사망률 %	인구10만명 당발생자 수
	확진자	사망자	확진자	시망자	확진자	시망자	확진자	시망자		
미국	60		4,634,985	155,225	19,346,790	335,789	30,030,084	545,022	1.81	9,072
인도			1,463,534	35,8172	10,266,674	148,738	12,149,335	162,468	1.34	880
브라질	1		2,613,789	91,377	7,563,551	192,681	12,573,615	313,818	2.50	59.14
러시아	2		839,981	13,963	3,159,297	57,019	4,545,095	98,850	2.17	3,115
프랑스	58	2	186,573	30,254	2,556,706	64,004	4,510,740	94,763	2.10	6,907
영국	16		302,301	45,999	2,432,692	72,545	4,341,740	126,670	2.92	6,394
이탈리아	8,884	2	247,156	35,132	2,083,689	73,604	3,561,012	108,879	3.06	5,885
스페인	25		332,510	28,443	1,893,502	50,442	3,270,825	75,199	2.30	6,988
독일	47		209,653	9,221	1,719,737	33,071	2,808,873	76,342	2.72	3,351
콜럼비아			286,020	9,612	1,614,822	42,620	2,389,779	63,079	2.64	4,695
아르헨티나			185,373	3,441	1,602,162	43,018	2,322,611	55,611	2.39	5,138
멕시코			416,179	4,600	1,401,529	123,845	2,227,842	201,802	9.06	1,728
터키			229,891	5,674	1,379,934	20,642	3,277,880	31,385	0.96	3,888
폴란드					1,294,878	28,554	2,321,717	53,045	2.28	6,142
이란	338	31	301,530	16,659	1,218,753	55,095	1,875,234	62,569	3.34	2,232
우크라이나					1,055,047	18,533	1,674,168	32,825	1.96	3,931
남아프카공화국			482,169	7,812	1,039161	28,033	1,546,735	52,788	3.41	2,608
페루			407,425	19,021	1,010,496	37,574	1,533,121	51,635	3.37	4,645
네델란드					787,797	11,330	1,264,983	16,509	1.31	7,397
인도네시아	3		108,376	5,131	735,124	21,944	1,505,775	40,754	2.71	550
체코					718,661	11,580	1,532,332	26,421	1.72	14,321
벨기에					644,242	19,441	876,842	22,966	2.62	7,558
일본	230	5	34,472	1,006	230,304	3,414	472,112	9,113	1.93	373.2
중국	79,251	2,813	84,292	4,636	87,071	4,634	90,201	4,636	5.14	6.2
대한민국	2,931	16	14,305	301	61,769	917	103,639	1,735	1.67	190
세계누계	56여국 82,179	2,907	170여국 17,500,975	577,146	193여국 81,414,389	1,797,161	200여국 127,773,000	2,794,823		

*국가별 총 인구수(2019년 기준):Unitd Nations Population Fund 유엔인구기금),
대한민국 2020년 1월 행정안전부 주민등록인구현황 기준

덕소교회신축 (2021.04.11)

대한예수교장로교회 덕소교회는(합동) 1939년 5월 5일 경기노회여전도회에 개척하여 1940년 10월 3일 초가집 1동을 구입하여 예배를 드렸다.

김달희 여전도사시무(42.9.5), 백낙영 장로시무(52.10.15), 이춘근 성경구락부 설립(53.2.5), 정복원 전도사부임(53.11.8), 김명순 목사부임(54.4.20), 홍태우 전도사부임(56.11.5), 함익관 목사시무(59.9.12), 이춘근 장로장립(60.12.9)하였으며 후일에 전국장로회연합회 회장선임, 함영진 전도사부임(62.3.5), 원성연 목사부임(64.8.10), 김교상 전도사부임(68.4.25)하여 사역하였다.

1회차 덕소교 예배당을 1970년 3월 16일 착공하였으며, 1971년 11월 13일 김교상 목사안수, 3년 6개월 16일 만에 1973년 10월 3일 덕소교회 헌당 및 김교상 목사위임 예배를 드렸다.

박재선 목사부임(81.12.8), 한영식 목사부임(86.6.17), 2회차 1989년 6월 19일 기공예배를 드리고. 5개월 7일 후에 1989년 11월 26일 1층 교육관 입당예배를 드렸다.

원남구 강도사부임(95.10.1), 목사안수(10.10), 오세광 강도사인허, 강원 영월군 북면 수양관 구입(96.7.22), 김명진 강도사인허, 박명철 부목사부임(98.2.15), 이상휘 부목사부임(99.2.1), 이종국 목사부임(99.4.2~08.4.26), 임의택 강도사인허(99.10.12), 덕소리462-38 대지구입(01.4.18), 이국병 부목사부임(02.1.6), 황규현 부목사부임(02.12.1), 박주영, 박지하 강도사인허(04.10.12), 박종규 부목사부임(05.3.3), 한명준 부목사부임(06.12.5), 최성규 목사부임(08.3.1), 최광표 강도사인허(08.10.14), 김보현 선교목사부임(008.11.2), 키르기스스탄 09년 4월 21일 주파송, 박민하 부목사부임(09.1.4), 윤대성 부목사부임(09.6.28), 강영기 강도사부임(09.10.13), 박병환 부목사부임(09.12.27) 낙도17년 1월 15일 (조지영) 선교주파송, 김문수 부목사부임(10.1.3), 문홍선 목사부임(2010년 7월 1일부임 9월 1일 위임), 최누리 강도사인허(12.10.16), 목사안수 2013년

10월 15일 부목사로 사역 후 이슬람 O국 2017년 1월 15일(이사랑) 주파송, 박혜군 강도사인허(13.10.14), 2012년~20년 부목사(박병환. 김문수. 최누리. 김선형. 김용성. 이태준. 김동현. 강승현. 김광명. 채지원), 전도사(강영숙. 신정용. 박혜군. 김현곤. 김수동. 이명선. 이문기. 김아론. 조성은, 오영숙. 안덕순. 조은주. 노미나. 김재정. 강성용. 이영희. 정예록. 장인영. 이동교.). 교역자님들이 섬기며 하나님 인도하심으로 덕소교회가 성장하였습니다.
2021년 교회를 섬기는 담임목사(문홍선), 부목사(김광명, 채지원, 윤성구), 원로장로(심연섭, 김유성, 이남수), 은퇴장로(이희철, 이성주, 이현규, 김형태), 장로(홍성대, 장명칠, 김성열, 한상학, 방태성, 김경화, 김석봉, 김제철, 조은종, 최완용) 심방전도사(안덕순, 조은주), 교육전도사(이영희, 장인영, 이동교, 이승용, 조이삭), 지휘(김성훈, 강선주, 변정선), 오르간(정주연, 김유진), 피아노(김윤정, 이종은, 조 경, 기하랑), 현위치에서 주일예배 5부까지 드리고 주차장 협소하여 현위치 부지매입 및 원문리로 교회 신축을 위하여 교역자님 성도님들은 수년 전부터 기도를 하였습니다.

2019년 9월 1일 제직회에서 동의로 결정되고, 9월 15일 각분과별로 소위원회 조직되고, 9월 22일에 성전건축 선포식을 하였습니다.

우리가 돕는 선교지는 해외선교 주파송 키르기스스탄(김보현, 박소연), O국(최누리, 이사랑), 국내선교주파송 낙도(박병환, 조지영), 협력파송 캄보디아(박종규), 네팔(최중림), C국(주희림), 일본(문일배, 안중식), MK사역(김창수), 몽골(사란자야, 진형옥), 케냐(한규환), 노회남방선교, 국내선교 교회(조아동, 물댄동산, 새소망 주안, 주안의 서원, 지하철선 김제예수사랑), 경동시찰선교 개혁신학학회를 돕고 있습니다.

◉ 공사개요

1) 공사명 : 대한예수교 장로회 덕소교회 새성전 신축공사
2) 대지위치 : 경기도 남양주시 와부읍 원문리 1246-12 외 6필지
3) 용도/구조 : 교육연구시설(교육원)/철골철근콘크리트구조
4) 규모 : 지하2층, 지상3층
5) 연면적 : 2,545.72㎡ (770평) 계획

◉ 입찰방법

1) 입찰참가자격 사전심사에 의한 지명 경쟁 입찰

2) 내역서 입찰에 의한 조달청 기준 적격심사 50~100억 이하 평가방법 적용

◉ 참가자격

서울, 경기 소재 종합건설업체로서 건축면허 포함 2개 이상, 80억 이상 시공능력 및 건축연면적 1,000평 이상 문화집회시설 실적업체

10월 15일 성전 터에서 기도회가 시작되었고 건축소위원회 위원장 방태성장로. 위원(김석봉장로, 구자억집사, 박종호집사, 안영록집사)은 수시로 회의를 하면서 기본계획에 따른 설계지침 등을 회의에 회부하여 거림건축사 사무소 협의진행을 하였다.

12월 4일, 6일, 11일 회의 기존교회방문과 원문리 신축지 용도변경 대지합병 등을 추진하며 기본설계 조정협의를 진행되었다.

2020년 1월 ㈜오이다체결 지하안전평가 및 지반조사업무 추진 지하 구조물 설계 시공에 반영 추진하여 2월 11일 제출.

2월 18일 지명경쟁회사 12개 서류검토(주이안알엘씨/삼양건설산업주/희상건설주/주다짐/주건원건설/금강에이스건설주/엘림토건주/제이에이치건설주/소백건설주/위니드건설주/주베델종합건설/반석종합건설주)하여 진행되었고. 제출된 서류검토 타당성 확인 ½이하로 3개회사 축소하고 예산 범위내 최종으로 위니드건설(주)로 49억1천만 원으로 7월 26일 당회보고 통과 결정되었다.

2020년 10월 25일(주일) 15시 30분 새성전 터에서 기공예배를 드렸다.

설계, 감리 : ㈜거림종합건축사무소 **시공** : ㈜위니드건설

덕소교회 성전건축 기공감사예배

◉ 1부 기공 감사예배

묵도 / 찬송201장 / 기도 : 장명칠장로(건축부위원장)

성경봉독 : 내가 그들에게 대답하여 이르되 하늘의 하나님이 우리를 형통하게 하시리니 그의 종들인 우리가 일어나 거축 하려니와 오직 너희에게는 예루살렘에서 아무 기업도 없고 권리도 없고 기억되는 바도 없다 하였느니(느

헤미아 2장 20절)
찬양 : 주가 일하시네(안수집사회)
말씀 : 우리가 일어나 건축 하려니와(문홍선 담임목사)
찬송 208장 / 축도(담임목사)

◉ 2부 기공식　　　　사회 : 방태성장로(건축소위원회위원장)
인사말씀 : 담임목사
건축준비 경과보고 : 홍성대장로(건축위원장)
건축개요 : 제1종 일반주거지역 및 지구단위계획구역 /
건축면적 518.31㎡, 연면적 2,423.76㎡/, 지하2층, 지상3층, 높이=13.8m/지하1층(본당)/지하2층(방송실, 자모실/지상1층(사무실, 주차장 등)/지상2층(소예배실 당회실등)/자상3층(식당, 새가족실 등)/옥상(하늘쉼터)
공사기간 : 2020년 9월 15일 ~ 2021년 11월 15일 예정
기공선포문 : 담임목사와 회중
테이프컷팅 및 시삽 : 교역자 성도 담당자/기념촬영 : 다같이

〈 성전건축을 위한 공동기도문 〉

이 땅에 거룩한 하나님의 뜻을 이루기 위해 덕소교회를 세우시고 지금까지 은혜로 부흥케 하신 하나님께 모든 감사와 영광을 올려 드립니다. 또한 우리의 기도에 응답하셔서 성전건축을 이루게 하심을 감사드립니다.
한 치의 오차도 없이 계획하신 바를 이루시는 하나님, 성전건축의 모든 과정을 주관하여 주시고 온 성도가 말씀과 기도 가운데 믿음으로 동참하게 하옵소서. 우리에게 주실 성전이 지역복음화, 민족복음화, 세계복음화의 거룩한 통로가 되게 하시고, 이 시대의 구원의 방주가 되게 하옵소서. 특별히 이 지역과 민족의 다음세대가 견고히 세워지는 일에 쓰임 받게 하시고, 새 성전을 통해 이루실 하나님의 큰 비전을 품는 교회되게 하옵소서.
주께서 이 거룩한 소원을 우리에게 주셨으니 다윗에게 물질을, 솔로몬에게 지혜와 일꾼을 붙여 주셨던 것처럼 우리에게도 물질과 헌 신자들을 세워주시옵소서. 기도와 섬김으로 거룩한 비전에 동참하는 성도들마다 개인의 응답을 받게 하시

고, 특별한 하나님의 은혜를 경험하게 하소서. 교회의 사명을 감당하기 위해 우리 세대에 교회를 건축하고 헌신하는 것에 기쁨과 자긍심이 있게 하옵소서.
이 일을 위해 세우신 담임목사님께 영적 분별력을 주셔서 하나님의 뜻을 이루어 가게 하옵소서. 건축위원들에게 성령의 지혜와 열심을 주시고, 성도들에게 더 큰 믿음을 주셔서 한마음으로 협력하게 하옵소서. '위니드' 시공사에게 은혜를 주셔서 살아계신 하나님 앞에 책임과 성실로 공사에 임하게 하시고, 하나님의 선한 도구되게 하옵소서. 시공사가 우리 교회를 건축하는 동안, 하나님이 주시는 복을 받아 번창하게 하시고, 모든 인부들까지 예수 믿는 기적이 일어나게 하옵소서.
건축 과정 하나하나가 은혜의 간증이 되게 하옵소서! 업체 직원들과 지역 주민들에게 복을 주사 적절한 공사 기간, 사업비 절감, 안전한 공사가 되게 하시고, 건축의 모든 과정을 세밀하게 인도하옵소서. 시작된 모든 공사가 중단됨이 없이 물 흐르듯 진행되게 하시고, 건축의 모든 과정이 기쁨과 감격 가운데 진행되는 천국 잔치되게 하옵소서.
"예수께서 이르시되 할 수 있거든이 무슨 말이냐 믿는 자에게는 능히 하지 못할 일이 없느니라"(막 9:23) 주님의 이 말씀을 믿습니다. 능히 감당할 줄 믿습니다. 주께서 역사하시고 축복하옵소서. 우리 구주 예수 그리스도의 이름으로 기도하옵나이다. 아멘.

덕소교회비전센타

덕소교회

| 마치는 글 |

70년의 삶을 지내면서, 50년대 전쟁 후에 어려웠던 생활 농경시대, 70년대 경공업 발달, 90년대 중공업 반도체 발달로 경제가 나아졌습니다.

풍요로운 시대를 맞으면서 물질만능주의 이기심이 팽배한 요즈음을 생각해 보면서 다시는 이 땅에서 전쟁은 없어야 하며 아직까지 민족의 이산가족의 아픔을 겪고 있음을 자라나는 후세에게 각성하는 계기가 되어야 하겠습니다.

10대에서는 철저한 인성교육으로 순수한 동심의 마음으로 웃어른 존경, 스승의 존엄성으로 사제지간 신뢰회복이 되어 희망과 포부를 갖고 성장되도록 재점검하여야겠습니다.

20대에는 학생들에게는 지식교육도 병행, 적성에 맞는 맞춤교육으로 정직한 인간형성 성장의 교육으로 조국애 정신과 세계화를 꿈꾸는 포부를 갖도록 함이 기성세대의 책임이라 하겠습니다.

30대에는 인간형성의 교육을 실천하는 단계에서 충실한 직장생활과, 자립심과 희망과 포부를 갖고 배우자 선택과 행복한 가정을 이루어야 하겠습니다.

40대에는 가장으로서 사명감, 직장에서는 애사심, 국가관에 애국심으로 활기차고 행복한 삶의 보람이 있어야 하겠습니다.

50대에서는 가정, 사회, 국가의 중추적 책임감을 갖고 노후 준비에 대책을 강구하여야 하겠습니다.

60대에서는 가장으로서의 책임감을 돌아보며 자녀들의 혼사, 제2의 인생의 진로를 생각하여야 하겠습니다.

70대에서는 본인의 건강 점검과 남은 여생의 진로를 검토하여 노후에 정신도 건강 육체도 건강관리 최선을 다해야겠습니다.

모든 일에 때가 있음을 상기하며 오늘도 복된 하루가 되시기를 기원합니다.

> "범사에 기한이 있고 천하 만사가 다 때가 있나니, 날 때가 있고 죽을 때가 있으며 심을 때가 있고 심은 것을 뽑을 때가 있으며" (전도서 3장 1~2절)

2021년 5월 3일 구 자 억

어느 해방둥이의 인생여정

부 록

토요근무 휴무 제언

[부록 목차]

페이지	일자	제 목	내 용	효 과	결 과	발 행 처	접 수 처
397	2003. 03.01			공무원 월1회 토요휴무제			
398	2004. 07.09	토요격주 휴무 의견서 제출	토요격주 휴무 시행에 따른 활용방안 제시	공무원 월2회 토요휴무제 (격주휴무)		제안자	-행정자치부 장관 -한국건설감리 협회장
399	2004. 07.23	민원회신	주40시간 근무제 추진	• 직원능력 개발 • 사회봉사활동 참여 • 건전한여가 활동		행정자치부 장관	제안자
403	2006. 06.27	토요일 휴무 시행 제안에 대한 회신	주6일근무 정착	감리원 근무일 변경	휴무 제도적 정착	한국건설 감리협회장	제안자

(출처)

- ㅇ 토요격주 휴무 추진일정 공문
- ㅇ 우리나라 선교기초(기독교 서적)
- ㅇ 기도의 영을 받는법(이용복)
- ㅇ 어떻게 기도할까(장동수 옮김)
- ㅇ 기독교 역사
- ㅇ 현충일에 되새기는 한국전쟁/6.25

[제안서(소비절약)]

에너지 절약과 소비절약을 위한 국민의 1인으로서 소견을 제시하고저 합니다.

1. 정의

우리는 물자를 소중히 여기고 소비를 절약하여 저축을 늘리는데 더욱 힘써 우리 경제를 안정과 성장을 뒷받침 하고 국력의 배양을 지속해 나가야 합니다. 특히 에너지와 물자를 대량으로 소비하는 산업인 여러분은 생산에서 소비에 이르기까지 모든 과정에서 「비능률과 소비적 요소」를 제거하고 자기 자신의 안일을 배격하고 생산성을 높이고 근로자의 소득을 증대시켜 줌으로서 국민총화의 공고화에 기여하고 국가발전에 최대의 노력을 경주해야 할 것입니다(78년 전국소비절약 전진대회 국무총리 치사에서)

물자절약 소비절약으로 국가발전에 기여함

2. 내용

1년 365일 (52주) 52/2=26주(26일)

월동기 12월 1월 2월 (90일) 90/7=12.8주=13주 13/2=6.5주

(1) 1년 교통수송연료 1일 390만 리터(10억)

390만 리터*26일=10,140만 리터=26,789,000가론(260억)

(2)월동기 연료 1년방카 C유 2,890억원

2,890/90=32.11 32.11*(90-6.5)=2,681 2,890-2,681=209억

그러므로 260+209=469억원 (26,789,000가론)절약

3. 결론

토요일 근무를 2주에 1일(9시간) 근무로 하고 2주에 3일 휴일로 하되 관공서 학교 기타 공공시설 근무일 중 2주에 토요일을 순번제로 (월-토) 하였을 때 업무량도 현 근무시간대로 100% 달성하고 혼잡한 교통량도 1주에 연인원의 1/12을 감소할 수 있고 상기2항대로 예산도 절감됨.

단 상기내용은 국제적 자원 및 석유 등 여건이 호전되고 국가 GNP가 상위

권에 도달할 때까지만 임시조치.

4. 기타

(1) 에너지 절약 일환으로 현재하기 근무 시간을 공히 1시간 연장하고 월동 기 근무시간을 1시간 단축.

(2) 월동 기간 중 업무를 계획수립하고 해빙기가 되면 전반적 조기 집행으로 기온에 맞는 철에 최대한의 자연을 이용.

(예)예산회계가 전년 10월부터 익년 10월로 할 때 전 국토 내의 시설공사의 경우 12월 전에 출장 계획수립 월 동기는 내 업을 하고 해빙되면서 계획대로 집행 될 때 적절한 시간에 발주되어 작업 능률도 호전되고 7월 전후 많은 우천에 피해를 사전 예방조치로 좋은 결과와 매년 반복되는 연말의 바쁜 일정과 하자를 방지함은 국가적 차원에서 조그마한 결실은 국제적 자원 궁핍과 국내적으로 어려운 여건을 타계하고 현실성 있는 국가적 이익이라고 사료됨.

1979년 7월 2일

구 자 억

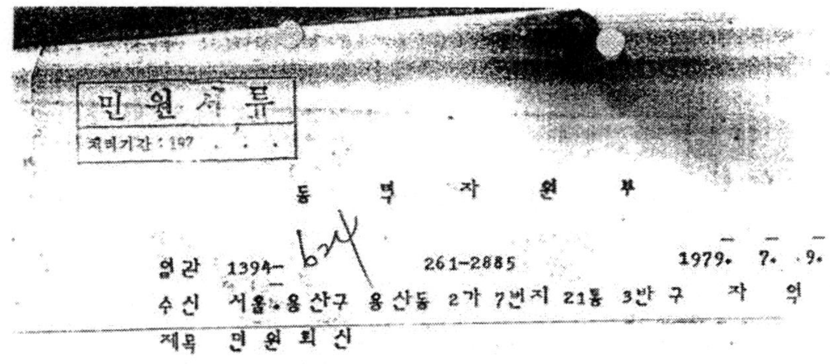
민 원 서 류

처리기간 : 197 . . .

동 력 자 원 부

엽관 1394- 624 261-2885 1979. 7. 9.

수신 서울.용산구 용산동 2가 7번지 21통 3반 구 자 억

제목 민원회신

1. 정부에서 시행하는 에너지소비절약 시책에 대한 귀하의 관심과 고견에 대하여 깊이 감사를 드립니다.

2. 귀하가 건의한 에너지소비절약 시책에 대한 건은 당부 업무에 긴히 참고할것이오니 양지하시기 바라며, 앞으로도 정부 시책에 적극 협조하여 주시기 바랍니다. 끝.

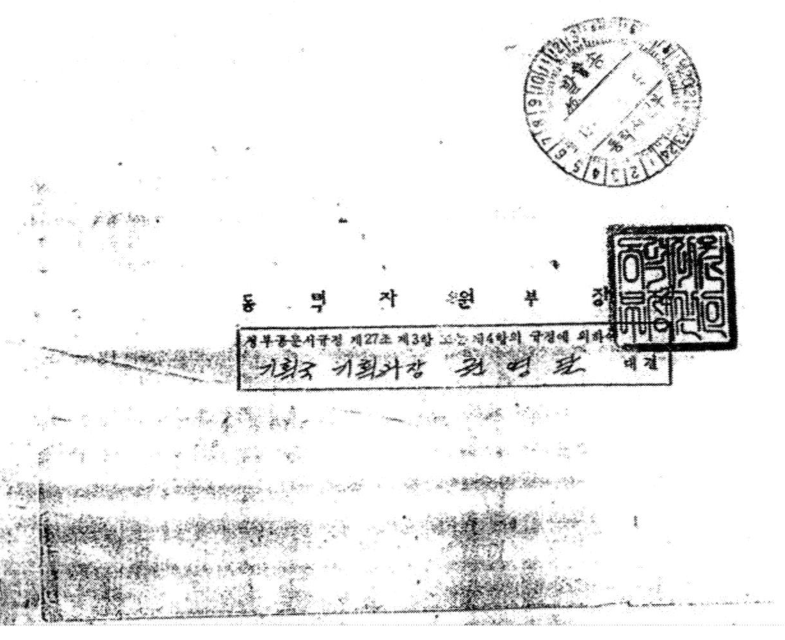
동 력 자 원 부 장

정부공문서규정 제27조 제3항 또는 제4항의 규정에 의하여

기획국 기획과장 권영갑 대결

(첨부 1)

제 안 서 수신 : 총무처장관				심사 번호	77
제안내용	제안의 종류	자유제안 [O] 지정제안 [ ] 직무제안 [ ]		제안의 종류	행정제도분야 O 과학기술분야
	제목	에너지 소비절약 및 근무시간 변경 조정			
	개요	소비절약과 행정제도 개선으로 국내외적으로 어려운 여건을 타개하기 위함			
	현행상의 문제점	자원 문제로 어려운 처지를 타개하기 위해 토요일을 1시까지 근무를 연장근무			
	현행과의 대비	현행		개정	
		1. 에너지 관계 연간 52주 휴일 2. 근무시간 동절기 8시간 하절기 9시간		연간 78주 휴일 동절기 7시 30분 하절기 10시간	
	예산경비 절감액	469억원	기타효과	교통문제·교통사고를 주당 [illegible] 감소	

■자유 ┐
□지정 ┘ 제 안 서

수 신 :

제안내용	① 제안의 분류	■ 행정제도분야 □ 과학기술분야		② 심사번호	
	③ 제 목	근무시간 변경으로 에너지 및 자원절약			
	④ 개 요	차량운행 감소로 교통난 해소되며 연료자원 절약으로 재투자 효과			
	⑤ 현행상 문제점	토요근무 9~13시(4시간) 및 일부 격주근무 (교통, 전기, 자원절약 기대 미흡)			
	⑥ 현행상 대비	현 행		개 선	
		주 12일 근무		주 11일 근무 (오후 6시까지)	

효과	⑦ 예산 절감액	6,839억원	⑧ 국고 또는 조세수입 증대액	6,839억원 인력재투자 (830억원)	⑨행정 개선 효과	교통난해소 교통사고감소 환경정화

---------------------------- 절 취 선 ----------------------------

제안자	⑩성명	한글	구 자 억	⑪주민등록번호	461103 -1162718	⑫접수번호	
		한자	具 滋 億				
	⑬ 소 속		국방부조달본부	⑭직 급	6 급	⑮심사번호	
	16 주 소		서울시 노원구 상계 5동 439-12 17통 8반			17연락전화 번호	02) 752-9937

제안규정시행규칙 제 4조 1항에 의거 ■자유 □지정 제안서를 제출합니다.

1996 년 7 월 27 일

제안제출자 구 자 억 (인) 

첨부 : 1. 제안내용설명서

2. 경비절감 및 국고 또는 조세수입증대액 산출내역서

3. 참고자료

1205-1A
81. 7. 18 승인

190㎜×268㎜
(인쇄용지(특급) 70g/㎡)

총 무 처

우 110-760 서울 종로구 세종로 77-6 / 전화(02)720-3749 / 전송(02)730-8091

문서번호 행정 12452 - 203

시행일자 '97. 6. 18.

수신 주자역

참조

제목 '97년도 총무처 자체제안 심사결과 통보

1. 총무처 자체제안제도 운영에 참여하여 주신 귀하에게 감사드립니다.

2. 먼저, 우리처 자체제안 운영절차에 대하여 간략히 소개드리면, 총무처 자체제안제도운영규정에 따라 접수기간은 매년 4월 1일부터 다음해 3월 31일까지 연중 접수하며 접수된 제안은 제안내용과 관련된 부서에 심사의견조회하는 한편, 관련분야의 업무경험이 풍부한 전문위원을 위촉하여 엄정 심사토록한 후 이를 종합하여 자체제안심사위원회에서 심사의결하게 됩니다.

3. 귀하께서 총무처에 제출한 제안서도 위와같은 절차에 따라 관련부서 의견조회 및 전문위원 개별심사결과를 토대로 총무처 자체제안심사위원회를 개최('97.6.16)하여 최종심사한 결과, 창안으로 채택되지 아니하였음을 알려드립니다.

4. 행정의 능률화를 위하여 제안을 해주신 귀하에게 다시한번 감사드리며, 귀하의 무궁한 발전을 기원합니다. 끝.

총 무 처 장 

[서식1]

■ 자유 ┐
　　　　├ 제 안 서
□ 지정 ┘

접수번호 :

수신 :

제안제목 :

① 성 명	한 글 구 자 억 (한자) 具 滋 億	② 주민등록 번 호	461103-1162718
③ 소 속	국방부 조달본부	④ 직 급 (직 위)	6급(병영기술담당)
⑤ 근무지 주 소	140-022 서울시 용산구 용산2가동 7번지 (전화:3707-4082)		

제안규정시행규칙 제4조제1항의 규정에 의하여 제안서를 제출합니다.

1998. 1.

제 안 제 출 자 : 구 자 억 (인)

붙임자료 : 1. 제안내용설명서
2. 예산절감 및 국고 · 조세수입 증대액 산출내역서
3. 참고자료

접수번호 :

⑥ 제 목	근무시간변경으로 에너지 및 자원절약
⑦ 개 요	차량운행 감소로 교통란 해소되며 연료자원 절약으로 재투자 효과
⑧ 현 행 및 문 제 점	토요근무 9-13시(4시간) 및 일부 격주근무 - 교통소통 미흡 - 사무실 50% 근무하면서 전기, 관리유지비 투자로 자원 절약 기대 미흡
⑨ 개선방안	2주 11일 근무 - 하기 오전 9시 오후 6시 - 동기 오전 9시 오후 5시 근무방법 - 근무조 1주 6일 - 휴무조 1주 5일 (월-토)
⑩ 기대효과	· 예산절감액 : 8,526억원 · 국고 또는 조세수입 증대액 : 8,410억원, 인력재투자 116억 · 행정개선효과 : - 차량운행감소 : 8.3% - 교통사고 건수 감소 : 20,655건/년 - 차량운행 축소로 배연감소 공기 청정 - 아황산가스 배출량 감소 : 0.00107ppm/일

건 설 교 통 부

우 427-760 경기 과천시 중앙동 / 전화504-9014 / 전송5C 054 / 김종신

문서번호 행관12452 -38

시행일자 1998. 1. 30

받 음 받는곳참조

참 조

제 목 제안서 접수 통지

1. 귀하가 제출한 제안서는 우리부에 접수하여 검토(심사번호 : 건교 '97-34호)하고 있으며,

2. 동 제안서는 다음의 절차에 의하여 처리되오니 참고하시기 바랍니다.

가. 제안접수기간 : 매년 4. 1 ~ 다음해 3.31까지(97. 4. 1 ~ 98. 3.31)

나. 제안서는 관계기관 검토의견을 토대로 제안심사위원회에서 채택여부를 확정합니다.

ㅇ 제안서 처리절차

- 접수(행정관리담당관실 ☎504 - 9014~5)
- 관계기관 검토(필요시 서류보완 및 자료제출 요구)
- 제안심사위원회 개최(년 1회 : 6월중). 끝.

건 설 교 통 부 장

받는곳 서울시 용산구 용산2가동 7번지 국방부 조달본부 구자익 귀하

건 설 교 통 부

우 427-760 경기 과천시 중앙동 1번지 / 전화504-9014 / 전송504-3054 / 김종신

문서번호 행관12452 - 287

시행일자 1998. 6. 27

받 음 구자영

참 조

제 목 98년도 공무원제안 심사결과 알림

1. 평소 건설교통행정 업무에 많은 관심을 가져주신데 대하여 깊이 감사 드립니다.

2. 귀하께서 우리부에 제출한 제안서에 대하여 공무원 제안규정 제39조의 규정에 따라 건설교통부 자체제안심사위원회를 구성하여 심사한 결과 붙임과 같이 결정되었기에 알려드리며, 앞으로도 우리 건설교통행정 업무발전에 대하여 많은 애정과 관심을 가져주시기를 바랍니다. 감사합니다.

붙 임 제안 심사결과 1부. 끝.

건 설 교 통 부 장 관

제 안 서

우 472-900 경기 남양주시 와부읍 덕소리 606-1 덕소주공아파트 306동 1602호 ☎ (031) 521-3828

문서번호 : 덕소구 제 00-03호	선결			지시·결재·공람		
시행일자 : 2000. 11. 28	접	일자 시간				
수 신 : 국무조정실장	수	번호				
	처리과					
참 조 : 담당관	담당자					

제 목 : 에너지 및 자원 절약을 위한 제안서 제출

1. 귀 실의 무궁한 발전을 기원합니다.

2. 관련근거

가. 제안서 (1979. 7. 2) 에너지 소비절약 및 근무시간 변경 조정

나. 동자부 열관 1394-624 (1979. 7. 9) 민원 회신

다. 총무처 자유제안 1980년 (No 97)

라. 제안서 행정제도 분야 (1996. 7. 29) 근무시간 변경으로 에너지 및 자원 절약

마. 총무처 행정 12452-203 (1997. 6. 18) 97년 총무처 자체제안 심사결과 통보

바. 제안서 행정제도 분야 (1998. 1. 4) 근무시간 변경으로 에너지 및 자원 절약

3. 국정에 연일 노고하심을 경의를 표합니다. 요즈음 어려운 경제여건을 지혜롭게 대처하시어 국민이 평안히 생활할 수 있도록 하시기 바라며 "2"항과 관련 송부 하오니 제도 개선되어 자원 절약과 예산 절약으로 국가번영에 기여되기를 바라겠습니다.

붙임 : 기송부 내용 일부 사본 14부. 끝.

위원인

주 소 : 경기도 남양주시 와부읍 덕소리 606-1 덕소주공아파트 306동 1602호

성 명 : 구 자 억 (인) 

국 무 조 정 실

우110-760 /종로구 세종로77-6 정부중앙청사 1015호 /전화 738-0238 /전송 732-7158
산업심의관실 과장 정기동 담당자 이용환 서기관

문서번호 국무경제 55070 - 422

시행일자 2000. 12. 5 (3)

공개여부 공 개

경유

수신 경기도 남양주시 와부읍 덕소리 606-1 덕소주공아파트 306동 1602호 구자억 귀하

참조

선람			지시		
접수	일자 시각	. . :	결재 · 공람		
	번호				
처 리 과					
담 당 자					
심 사 자			심 사 일		

제목 민원서류 처리결과 통보

1. 덕소구 제00-03호(2000.11.28) 관련입니다.

2. 귀하가 우리실에 제출한 『에너지 및 자원절약을 위한 제안서』는 에너지정책을 담당하고 있는 산업자원부로 하여금 검토, 처리토록 하였음을 알려드립니다. 끝.

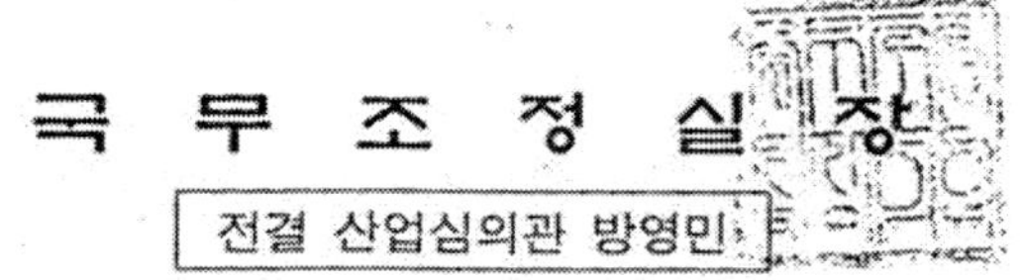

국 무 조 정 실 장

전결 산업심의관 방영민

"기본을 바로세워 일류국가 이룩하자!"

행 정 자 치 부

전자유통문서

우 110-760 /종로구 세종로 77 중앙청사 /전화 02) 3703-4165 /전송 02)3703-5502
총 무 과 과장 김채용 사무관 김인한 담당자 채혜진 j750204@MOGAHA.GO.KR)

문서번호 총무 12430-3460

시행일자 2000.12.18 (1년)

수 신 경기도 남양주시 와부읍 덕소리 606-1 덕소주공아파트 306동 1602호 구자억 귀하

참 조

제 목 민원 회신

1. 평소 국가행정에 관심을 갖고 성원해 주신데 대하여 감사드립니다.

2. 귀하께서 국무조정실에 제출하신 민원이 우리부로 이첩되어 내용을 검토한 바, 근무시간 조정 및 차량10부제에 관한 제안서로 국민고충처리위원회에서 처리함이 타당할 것으로 판단되어 이송하였으니 양지하여 주시기 바랍니다. 끝.

행 정 자 치 부 장

수신처

국민고충처리위원회

㉾120-705 서울시 서대문구 미근동 267 임광BD / 전화 360-2683 / 전송 360-2710
종합민원상담센터 과 장 박 광 호 사무관 양 홍 신 담당자 신 한 헌

문서번호 상담 07000-189

시행일자 2000. 12. 30.

받는곳 행정자치부장관

참 조

선결			지시		
접수	일자				
	시간		결재·공람		
	번호				
처리과					
담당자					
심사자			심사일		

제 목 정책건의사안 송부

1. 귀 부의 무궁한 발전을 기원합니다.

2 우리 위원회에 제출된 정책개선 건의내용 중 귀 부에서 직접 검토·처리함이 적절하다고 판단되는 사안을 붙임과 같이 송부하오니, 귀 부에서 이를 적극 검토·처리해 주시기 바라며,

3. 건의자 및 우리 위원회에 그 처리결과가 통보될 수 있도록 협조하여 주시기 바랍니다.

붙임 : 정책건의사안 1부. 끝.

국민고충처리위원회위원장

'협력하는 담백한, 부흥하는 경제'

행 정 자 치 부

우 / 우110-760 서울시 종로구 /전화(02)3703-4553 /전송(02)3703-5526
복무조사담당관실 담당관 배홍수 사기관 하재춘 담당자 엄재두

문서번호 복Σ12140-42

시행일자 2001. 1.10 ( )

수 신 경기 남양주시 와부읍 덕소리 덕소주공(아) 3-1동 /602호

참 조 구자억 귀하

제 목 민원회신

귀하께서 국무조정실로 제출한 제안서중 토요격주휴무제 관련사항이 국민고충처리위원회에서 민원서류로 분류되어 우리부에서 처리토록 이첩되었기에 아래와 같이 회신합니다.

\- 아 래 -

1\. 공무원 토요격주휴무제를 비롯한 토요근무형태에 대하여는 국민 사회경제에 미치는 영향등을 고려하여 다각도로 검토하고 있습니다.

2\. 그리고, 현재 노사정위원회에서 민간근로자의 주5일근무제에 대하여 협의중에 있으므로 이문제가 협의되어 근로기준법이 개정되면, 귀하의 의견도 참고하여 공무원의 근무시간 조정에 대하여도 적극 검토할 계획임을 알려드립니다. 끝

행 정 자 치 부 장 

수신처

제 안 서

우 472-900 경기 남양주시 와부읍 덕소리 606-1 덕소주공아파트 306동 1602호 ☎ (031) 521-3828

문서번호 : 덕소구 제 02-01호	선결			지시		
시행일자 : 2002. 3.14.	접수	일자 시간		결재·공람		
수 신 : 행정자치부 장관		번호				
참 조 : 담당관	처리과					
	담당자					

제 목 : 에너지 및 자원 절약을 위한 의견 제출

1. 귀 행정자치부의 무궁한 발전을 기원합니다.

2. 관련근거

가. 덕소구 제00-03(2000.11.28) 에너지 및 자원 절약을 위한 제안서 제출

나. 국무경제 55070-442(2000.12.5) 민원서류 처리결과 통보

다. 총무 12430-3460(2000.12.18) 민원회신

라. 상담 07000-189(2000.12.30) 정책건의사안 송부

마. 복조 12140-42(2001.1.10) 민원회신

3. 현재보다 희망찬 내일을 위해 연일 국정에 수고하심을 경의를 표합니다. 공무원 주5일 근무를 내달 시범실시 한다는 보도와 접하여 기 제출된 2주(11일근무=근무시간 현행과 동일) 검토하시어 근무시간 목적을 달성하고 에너지 및 자원을 절약하여 국가 경쟁력을 배진하여 국민편익을 증진하자는 취지이오니 근로시간 단축으로 불식의 우려가 없도록 점진적 시행을 검토하시어 국가 번영에 기여되기를 바라겠습니다.

붙임 : 공문 사본일부 11매. 끝.

위원인

주 소 : 경기도 남양주시 와부읍 덕소리 606-1 덕소주공아파트 306동 1602호

성 명 : 구 자 억 (인)

제 안 서

우472-900 경기도 남양주시 와부읍 덕소리 606-1 주공아파트 306동 1602호 전화 031-512-3828 H.P 016-393-3828

문서번호: 덕소구 제 03-01호

시행일자: 2003. 02. 11 .

받 음: 국민제안센타

참 조: 담당관

선결			지시		
접수	일자 시간		결재·공람		
	번호				
처 리 과					
담 당 자					

제 목: 근무일조정 의견제출(정책제안)

1.16대 대통령 당선을 진심으로 축하드리며 화합된 국민의 영도자가 되시기를 기원합니다.

2.관련근거 :

가.덕소구 제02-01(2002.03.14) 에너지 및 자원 절약을 위한 의견 제출

나.복조 12140-4292001.01.10) 민원회신

다.상담 07000-189(2000.12.30) 정책건의사안 송부

라.총무 12430-3460(2000.12.18) 민원회신

마.국무경제 55070-442(2000.12.05) 민워서류 처리결과 통보

바.덕소구 제00-03(2000.11.28) 에너지 및 자원 절약을 위한 제안서 제출

3.자원이 부족하고 국내외적으로 정치적 경제적 어려운 현실에서 본인은 1979년부터 제기하였던 내용을 붙임과 같이 송부하오니 검토하시어 경제적 효과가 증대되고 국가번영의 기여 되기를 기원하겠습니다.

붙 임 : 공문 및 공문사본 27매 ,끝.

위원인 :

주 소 : 경기도 남양주시 와부읍 덕소리 606-1 주공아파트 306동 1602호

성 명 : 구 자 워 (인)

■ 자유 ┐
□ 지정 ┘ 제 안 서

수 신:

제안내용	① 제안의 분 류	■ 행정제도분야 □ 과학기술분야		② 심사 번호	
	③ 제 목	근무시간 변경으로 에너지 및 자원절약			
	④ 개 요	차량운행 감소로 교통난 해소되며 연료자원 절약으로 재투자 효과			
	⑤ 현행상 문제점				
	⑥ 현행상 대 비	현 행	개 선		
		2주 12 일 근무	2주 11일 근무 (오후 6시까지)		
효과	⑦ 예 산 절감액		7,941억원 인력 재투자	⑨ 행정개선	교통난 해소 교통사고 감소 환경정화

⑩성명	한글	구 자 억	주민등록 번 호	461103-1162718	접 수 번 호		
	한자	具 滋 億					
소 속					심사번호		
주 소		경기도 남양주시 와부읍 덕소리 606-1 주공아파트 306동 1602호					

제안규정시행규칙 제 4조 1항에 의거 ■ 자유 ┐ □ 지정 ┘ 제안서를 제출합니다.

2003년 2 월 일

제안제출자 구 자 억 (인)

첨부 : 1. 제안내용 설명서
2. 경비절감 및 국고 또는 조세수입증대액 산출내역서
3. 참고자료

제 안 서

우472-900 경기도 남양주시 와부읍 덕소리 606-1 주공아파트 306동1602호 ☎(031)512-3828 HP 016-393-3828

문 서 번 호 : 덕소구 제 04-01호

시 행 일 자 : 2004. 07 . 09 .

수 신 : 행정자치부장관

참 조 : 담당관

제 목 : 토요격주 휴무 의견서 제출

선결			지시		
접수	일자시간		결재·공람		
	번호				
처리과					
담당자					

1. 귀부의 무궁한 발전을 기원합니다.

2. 관련근거 : 덕소구 제 03-01호(2003.02.11) 근무일조정 의견제출(정책제안)

3. 상기"2항"과 관련하여 2004년 7월부터 시행되고 있는 토요격주 휴무에 대한 소견을 제출하오니 검토하여 참고하시기 바랍니다.

붙 임 : 1. 의견서 1부.
2. 토요격주휴무활동상황안 1부.
3. 공문사본 6매 1부 . 끝.

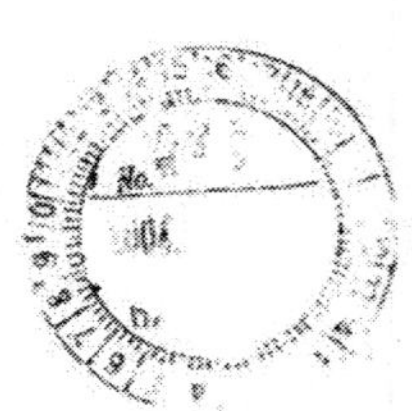

위원인

주 소 : 경기도 남양주시 와부읍 덕소리 606-1 주공아파트 306동1602

성 명 : 구 자 억 (인)

행정자치부

수신자 구자억 귀하 (우472-729 경기 남양주시 와부읍 덕소리 주공3차아파트 306동 1602호)

(경유)

제목 민원 회신

1. 안녕하십니까? 귀하께서는 공무원의 휴무토요일 활동상황을 파악하여 근무성적이나 성과급 등에 반영하는 대책을 강구하고, 연휴 기간중 낭비가 없도록 가족과 함께 생활할 것을 제안하신 것으로 판단됩니다.

2. 우리부에서는 행정기관 주 40시간 근무제 시행지침을 마련, 공무원들의 어학 · 동호회 · 취미생활 등 직원능력 개발 프로그램을 보급하고, 사회봉사 활동 참여를 적극 권장토록 하는 등 각급 행정기관에서 소속 공무원들의 건전한 여가활동을 지원하도록 조치한 바 있으며, 귀하의 의견은 앞으로 주 40시간 근무제 추진 과정에 참고토록 할 것임을 알려드립니다. 끝.

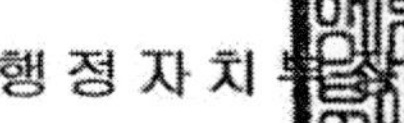

행 정 자 치 부

전결 07/23

행정주사 박종철 행정사무관 (서명) 복무과장 김성태

협조자

시행 복무과-351 (2004.07.23.) 접수

우 110-760 서울 종로구 세종로 정부중앙청사 / www.mogaha.go.kr

전화 02-3703-4553 전송 02-3703-5526 / jcpark1@mogaha.go.kr / 비공개(6)

제 안 서

우472-900 경기도 남양주시 와부읍 덕소리 606-1 주공아파트 306동1602호 ☎(031)512-3828 HP 016-393-3828

문 서 번 호	: 덕소구 제 04-02호
시 행 일 자	: 2004. 07 . 09 .
수 신	: 한국건설감리협회장
참 조	: 담당관
제 목	: 토요격주 휴무 의견서 제출

선결			지시	
접수	일자 시간		결재·공람	
	번호			
처리과				
담당자				

1. 귀 협회의 무궁한 발전을 기원합니다.

2. 관련근거 :
   가. 덕소구 제 04-01호(2004.07.09) 토요격주 휴무 의견서 제출
   나. 복조 12140-42호(2001.01.10) 민원회신

3. 상기"2항"과 관련하여 정부시책으로 2004년 7월부터 시행하고 있는 토요격주 근무제를 감리협회 산하 563개사 감리원 26,219명(7월9일현재) 회원에게 실시할 경우 8.3% 경제적 효과가 발생됨과 동시에 회원들의 사기진작에도 크게 도움이 될 것으로 예상되는바, 검토하여 참고하시기 바랍니다.

붙 임 : 공문사본 7매 1부 . 끝.

위원인

주 소 : 경기도 남양주시 와부읍 덕소리 606-1 주공아파트 306동1602
성 명 : 구 자 억 (인)

제 안 서

수신자 한국건설감리협회장

(경우) 담당자

제목 토요격주 휴무 의견서 제출 결과

---

1. 귀 협회의 무궁한 발전을 기원합니다.

2. 관련근거 덕소구 제04-02호(2004.07.09) 토요격주 휴무 의견서 제출.

3. 위 2항과 관련하여 감리원의 근무환경을 아래와 같이 제시 하오니 검토하여 통보하여 주시면 감사 하겠습니다.

가. 감리계약 월25일 근무 계약분은 계약이행대로.

나. 공무원 주5일(40시간) 근무이후 월22일 근무 계약분은 월∽금(5일) + 토요일 근무자 50%(0.5일) 근무로 월22일 근무.

붙임 1. 토요격주 근무취지 1부.

2. 공문서 사본 5부. 끝.

위원인

주소 경기도 남양주시 와부읍 덕소리 606-1 주공아파트 306동 1602호

성 명 구 자 억 (인)

구자억

협조자

덕소구 제06-02호 (2006. 6.12.) 접수 ( )

(우)472-725 경기도 남양주시 와부읍 덕소리 606-1 주공아파트 306동 1602호

전화 031-512-3828 전송 031-512-3828 HP 016-393-3828 / kooeuk@hanmail.net

토요근무휴무제 도입안

최근에 많은 직장에서 토요일 근무시간조정으로 삶의 질을 개선시킴은 물론, 업무효과가 현격하게 개선되고 있습니다.

70년대 말 오일파동(에너지)으로 거론되었던 토요 격주 근무제는 90년대 후반 토요 전일 근무제로 시행되다가 일시 중단되었고, 그 후 다시 토요 격주 휴무제가 시행되었다가 발전되어 현재의 주5일 근무제가 보편화되기에 이르렀습니다. 주5일 근무제를 실시하고 있는 사업장의 공무원과 공공기간 민간 근로자들은, 근무제 변경 실시 이후 국민을 위하여 더욱 헌신적으로 봉사하며, 자원과 에너지는 절약되고, 환경오염도 감소하고, 교통사고도 축소되는 등의 성과가 나타나고 있습니다. 이와 같이 근무제 변경 시행으로 인하여 국민의 삶은 개선되고, 기업의 생산성은 높아져서 국가발전에 크게 기여하고 있는 실정입니다.

그러나 국가건설의 중추적 역할을 담당하는 감리원들은 일선에서 많은 노고에도 불구하고, 토요격주휴무제조차도 제도적으로 정착시키지 못하는 실정입니다. 따라서, 우리나라의 건설감리업계에서도 토요 격주 휴무제를 공식적으로 제도화하여 정착시킴으로서 전문 감리 기술자로서의 자부심과 긍지를 고취시켜야 할 것입니다. 토요격주휴무제가 정착되고 더 발전되어 주5일 근무제의 도입을 염원하며, 토요격주휴무제의 관련 자료를 첨부합니다.

2006 .6. 12. 구 자 억

한국건설감리협회

우) 135-854 / 서울시 강남구 도곡2동 411-6호(새뜰길 13) 건설감리회관 / 홈페이지 http://www.gamri.or.kr /
전화 3460-8666,7 / 전송 3463-4668, 실장 김홍조 담당 이정후(e-mail : hoo@gamri.or.kr)

문서번호 기술 4410-5904

시행일자 2006. 6. 27.( )

받음 경기도 남양주시 와부읍 덕소리 606-1 구자익

참조

선결			지시		
접수	일자 시간		결재·공람		
	번호				
처리과					
담당자					

제목 토요일 휴무시행 제안에 대한 회신

귀하께서 제출하신 감리원의 토요일 휴무시행에 대하여는 건설기술관리법에 의해 2004.7.1일부터 시행하는 감리용역은 1개월 22일로 감리원이 근무를 하도록 규정하고 있으나, 2004.7.1일 이전에 입찰공고된 감리용역은 감리현장의 특성을 고려하여 발주청과 협의하여 근무시간이 정해져야 할 것으로 판단되며, 향후 감리원 근무와 관련한 규정 개정시 주5일 근무가 정착될 수 있도록 귀하의 제안서를 참고하겠습니다. 끝.

한국건설감리협회회장

증보판
어느 해방둥이의 인생여정

초 판	2016년 5월
증보판	2021년 5월
지은이	구 자 억 kooeuk@hanmail.net
펴낸이	최 길 주
펴낸곳	도서출판 BG북갤러리 02)761-7005
편집 · 인쇄	금풍씨앤피 02)2264-2306
ISBN	978-89-6495-216-0

값 13,000원